우울증,
슬픔과 함께 온
하나님의 선물

우울증, 슬픔과 함께 온 하나님의 선물

하재성 지음

초판 1쇄 발행	2014년 9월 22일
초판 2쇄 발행	2016년 2월 25일
발행처	도서출판 이레서원
발행인	문영이
출판신고	2005년 9월 13일 제2015-000099호
편집장	최창숙
기획	이혜성
편집	송혜숙
영업	박생화
총무	곽현자

경기도 고양시 일산동구 중앙로 1160 오원플라자 703호
전화 02) 402-3238, 406-3273 팩스 02) 401-3387
E-mail: jireh@changjisa.com Web-site: jireh.kr
Facebook: facebook.com/jirehpub

값은 표지에 있습니다.
ISBN 978-89-7435-459-6 03230

신 저작권법에 의하여 한국 내에서 보호받는 저작물이므로 저작권자의 서면 허락 없이 이 책의 어떠한 부분이라도 전자적인 혹은 기계적인 형태나 방법을 포함하여 그 어떤 형태로든 무단전재와 무단복제 하는 것을 금합니다.

이 도서의 국립중앙도서관 출판시도서목록(CIP)은 서지정보유통지원시스템 홈페이지 (http://seoji.nl.go.kr)와 국가자료공동목록시스템(http://www.nl.go.kr/kolisnet) 에서 이용하실 수 있습니다. (CIP제어번호 : CIP2014027294)

우울증,
Depression
슬픔과 함께 온 하나님의 선물

하재성 지음

이레서원

추천의 글

그리스도인은 우울증에서 자유로울 수 있을까? 그렇지 않다. 우울증은 치료 가능성이 큰 질병임에도 위험하고 고통스러운 질병으로 간주하는 것은 이 병에 대한 무지와 무관심 탓이다. 이 질병으로 고통을 겪는 이들의 깊은 곳에 도사리고 있는 죽음의 칼날을 모르기 때문에 더 많은 이들이 죽음에 이르게 된다. 하재성 교수의 이 책은 우울증에 대한 새로운 관점을 제공하고 있다. 그리스도인에게 참 좋은 안내서이며, 마음 따뜻한 친구가 들려주는 최선의 처방이 될 것을 확신한다.

김진영 교수(호남신학대학원, 한국목회상담협회 회장)

하재성 교수의 이 책은 우울증을 앓고 극한 상황과 위기에 처한 현대 그리스도인에게 우울증에 대한 새로운 시각과 희망을 심어주는 저서이다. 저자는 이 저서를 통해 우울증에 대한 새로운 해석을 내려주고 우울증은 교회를 위한 하나님의 선물이라는 시각을 제시한다. 새로운 시각을 제시해줄 뿐만 아니라 우울증을 안전하게 피하고, 살아남고, 끌어안는 방법을 구체적으로 제안하고 있다. 저자의 풍성한 임상경험을 바탕으로 청년, 여성 등 다양한 우울증의 사례를 제시함으로써 우울증과 더불어 살 수 있는 희망의 소리를 들려주고 있다. 현대 그리스도인, 기독상담자 그리고 우울한 기분에 사로잡혀 있거나 우울증에 시달리는 가족과 친구를 둔 이들에게 희망의 소식과 이겨나갈 힘을 제공할 훌륭한 저서로 추천한다.

유영권 교수(연세대학교 목회상담학)

우울증은 증상을 없애야만 하는 위험한 병으로만 인식하는 정신과적 이해와, 우울증은 믿음이 부족한 것이며 영적으로 사탄이 역사하는 증상이라고 이해하는 일부 그리스도인의 오해를 극복할 수 있도록 목회적이며 기독교적인 관점에서 탁월하게 묘사한 책이 출간된 것을 기쁘게 생각한다. 우울증에 대한 시편이라고 표현할 수 있을 정도로 저자의 탁월한 문학적 표현들이 독자의 마음을 설득하며 감동시킬 것이다.

이관직 교수(총신대 신대원 목회상담학)

우울증은 현대 사회에서 누구나 가장 흔하게 경험하는 질병이지만 때론 치명적인 결과를 가져오는 무서운 증후군이기도 하다. 그래서 우리는 자신을 위해 그리고 가족과 친지들을 위해 우울증을 알아야 하고 초기부터 잘 대처해야 한다. 그런데 하재성 교수만큼 우울증에 대해 이렇게 도전적이고 구체적인 내용의 책을 쓴 사람이 또 있을까 싶다. 꼭 한 번 읽어보면 좋겠다. 그래서 고난이 보석이 되듯 우울증이 하나님의 선물이 되는 놀라운 사실을 발견할 수 있기를 바란다.

정주채 목사(향상교회 은퇴 목사)

감사의 글

　이 책을 쓰면서 가장 먼저 감사하고 싶은 분들은 지난 몇 년간 부족한 사람을 믿고 상담하러 오신 분들입니다. 이분들의 용기가 아니었다면 제가 우울증을 깊이 이해하기가 쉽지 않았을 것입니다. 그리고 이 연구를 할 수 있도록 연구년을 허락해주신 고려신학대학원, 기도와 사랑으로 안식년을 보내주신 참빛교회, 추천서를 써 주신 분들, 언제나 기도해 주시는 양가 부모님들 그리고 이 책을 출판해주신 이레서원에 감사드립니다.

　아울러 이 연구는 거제 고현교회의 지원으로 이루어졌습니다. 박정곤 목사님과 성도님들께 감사드립니다.

　끝으로, 이처럼 소중한 분들을 통해 이 모든 일을 이루어지게 하신 하나님께 모든 영광과 감사를 돌려 드립니다.

하재성 교수

프롤로그

우울증, 슬픔과 함께 온 하나님의 선물

예수님은 '많은 슬픔의 사람' a man of sorrows 이셨다 사 53:3. 만일 이사야가 우울증이란 말을 알았다면, 아마도 "간고를 많이 겪었다."라고 말하면서, 예수님이야말로 "여러 종류의 우울을 많이 맛본 사람이었다."라고 썼을 것이다. 예수님은 남들이 모르는 깊은 우울을 경험하셨기 때문이다.

예수님이 우울할 수밖에 없었던 이유는 분명하다. 사람들에게 멸시받고 despised, 버림받고 거절당했기 rejected 때문이다. 그분이 자기 땅에 왔는데 사람들은 그를 알아보지도, 영접하지도 않고 거절하였다 요 1:10-11. 예수님은 몸과 마음으로 거절의 아픔을 겪으셨고, 거절이 주는 우울의 슬픔과 외로움과 고통을 맛보셨다.

거절과 무시는 우울한 이들의 아킬레스건이다. 사람들로부터 거절당하거나 친구들에게 외면당하는 것은 부러진 팔처럼 혹은 삔 관절처럼 아프다. 연구자들은 거절의 아픔이 이렇게 아픈 신체적 고통과 크게 다르지 않다는 사실을 발견했다. 우울증은 몸과 마음의 통증이다. 거절당하고, 소외되고, 자신의 존재 가치를 인정받지 못할 때, "아야!" 하고 고함칠 만큼 심신의 큰 아픔이다. 예수님은 우리를 위해 우울의 고통을 당하셨다. 우리로 하여금 하나님의 따뜻한 영접을 받게 하시기 위해 우리 대신 하나님과 사람들로부터 버림받으셨다. 죄로 아프고 상한 우리를 치료하시기 위해 예수님은 그렇게도 아프셨다.

예수님이 거절당하심으로 우리는 용납을 받았다. 그분이 상처 받으심으로 우리는 낫게 되었다. 그분이 벌 받으심으로 우리는 안심하게 되었고, 그분이 슬픔을 당하심으로 우리는 처참한 운명에서 벗어나 눈물을 닦게 되었다. 그분이 역경을 겪으심으로 우리는 하나님의 미소 지은 얼굴을 보게 되었다. 그리스도 십자가는 우리에게 깊은 위로를 주는 신비이다. 십자가는 우울로 몸과 마음의 깊은 통증을 경험하는 이들의 삶 전부를 치료한다. 그것은 예수께서 우리보다 더 깊은 우울을 맛보셨기 때문이다.

그리스도인에게도 우울증은 어김없이 찾아온다. 우울한 그리스도인과 여러 해를 함께 고민해 오면서 나는 이것이 사실임을 알게 되었다. 그것은 믿음이 없기 때문이 아니다. 자신의 잘못된 죄 때문도 아니다. 그럼에도, 당사자들과 가족들은, 심지어 교회 안에서도, 많은 오해와 수치를 경험한다는 것도 보게 되었다.

우울한 이들을 위한 궁극적인 위로와 도우심은 그리스도 예수에게서만 온다. 생명과 우주의 회복은 오직 그리스도를 통해 이루어진다. 그분의 구원을 믿고, 성령 안에서 그분의 인격을 닮아갈 때, 개인과 가족 그리고 공동체는 우울의 강력한 파괴력을 대항할 수 있다. 나는 그리스도의 전인적 치유의 능력을 분명히 믿는다.

한편 우울증은 변화를 요청하는 신호이다. 그 관계 안에 있는 모든 사람의 새로운 인격적 변화가 필요하기 때문이다. 우울증은 본인과 가족 그리고 공동체의 섬세하고 조심스러운 그러면서도 확실한 변화를 요청한다. 우울증은 고통을 당하는 당사자뿐만 아니라, 우울한 이들을 둘러싼 가족과 교회 공동체가 성령의 도우심으로 한 사람을 돌보는 태도가 근본적으로 변화해야 한다는 메시지를 주기 때문이다.

따라서 '우울증은 하나님의 선물'이다. 사랑하는 사람들이 성령 안에서 서로 더욱 인격적으로 존중하게 하고, 지금까지의 행동과 생활 방식을 바꾸도록 돕는다는 의미에서 우울증은 하나님의 선물이다. 더구나 이 깊은 갈등과 고통 속에서 자기 심령의 흉흉한 가난을 깨닫고 오직 하나님만 찾게 될 때, 우울증은 하나님의 복이다. 우울증을 계기로 하나님과의 교제가 더 깊어지고, 그리스도인으로서 깊은 영적 고민이 따른다면 우울증은 천국의 성숙을 맛보게 할 준비 훈련이다.

물론 증세가 심각할 때는 반드시 적절한 약 처방을 받아야 한다. 물론 상담도 잊어서는 안 된다. 그리고 누구든 전문가도 아니면서 우울증을 가진 사람들에 대해 쉽게 단정 지어 말해서도 안 된다. '우울증이 하나님의 선물'이라는 말을 하면서 한 가지 우려되는 것은, 우울증의 긴 터널을 걸어가는 자매나 형제를 긍휼히 여기며 따뜻하게 동행하는 대신에 성급하게 "아, 그것 별것 아니에요.

그건 하나님 선물이잖아요!"라고 말하는 것이다. 이것은 한 사람에 대한 관심은 없으면서 덜 익은 결론을 일방적으로 주입시키려는 무모한 태도이다.

그건 아니다! 선물이란 말은 우울증의 긴 터널을 지나면서 저절로 흘러나오는 말이어야 한다. 복잡하고 오랜 고통의 과정을 함께 걸어가면서, "정말 이걸 깊이 겪어 보니 하나님의 선물이 맞는 것 같아!"라며 마음으로부터 흘러나오는 말이어야 한다.

그러므로 마음의 우울은 피하기만 할 것이 아니다. 인생의 막다른 골목에서 마주친 우울증이 자신과 가족 그리고 공동체를 더욱 따뜻하게 변화시켜 간다면, 우리의 심령을 고갈시키고 가난하게 하여 마침내 하나님만 찾게 한다면 마음의 우울은 대면할 만한 것이다.

이 세상에 사는 우리 모두에게는 우울한 일이 너무나 많다. 우울한 여성, 우울한 남성, 우울한 젊은이 그리고 우울한 청소년들까지 우리 모두는 우울할 수 있다. 이 책을 통해서 그 깊은 사정들을 함께 살펴보는 것 자체가 작은 위로가 되기를 바란다. 또한, 어떤 변화를 위해 제시한 몇 가지 요청들이 실제적인 유익이 되기를 바란다.

하나님의 우선순위는 그 백성의 구원과 평안과 건강이다. 하나님은 당신의 자녀를 해로운 우울증에서 건지시기를 원하신다. 하지만, 동시에 우울증의 경험을 통해 하나님을 하나님 되게, 인간을 인간 되게 하시기를 원하신다. 한 사람의 우울을 통해, 지금까지의 삶의 방식을 멈추고, 가족과 이웃 공동체에 인격적인 변화가 일어나기를 원하신다. 그럴 때 우울증은 하나님의 위대하심을 드러내는 우리 몸의 천사이며, 슬픔을 안고 온 하나님의 선물이 될 수 있다.

목 차

추천의 글 • 4
감사의 글 • 7
프롤로그: 우울증, 슬픔과 함께 온 하나님의 선물 • 8

제1장 | 슬픈 선물 ··· 16
1. 하늘에서 온 특별한 선물 • 16
2. 슬픔과 우울 사이 • 20
3. 반드시 살아남아야 한다 • 23

제2장 | 우울한 여성들 ··· 27
1. 아침이 싫고 부담스럽다 • 27
2. 꽃이 예쁘지 않다 • 30
3. 결혼한 여성은 우울하다(1) • 33
4. 결혼한 여성은 우울하다(2) • 35
5. 인격 살인: 남편의 외도 • 40
6. 아내의 우울증 • 44
7. 여성의 한(恨) • 54
8. 을z들의 을: 목회자의 아내 • 59

제3장 | 남성의 무기력과 우울 ··· 72

1. 자살 묵상 · 72
2. 남성의 우울 증상 · 77
3. 남성의 고독 · 83
4. 남성의 한 · 86
5. 새롭게 정의해야 할 남성성 · 90
6. 우울한 남성들을 위하여 · 93
7. 하나님께 올려 드리는 남성 기분 보고서 · 97

제4장 | 젊은이들의 우울과 중독 ··· 104

1. 향기로운 젊음의 잔에 빠진 파리, 청년 우울 · 104
2. 청년 우울의 유혹과 중독 · 107
3. 청년 성의 해방과 억압 · 112
4. 절망 찬가 · 116
5. 이기는 자, 그대 이름은 청년이다 · 121

제5장 | 웃음과 울음의 공존: 청소년 우울증 ··· 129

1. 감추어진 우울증 · 129
2. 청소년들이 우울할 때 · 133
3. 청소년 우울증과 영적 위기 · 138
4. 숨은 조절자 · 141

제6장 | 우울증의 보편성과 그 함정 ··· 151

1. 우울증은 평등하다 · 151
2. 우울증은 전염되고 대물림 된다 · 154
3. 우울증은 귀신들림이 아니다 · 159
4. 우울증은 게을러서 생긴 꾀병이 아니다 · 163
5. 교회는 우울증을 가진 이들을 실제로 도울 수 있다 · 166

제7장 | 우울한 이들에게 … 174

1. 절대로 '아무한테나' 알려서는 안 된다! · 174
2. 하지만, 어떻게든 알려야 한다 · 177
3. 자신처럼 우울하고 힘들었던 사람들을 생각하자 · 182
4. 우울한 사람을 돌보는 이들에게(1) · 188
5. 우울한 사람을 돌보는 이들에게(2) · 192

제8장 | 위험한 영적 반전 … 198

1. 사탄과 우울증 · 198
2. 귀신들의 축제 · 201
3. 사탄의 순간 포착 · 205
4. 맛있는 음식으로 사탄을 이긴다 · 212
5. 머리 깨어진 짐승 · 217

제9장 | 이젠 새로워져야 한다 … 223

1. 하나님께 벌 받는 것이 아니다 · 223
2. 우울증은 실패자의 병이 아니다 · 226
3. 네 손을 늘어뜨리지 말라 · 228
4. 천국에서 온 편지 · 231
5. 우울 구덩이 · 234

제10장 | 네 이웃을 네 몸같이 … 238

1. 더 연약한 성도들을 우울하게 하지 말라 · 238
2. 어린 자녀를 우울하게 하지 말라 · 245
3. 당신의 아내를 더는 우울하게 하지 말라 · 248
4. 당신의 남편을 우울하게 하지 말라 · 255

제11장 | 영혼의 깊은 밤 · · · 265

1. 심령이 우울한 자는 복이 있나니 · 265
2. 겸손한 천사 · 269
3. 약할 때 나는 약하다 · 275
4. 나는 약해도 강하신 하나님: 바울의 수난 묵상 · 280
5. 영적 체험과 영적 성숙 · 282
6. 우울 중독과 말씀 묵상 · 286
7. 자긍과 무감각: 우울 정반대의 극단 · 290
8. 우울증, 교회를 위한 하나님의 선물 · 294
9. 이제 제발 우울해져라, 오 한국 교회여! · 298

제12장 | 우울증과 더불어 살아가기 · · · 309

1. 앎 · 311
2. 우울의 인식과 대면 · 316
3. 인간을 인간 되게, 하나님을 하나님 되게! · 321
4. 주를 찾기에 갈급한 우울의 감성 · 327

에필로그: 욥의 우울과 소망 · 333
미주 · 339

제1장
슬픈 선물

1. 하늘에서 온 특별한 선물

　　　　　　　　　　우울증은 과연 하나님의 선물일까? 처절하게 낮아진 자기를 성찰하는 우울증, 시리도록 아픈 자기의 존재를 자각하는 우울증, 그것이 과연 선물일 수 있을까? 차라리 자신이 이 땅에서 없어지기를 바랄 만큼 부끄러운 자신을 지각하는 우울증, 자신은 아무런 가치도 없는 존재라는 우울한 공허감이 과연 하늘에서 오는 것일까? 과연 이런 것이 선하신 하나님의 선물일 수 있을까?

　우울증은 이 땅에 산다는 것이 얼마나 외로운 것임을 알게 해 준다. 우리 자신이 얼마나 무기력한 존재인지, 하나님 앞에서 자신의 존재가 얼마나 철저하게 혼자인지를 다른 사람들보다 더 일찍 깨닫게 하는 것이 우울증이다. 이런 우울증이 선물이라면, 그것은 누구든 가장 받고 싶지 않은 선물일 것이다.

우울증은 결코 반가운 선물이 아니다. 반갑기는커녕, 누구든지 자신이나 가족의 우울증을 무서워하고, 두려워하며, 피하고 싶어 한다. 우울증을 앓는 것은 심각한 병을 앓는 것이라며 부끄러워하고 또 숨기려 한다. 가능한 한 빨리 쫓아버려야 하는 역병처럼 생각한다. 왜냐하면, 우울증을 경험하는 당사자에게 우울증은 너무나 창피하여 죽고 싶을 만큼 자신이 한심하게 느껴지는 병이기 때문이다. 가족들에게도 우울증은 너무나 가슴 시리고, 함께 나누어 들기에도 너무나 무거운 짐이다. 우울증은 참 아픈 병이다. 그러나 참 싫고 이해할 수 없지만, 이것은 분명히 하나님의 선물이다.

우울증은 절망과 아픔을 준다. 그것은 그리스도인들이나 불신자들이 똑같다. 다만, 그리스도인들은 우울의 아픔이란 것이 무의미하고 무기력하고 쓸데없는 것이 아니란 것을 천천히, 더디게, 아주 조금씩 알아가고 받아들이게 된다. 그러므로 그리스도인에게 우울증이란 결코 죽음으로 끝나야만 하는 비극이 아니다.

그렇다고 누구든 우울증에서 다 나았다고 간증하기는 어렵다. 우울증은 "이전의 모습과 이후의 모습"before and after 이 급격하게 달라지는 간증거리가 아니다. 우울하던 사람이 교회 다닌다고 급속히 표정이 밝아지거나, 마치 아무 일도 없었던 것처럼 회복되어 즐거워하는 일도 흔하지 않다. 어떤 우울증도 절대 만만하지 않다. 우울증은 불편하게 오래 남아서, 지속적으로 우리의 영혼을 고갈시키고, 인내를 절망스럽게 시험하는 영혼의 병이다.

다만, 하나님 안에서는 그렇게 아픈 우울증이라도 참 의미 있는 경험이 될 수 있다. 물론 우울한 사람이 그것을 의미 있게 받아들이는 것은 전혀 별개의 일이다. 그리스도인이라도 그 싫은 아픔을 겪고 겪다가 겨우 누군가와 나눌 때쯤 되어서야 비로소 이 사실을 발견하게 된다. 즉, 하나님께서는 우울증을 통해서까지도 우리의 삶을 특별한 뜻과 의미 가운데 다루고 계신다는 것이다.

그것은 누가 강요해서 얻는 의미가 아니다. 아프고 또 아파서, 진절머리 나도록 힘들어서, 하나님께 가져가지 않으면 죽을 것 같아서, 어찌할 수가 없어서 기도로 터뜨릴 때 비로소 얻게 되는 것이다.

그러므로 우리 그리스도인은 우울하다고 모든 것을 포기할 수 없다. 자기 연민이 생긴다고 자기를 파괴할 수 없다. 모든 것을 빼앗길 이유가 없다. 우울하고 무거운 시간이라고 해서, 그 껍질 속에 감추어진 아름다운 선물까지 모조리 빼앗길 이유가 없다. 사탄은 우울증을 통해서 우리의 생명까지도 놓아버리도록 부추길 것이다. (스트레스와 우울이 찾아오면 순식간에 죽음의 문턱으로 밀어넣으려 할 것이다.) 하지만, 우리는 그나마 남은 힘으로 정신을 차려야 한다. 하나님은 우울과 무기력 안에 특별한 선물을 담아 놓으셨다. 그리스도인은 어떤 도움을 통해서든 그 보물을 찾으려고 몸부림쳐야 한다.

하나님을 믿는 사람이라고 우울증이 절대 피해가지도, 가볍게 스쳐가지도 않는다. 반면에, 믿음이 없다고 우울증이 생기는 것도 아니다. 그러나 우울한 그들의 삶은 매우 어렵고 처참하기까지 하다. 기도와 상담으로 증상이 많이 좋아졌다고 해도, 여전히 삶에 남아 있는 찌꺼기로 말미암아 불편함은 좀처럼 쉽게 가시지 않는다. 우울의 여운이 괴로움 없이 떠나 주는 법은 없다.

우울증은 지독하게 나를 약하게 만드는 병이다. 약하고 무가치해서 도저히 살 기운조차 없어지게 하는 병이다. 나 자신이 한심하고 답답하고 싫어서, 이 땅에 자신이 숨을 쉬며 살아 있다는 것조차 용서할 수 없는 병이다. 그런 약한 자의 병을 가진 우울한 그리스도인들에게, 하나님께서는 문득 바울에게 주셨던 음성을 들려주신다.

"내 은혜가 네게 족하도다. 이는 내 능력이 약한 데서 온전하여짐이라"_고후 12:9.

하나님께서는 우울하고 약해 빠진 사람들을 온전하게 하신다. 그분은 바울의 누추하고 연약한 처소에 임하셔서, 당신의 능력으로 그를 온전하게 하셨다. 인간의 우울함과 약함이 하나님께는 기회다. 정말 꼴도 보기 싫은 이 약함이란 게 하나님의 능력을 가득 채우는 빈 그릇이라면, 이건 그렇게 나쁘지만은 않다. 아니, 이건 정말 놀랍다.

그러고 보면 "그리스도께서도 약하심으로 십자가에 못 박히셨다." 사도 바울과 초대교회 사역자들도 그리스도 "안에서 약했다"_고후 13:4. 그렇다면 우리가 우울하여 약한 것은 절대 이상한 것이 아닌 것 같다. 외려 우울증을 기회로 이렇게 약해빠진 나의 인생을 하나님께 자랑하자. 그 '빈 공간'은 하나님께서 온전하게 채우시려고 일부러 비워놓으신 능력의 공간이기 때문이다. 그제야 우울증은 우리에게 주신 하나님의 특별한 선물이 되는 것이다.

2. 슬픔과 우울 사이

슬픔과 우울증은 '상실'loss에 뿌리를 두고 있다. 프로이트가 자신의 논문 『애도와 멜랑콜리아』*Mourning and Melancholia*[1)]에서 이 공통점을 의미 있게 관찰하였다. 프로이트에게 '애도'mourning란 사랑하는 사람이나 대상 등 외부의 대상external objects을 잃었을 때의 반응이다. 예를 들어, 사랑하는 사람을 잃음으로써 보이는 외부의 존재가 텅 비고 빈약해진 상태이다. 하지만, 그런 외부의 상실이 있었다고 해서 자존감이 낮아지지는 않는다. 다만, 외형적 존재가 사라졌기에 다른 사랑의 대상을 찾아 대체함으로써 점차 그 슬픔에서 벗어나게 된다.

하지만, 우울증, 곧 멜랑콜리아는 인간 내부 세계의 문제이다. 더 이상 존재하지도 않는 대상에 대해 지금 와서 분노와 격정을 표현할 수는 없다. 그래서 이제 그 분노를 누르고 그 대신 자기 자신을 비난함으로써, 자신의 자아가 텅 비고 가난해지는 것이 멜랑콜리아이다. 이것이 프로이트가 설명하는 우울의 발생 과정이며, 이 과정에서 환자는 심각한 자존감의 상처를 받게 된다.

슬픔은 모든 사람에게 일상적이다. 그것은 특별한 정신적인 장애가 아니다. 사랑하는 사람을 잃은 사람은 누구나 슬픔의 '파도'

를 탄다. 그렇지만, 일정한 시간이 지나면 대인관계나 자존감이 탄력성 있게 살아나고, 다시 이전처럼 활력을 얻게 된다. 이때 일어나는 슬픔의 감정은 간헐적이고 순응적malleable이며, 또한 유순하다. 그래서 이들은 '애도' 중이라도 자신을 위로하는 사람들의 위로를 받아들일 수 있는 능력이 있다.

그러므로 좋은 추억은 슬픈 사람을 위로한다. 사랑하는 사람이나 대상을 잃었다고 해도 그 대상과 더불어 가진 추억은 그 슬픔을 위로한다. 그리고 새로운 미래를 긍정적으로 그리게 한다. 더 나아가 천국에서 다시 만나 연합하게 될 미래를 소망하기도 한다.

이 과정에서 '시간과 망각'은 현실 적응을 도와준다. 애도하는 사람이 현실에 적응adjustment하도록 방향을 돌려준다. 미래에 다시 재회할 수 있다는 '소망'까지 더해지면, 슬픔에 사로잡힌 사람은 다시 이전의 평범했던 자아로 돌아갈 수 있다. 따라서 애도는 상실의 건강한 과정으로서 인간의 자아를 보존해준다. 그리고 그 애도의 사건을 전후하여 그 사람이 같은 인격을 가진 인물임을 입증해준다.

하지만, 우울증은 깊은 애도에다가 절망을 덧붙인 것이다. 또한 어두운 미래의 그림자를 하나 더 붙여놓은 것이다. 그래서 우울한 사람들은 절망한다. 그 어둡고 무거운 기분이 좀처럼 없어지거나 가시지 않을 것처럼 느껴지기 때문이다.

따라서 좀처럼 위로되지 않는 슬픔이 곧 우울증이다. 고집이 세어 결코 길들여지지 않는intractable 슬픔이 바로 우울증이다. 우울한 사람은 자신의 존재를 부담스럽게 여기며, 과도한 수치심과 죄책감으로 자신을 공격한다. 남을 공격하는 사람들은 적어도 그만큼 우울하지는 않다. 하지만, 자신을 공격하는 우울증은 자신의 자존감에도 심각하게 상처를 입힌다. 자신의 인생을 교도소나 생지옥이라 여긴다. 심지어 하나님도 전혀 사랑할 수 없을 만큼 자기 자신이 무가치하다고 생각한다.

그렇다고 해도 애도와 멜랑콜리아가 그렇게 쉽게 구별되지는 않는다. 배우자를 잃은 애도의 초기 단계에서도 우울증의 흔적이 공통으로 발견되기 때문이다. "슬픔, 눈물, 수면장애, 대인접촉 감소 그리고 식욕감퇴" 등이 애도와 우울증 사이에서 함께 나타나기 때문에, 진단의 구별이 쉽지 않다. 특히 토마스 아 켐피스 Thomas à Kempis가 말한 '영혼 고유의 슬픔' the proper sorrows of the soul과 우울증을 구별하는 것은 더욱 난해하다. [2]

하지만, 그리스도인은 슬픔이나 우울을 '영혼 고유의 슬픔'으로 승화시킬 수 있다. 집중된 애도의 기간이나 혹은 주요 우울증의 기간을 제외하면 그리스도인의 우울은 영혼의 슬픔으로 승화될 수 있다. 물론 그것은 오직 하나님의 도우심을 구하는 믿음 안에서 가능한 일이다.

그런 의미에서 이 책에서 이야기하는 '영혼의 슬픔' 내지 '영혼의 어두운 밤'으로서의 우울증은 '애도'의 상태에 더 가깝다. '하나님의 선물로서의 우울증'은 자기 파괴적인 우울 증세 자체를 가리키지는 않는다. 외려 그 아픔들을 겪는 자신을 성찰하면서 하나님의 위로를 그리워하는 것이라고 할 수 있을 것이다.

그리스도인에게 우울증은 분명히 하나님의 선물이 된다. 슬픔

가운데 찾아온 애도와 우울증은 하나님의 선물이다. 그 고통이 이유가 되어 자기 존재의 비참을 알고, 하나님께 있는 소망을 찾게 된다면 그제야 우울증은 그리스도인에게 하나님의 선물이 되는 것이다.

애도를 위해 시간이 필요하듯, 우울증도 다소간 나와 머무를 시간이 필요하다. 날 선 독소가 빠지고 그것의 쓴 뒷맛을 느끼고, 쓰라린 상처의 수를 셀 수 있을 때까지 그 날카로움을 충분히 느낄 시간이 필요하다. 내게 찾아온 우울증을 통해 하나님이 어떻게 나를 위로하시는지 귀 기울일 시간이 필요한 것이다.

3. 반드시 살아남아야 한다

우울증을 겪는 그리스도인들의 첫 번째 과제는 안전하게 '피하는 것'이다. 무서운 폭풍이나 소나기 같은 '주요 우울장애'Major Depressive Disorder, 즉 우울증을 우선 피하는 것이다. 급하고 사나운 바람은 피하는 것이 우선이다. 매일 우울한 기분이 지속되거나, 일상의 모든 일에 즐거움을 잃고, 체중과 식욕의 감소, 불면이나 과다 수면, 과도한 무가치감이나 죄책감, 축 처져 있거나 불안, 자살에 대한 생각 등이 일상생활을 심각하게 방해할 때, 그것은 반드시 상담자를 만나고 또 전문의를 만나서 피해야 할 사나운 폭풍이다.

폭풍은 아무 일 없이 지나가기만을 기다려야 하는 재난이다. 그것은 고민과 씨름의 대상이 아닐 수도 있다. 아직 이유를 다 몰라도 가장 안전한 곳에 가서 우선 빨리 숨어야 한다. 위와 같은 심각한 증상으로 여러 날을 고통당하는 가족이나 이웃을 보면, 그 즉시 전문가를 찾도록 돕는 것이 가장 안전하고 바람직한 처방이다.

둘째 과제는 '살아남는 것'이다. 우울한 사람은 이 메마르고 거친 우울의 광야에서 끝까지 살아남아야 한다. 하나님이 주신 생명력으로 세찬 폭풍을 지나, 우울한 기분의 흑암과 밤도 통과하여 기어코 살아남아야 한다. 폭풍이 지나가도 아직 끝은 아니다. 다시 밤이 오기도 하고, 절망이 오기도 한다.

그러나 반드시 살아남아야 한다. 여기에 본인의 의지와 간절한 기도가 필요하다. 사랑하는 가족과 이웃의 손길도 적극적으로 받아들여야 한다. 하나님이 우리 주변에 허락하신 모든 만나와 메추라기와 반석의 샘물을 먹고 생존해야 한다.

간단하게 이 짐을 벗어버리거나 인생 광야를 떠나서는 안 된다. 아직은 그 이유를 다 이해할 수 없지만, 나를 사랑하시는 이의 뜻을 알기까지 하나님과 교회와 가족의 사랑과 말씀과 기도의 양식을 먹고, 이 짙은 어둠을 뚫고 대항하여 기어코 살아남아야 한다.

끝까지 그 우울한 시간을 견디어내야 한다. 폭풍에 이어서 오는 후폭풍, 다시 통과해야 할 어둠과 절망의 지루하고 긴 시간 동안에도 하나님에 대한 신뢰와 믿음을 잃지 말자. 약하고 예민해진 감수성으로 그 눈물 골짜기를 더듬어 느끼면서, 끝까지 하나님을 믿는 것, 이것이 우울한 그리스도인의 두 번째 과제이다.

그리고 셋째 과제는 우울증을 '끌어안는 것'이다. 폭풍이 지나고 좀처럼 가시지 않는-우울증이라고 하기보다는 애도$_{mourning}$와 비통$_{grief}$에 가까운-우울의 정서가 긴 그림자처럼 여운으로 남을 때, 그리스도인은 그 여운을 끌어안으며, 그 안에 감추어진 하나님의 비밀들을 캐내야 한다. 내 삶에 드리운 이 검은 그늘과 씨름해 보자. 내 안에 허락하신 진리의 빛을 비추어, 거기에 감추인 보화를 캐내는 데 마음을 집중하자. 우리 믿음의 선조들은 그 깊은 우울의 고통 가운데서 하나님을 만났다.

그제야 우리는 그 두려웠던 우울증의 폭풍이 하나님의 '선물'이었음을 깨닫게 된다. 그것이 불필요하거나 고통만 주는 무의미한 질병이 아니라는 것을 깨닫게 된다. 동굴이 어둡고 깊을수록 내 안에 주신 작은 빛의 가치는 커진다. 그 깊은 동굴 속에 감추어진 수정과 같은 보화는 이 세상 그 어떤 절경과도 바꿀 수 없는 값진 것이 될 것이다.

우울은 인간에게 주신 하나님의 선물이다. 다만, 아픔이 동반된 선물일 뿐이다. 때로 지독하게 괴롭고 아프기에 누군가와 꼭 함께 그 폭풍을 피해야 하겠지만, 그만큼 거기서 발견할 선물은 값지고 풍성한 것이다.

그렇다고 우울한 기분을 체념적으로 간직하라는 뜻은 아니다. 슬픔에 젖어 좀처럼 앞으로 나가지 못하는 것은 우울증의 또 다른 후유증일 뿐이다. 다만, 피할 수 없는 우울한 정서들이 찾아올 때, 그 불편한 갈등과 아픔 속에서 그리스도인은 반드시 하나님을 만나라는 뜻이다.

- 우울증은 그리스도인에게도 얼마든지 찾아올 수 있다. 믿음 있는 사람에게도 우울증은 몸과 영혼에 견디기 어려운 통증을 일으킨다.

- 우울하고 연약한 이들에 대해 '실패자'라고 여기는 것은 그릇된 편견이다.

- 우울의 긴 여정에서 그리스도인은 좀처럼 길들지 않는 우울을 '영혼의 슬픔'으로 승화할 수 있다.

- 우울증이 찾아와 나에게 머무를 때, 우리는 그 상처의 수를 세고, 그 날카로움을 느끼면서 하나님의 위로에까지 다다를 수 있다.

- 주요 우울장애의 날카로운 칼날은 반드시 피해야 한다. 상담자와 전문가의 도움으로 그 위험한 순간을 피해야 한다.

제2장

우울한 여성들

1. 아침이 싫고 부담스럽다

"아침에 차라리 해가 뜨지 않았으면……."
"이 깊은 잠에서 차라리 깨어나지 않는다면……."

우울증은 아침을 부담스러워하는 병이다. 더구나 화창하고 밝은 아침은 더더욱 그렇다. 많은 사람이 활기차게 하루를 시작하는 그 시간, 우울증 환자들은 차라리 깊은 밤이 계속되기를 바란다. 그들은 아무런 사정도 모르는 햇빛과 힘겨운 씨름을 하면서 하루를 무겁게 시작한다.

아침보다는 차라리 저녁이 낫다. 맑고 화창한 날보다는 차라리 흐리고 비가 내리는 날이 낫다. 화창한 봄날보다는 차라리 어두운 가을이 더 낫다. 사람들에게 활기가 돋고, 서로 만나서 즐거워하는 그런 시간, 그런 계절이 너무나 괴롭고 힘들다.

아침이 싫은 이유는 단순하다. 그날 하루에 주어지는 일과, 사람들과의 만남에 대한 두려움과 부담 때문이다. 다른 사람으로부터 연락이 오는 것이 힘들고, 하루의 일과를 시작하는 것이 힘들다. 왜냐하면, 그럴 기력도 없고, 그럴만한 마음이나 기운도 전혀 없기 때문이다.

아침은 희망이며, 밝은 미래의 상징이다. 아침은 약속이며, 어둠을 이긴 승리의 상징이다. 하지만, 밝은 아침, 활기찬 아침은 우울한 여성들에게 공포를 준다. 마치 칠흑 같은 암흑을 더듬듯, 이들은 명랑한 아침의 공포에 사로잡혀, 황망하게 햇빛 아래에서 어둠을 더듬어 숨는다. 기력이 없어 침대에서 나오지도 못하고, 시간을 맞추어 출근을 하지 못해서 일 그만두기를 반복한다. 그리고 절망한다.

"하루 가운데 아침은 이들에게 최악의 시간이다! 하지만, 저녁이 되어 갈 때 점점 다시 활기가 돋는다."[3]

더 심각할 때는 차라리 아침에 눈을 뜨지 않고 영원히 눈을 감았으면 하고 바라기도 한다. 이 얼마나 아찔한 충동인가? 건강한 사람들은 도저히 이런 역전된 삶의 현상들을 이해하지 못한다.

"아니, 아침 일찍 일어나서 운동이라도 하지 않고……."
"밖에 나가서 사람도 만나고 해야지! 그래야 회복을 하든지, 건강하게 살든지 하지⋯⋯."
"너만큼 힘들지 않은 사람이 어디 있어? 다 힘들어!"

하지만, 우울한 이들은 게으른 사람들이 아니다. 이들은 우울한 사람들이다. 의지가 약한 사람들이 아니라 마음이 아픈 사람들이다. 벽력 같은 우울증에 맞아 한 번이라도 쓰러져본 사람이라면 이런 말이 얼마나 아픈 정죄의 말인지 알 것이다. 우울한 이들에게 아침이 얼마나 자신을 비참하게 만드는지, 하루를 숨 쉬며 시작하는 것이 얼마나 부담스러울지 상상할 수 있는 사람은 그리 많지 않을 것이다.

아침은 하나님의 시간이다. 하나님께서 밤새 보호해주지 않으셨다면 우리에게 아침의 찬란한 햇빛은 없다. 하지만, 하나님은 우리를 너무나 사랑하셔서 밝은 햇빛을 주시고, 그 빛을 보게 하셨다. 그 빛을 가슴 벅찬 기대로 맞이할 수 있다면 그는 건강한 사람이다. 감사한 일이다.

우울한 이들을 함부로 말하거나 쉽게 판단하지 말아야 한다. 그 빛을 건강하게 맞이하지 못하고 두려워 숨는 사람이라고 조롱해서는 안 된다. 하나님은 이처럼 햇빛을 피하고 싶을 만큼 무기력한 그들을 품에 끌어안으시며 불쌍히 여기시기 때문이다. 그들이 피할 그늘을 주시기 때문이다.

우울증은 '기분장애' mood disorder의 일종이다. 하지만, 우울한 기분 depressed mood 자체를 우울증 the depressive disorder이라고 말하지는 않는다. 정도의 차이는 있지만, 슬픔을 느끼거나 침울해지는 느낌 혹은 우울한 기분은 누구나 일상적으로 느낄 수 있기 때문이다.

하지만, 아침마다 하루의 생활을 시작하기 부담스러워한다면, 사람 만나는 것을 극도로 두려워하기 시작한다면, 그래서 하루 생활을 그르치게 된다면, 그것은 사랑하는 사람들이 반드시 관심을 두고 치료해 주어야 할 우울 증상이다.

2. 꽃이 예쁘지 않다

화창한 봄날 꽃놀이를 갈 수 있다면 당신은 우울하지 않은 사람이다. 친구들과 함께 등산을 하거나, 꽃이 예쁘다고 꽃놀이를 가는 사람들은 그나마 우울증이 약하거나 거의 없는 사람들이다. 어느 식당 음식이 맛있다며 친구들과 무리 지어 다니는 사람들은 인생을 건강하고 재미있게 사는 사람들이다.

우울한 사람들에게는 꽃도 예쁘지 않다. 그 향기나 모양이 눈에 들어오지도 않는다. 다른 사람들이 꽃이 예쁘다고 말하니까, 사람들의 눈치를 보면서, "아, 그래, 이걸 예쁘다고 해야 하는 거지?"라고 주변에 의해 강요된 심미안을 가진다.

우울한 사람들은 사실상 꽃보다 아름답고 더욱 향기롭다. 하지만, 우울증에 가려지면 자기 자신이 예쁘게 보일 리가 없다. 꽃보다 향기로운 자신의 향기조차도 느낄 수 없다.

예쁘고 향기로운 꽃을 볼 때마다 그리스도인이 그 꽃에게 꼭 들려주어야 할 말이 있다.

"너는 정말 아름답고 향기롭구나."
"어쩜 그렇게 나를 닮았니?"

이것은 사실이다. 하나님은 당신이 꽃보다 더 향기롭고, 아름답다고 말씀하신다. 그리고 당신을 진심으로 사랑하신다. 그런데도 우울한 사람에게는 꽃도, 자신도 예쁘게 보이지 않는다. 그 이유는 다른 사람들에게 덴 상처 때문이다. 남편이란 사람으로부터의 실망, 결혼이란 것이 가져다준 좌절, 나를 보호해주지 않고 함부로 말하는 동료 교인들, 나를 따돌리는 사나운 친구들, 비방하는 이웃들, 그 사이에서 기가 막혀 잃어버린 자신의 목소리 등, 사람에게 데인 흔적은 여기저기에 널려 있다.

그들은 가을 낙엽의 운치도 느끼지 못한다. 자기 존재의 마지막 곡선을 그리며 떨어지는 나뭇잎의 기하학적인 미의 곡선이 눈에 들어오지 않는다. 오직 사람들 사이에 끼어 다친 상처만 느껴진다. 바람에 흔들리는 가을 나무의 향기도, 새들의 노래도, 세상에서 가장 존귀하고 아름다운 자기 자신도 느끼지 못한 채 회색빛 하루를 살아간다. 기분이 가라앉고, 눈물이 흐른다.

우울한 사람들은 깜짝깜짝 놀란다. 문을 열고 밖에 나가는 것이 그렇게 두렵고 조심스러워 하염없이 머뭇거린다. 어렵게 용기를 내어 산책하러 나가도 밟히는 낙엽 소리에 놀란다. 누군가를 만나서 또 상처를 받을까 머뭇거린다.

우울한 여성들에게 꽃은 더 이상 꽃이 아니다. 더구나 자신의 삶은 아름답지도, 향기롭지도 않다. 그저 단조롭고 흥미 없는 일상의 반복 혹은 또다시 이어질 상처에 대한 두려움뿐이다.

　우울증은 감기와는 질적으로 다르다. 흔히 우울증을 "정신 건강에서의 감기"라고 이야기한다. 하지만, 우울증은 오랫동안, 심지어 죽음과 파멸까지 가져올 수 있다는 점에서, 짧게 앓다가 사라지는 감기와는 다르다. 특히 여성들에게 우울증은 심장질환 다음으로 신체적 장애를 많이 일으키는 중요한 원인이 되기도 한다. 그러므로 우울증은 흔한 감기가 아니라, 방치하면 삶에 중대한 변화를 가져올 수 있는 심각한 증상이다.

　우울증은 블랙홀이다. 잠시 짜증이 나거나 우울한 기분이 생겼다 사라지는 것이 아니다. 그 후에도 오랫동안 남아서 삶의 아름다움과 즐거움을 빼앗아가기 때문이다. 그렇게 달콤했던 잠이 싫어지거나, 음식 먹는 것에 흥미를 잃어서 몸이 마르기도 한다. 또한, 거꾸로 사람들과의 활동과 만남이 싫어서 건강하지 못한 음식으로 우울증을 달래다 보면 과체중이 되기도 한다.

　한 계절, 누구나 한두 번쯤은 기분이 나쁘고 속상할 수 있다. 혹시 예쁜 꽃이 있어도 잠시 지나칠 수는 있다. 하지만, 심각한 우울이 몇 주간 지속된다면 가족이나 교회는 그 사람에 대해 긴급한 관심을 기울일 필요가 있다.

　우울증이라고 모두 똑같은 것은 아니다. 사람마다 정도와 심각성의 차이가 있다. 공통점이 있다면 이전에 좋아하던 것을 더는 좋아하지 않으며, 즐거웠던 일들에 흥미를 잃게 되는 것이다. 그럴 때에는 반드시 치료받아야 할 우울증이 찾아온 것이다.

3. 결혼한 여성은 우울하다(1)

결혼하기 전, 대부분의 여성은 담대하다. 인생에 대하여 자신이 있고, 어지럽게 돌아가는 쇼핑센터나 붐비는 길거리도 조금도 주저하지 않고 돌아다닌다. 담대하게 거리를 활보하며 다닌다. 하지만, 결혼하고 여성들은 확실히 달라진다. 우울증이 쉽게 찾아오고, 상처가 더 많아진다. 왜냐하면, 그 여성에게 돌같이 묵직하고 아픈 말을 던지는 사람들이 많아졌기 때문이다. 나름대로 온 힘을 다하며 새로운 결혼 생활에 적응하고 있을 때조차도 불쑥불쑥 날아드는 말들은 영락없이 그들의 마음에 깊은 상처를 남긴다.

"어이구, 몸이 저렇게 시원찮아서……, 쯧쯧……."
"이런 싸구려를 혼수품이라고 해 오다니……."
"신랑이 훨씬 아깝지, 도대체 누구와 비교를 하는 거야?"
"깍쟁이가 되어서……, 남편을 차고앉아서 시부모 용돈도 제대로 주지 않고……."
"이런 걸 먹을 음식이라고 하는 거야? 도대체 친정에서 교육을 어떻게 받았어?"

가부장적인 사회에서 남편의 부모나 시댁 가족이라는 이유만으로 언어폭력은 무한대로 허용되었다. 아직도 여린 여성의 명랑한 마음들을 마음껏 짓밟고, 고약한 말로 폭력을 가해 왔다. 심지어 시어머니들은 독설과 저주와 협박도 서슴지 않는다.

"네가 이 집에 들어와서 집안이 망했다."
"널 저주하는 데 내 인생을 바치겠다."

물론 품위 있고 점잖은 말로 짓누르는 가정도 많다. 그들은 조용하지만 무섭다. 자신의 품위는 상하지 않으면서 며느리에게는 더 큰 부담을 주기 때문이다.

여자라고 여자 마음을 다 이해하는 것은 결코 아니다. 시어머니 자신이 힘든 며느리 생활을 했다고 며느리를 더 배려하지는 않는다. 이것이 전통적인 한국 여성의 결혼 생활이다. 더구나 아내가 힘들수록 남편의 존재는 보이지 않는다. 그렇게 사랑한다고 목매고 따라다녔던 그의 존재감을 우울의 문턱에서는 좀처럼 찾아볼 수 없다. 힘들다고 말을 해도 못 알아듣고, 하소연을 해도 마음에 와 닿는 위로의 말 한마디 해줄 줄 모른다.

"시집 왔으면 당연히 적응해야지, 그까짓 것 가지고 그렇게 힘들어하냐?"라는 식이다.

버림받았다는 생각, 배신당했다는 생각, 내가 왜 이런 남자와 결혼했을까 하는 실망 등, 결혼하여 우울한 여성들에게는 두고두고 이런 쓰라린 느낌만이 마음속에 깊이 남아 있다. 예쁜 하늘이 눈에 들어오지 않는다. 사람들에게 데이고, 배신당하고, 버림받고, 욕 듣고, 저주받고, 철저하게 무가치한 사람이 되다 보면 그 놀란 가슴을 추스를 길이 없다.

우울증은 일반적으로 여자들이 남자들보다 두 배나 더 많이 앓는 병이다. 한국, 미국 할 것 없이 통계가 그렇게 말한다. 일반적으로 남성들은 결혼하면 좋은 일이 생긴다. 결혼하면 총각 때의 우울했던 기분이 없어지기 때문이다. 그러니 남성들은 목숨 걸고, 반드시 결혼해야 할 것 같다.

하지만, 여성들은 확실하게 결혼하고 우울증이 더 많아진다. 혼자 살 때 너무나 멀쩡하던 여성들이 결혼하면 의무가 무거워지고 자원이 줄어들면서 우울해지기 때문이다.

특히 10% 이상의 많은 여성은 임신과 출산을 전후로 우울해진다. 신체적 변화와 함께, 임신한 상태로 부담해야 할 다양한 정신적, 경제적 요인들이 여성들을 우울하게 한다.[4] 물론 결혼하기 전부터 우울한 여성들도 많다. 어릴 때부터 따뜻한 보살핌을 받지 못했거나, 일찍부터 부모와 떨어져 살면서 감당하기 어려운 외로움이나 학대를 겪었다면 그 여성은 결혼과 상관없이 평생에 남는 우울 인자를 이미 보유한 사람이다. 하지만, 결혼은 건강한 여성조차도 우울하게 만들 수 있는 잠재력이 있다.

4. 결혼한 여성은 우울하다(2)

화병은 한국의 40-50대 여성들에게서 대부분 나타난다.[5] 분노가 해소되지 않아 화의 모습으로 폭발되는 것이다. 특히 전업주부나 판매, 서비스업에 근무하는 여성들이 화병에 가장 취약하다. 가슴이 답답한 증상이 가장 흔하고, 두통이 떠나지 않으며, 가슴이 두근거리고, 한숨이 저절로 나온다. 화병에는 몸까지 아픈 신체 증상이 동반된다. 충격과 분노와 갈등을 억제하다 체념하고, 모든 것을 혼자서 참고 누르기 때문이다.

그런데 그 화병의 가장 큰 원인은 바로 "남편"이란다. 그리고 그 남편이 속한 시댁이 두 번째 원인이다. 한국 사회에서 결혼한 여성은 험한 말을 들어야 하는 사람들이다. 남편을 뒷바라지하고 아이들을 키우면서, 동시에 시아버지와 시어머니의 날 선 잔소리나 갑갑한 침묵에 익숙해져야 했다. 심지어 일부 여성들은 시부모의 똥오줌을 받아 내며 처절하게 살아올 때도 욕설과 저주를 들었다. 하지만, 그런 시부모 앞에서 아내를 지키기에 무기력한 남편을 생각하면, 이 여성들은 꼭 시체를 짊어지고 살아가는 사람들 같다고 한다.

이런 남편들은 아내 이야기에 귀를 기울이지도 않는다. 집에 들어오면 자기 기분대로 대장 노릇만 하기 때문이다. 가녀린 몸으로 시집올 때부터 오직 혼자의 몸으로 시댁 가족들의 온갖 비난의 화살을 직접 맞을 때, 남편은 언제나 시부모와 시가족 편이었다. 그나마 자신을 "엄마"라고 부르는 어린 새끼들 덕분에 여성들은 위로를 받는다. 이 아이들 때문에 우울증을 견디고, 인내하며, 인생의 그 무거운 무기력을 가까스로 이긴다. 그리고 아이들을 생각하며 질긴 목숨을 부지한다. 화병인지 우울증인지 알 수도 없는 분노와 절망의 찌꺼기들을 엄마이기 때문에 헤쳐나간다.

아이러니하게도 자신을 더욱 우울하게 하는 것도 이 모성애다. 그렇게 우울할 때조차 어쩔 수 없이 튀어나오는 것이 여성 자신의 희생적인 모성애다. 언제부터 이렇게 고질적으로 몸에 밴 것인지 모르지만, 자식을 보면 내 것은 제쳐놓고, 어떻게 하면 더 좋은 것을 줄까만 생각한다. 더욱이 여성은 여전히 자기보다 남편을 먼저 챙기고 있다. 때로는 밉고 꼴도 보기 싫지만, 이것은 자신의 체질이 되어버렸다. 여성 자신은 이미 우울증 체질이 되어 버렸고, 선택하는 것마다 자신을 우울하게 할 짓만 하고 있다.

거의 모든 여성은 이미 결혼하면서 '착한 아내, 좋은 엄마가 되어야 한다는 강박관념'을 가지고 있다. 발레리 위펜 Valerie E. Whiffen 이라는 여성의 말처럼,6) 여성 자신들이 생각하는 이상적인 여성이란 "이타적이고, 베풀어주고, 자기희생적인" 여성이다. 누가 가르쳐주지 않아도 여성들은 그것을 너무나 잘 알고, 또 그렇게 살고 있다.

스트레스 상황을 만나면 여성들은 심각한 주요 우울증에 빠질 수 있다. 그것은 남성들의 세 배이다. "가족이나 가까운 친구에게 생긴 사건들에 대해서도(확실히 여성들이 더 많이) 우울한 반응을 보인다." 여성들은 다른 이들의 삶에 놓인 스트레스성 사건들에까지도 우울증 반응을 보인다. 이걸 보면 여성들은 확실히 "돌봄의 대가" cost of caring 를 치르며 살고 있는 것이다.7)

그러다 보니 여성들은 자신을 위한 돌봄은 언제나 꼴찌다. 음식을 사 먹든, 옷을 사든, 항상 내가 사랑하는 다른 사람이 우선이다. 괜찮을 때는 정말 괜찮다. 하지만, 가만히 생각해보면 어디 외출할 때 제대로 된 옷 한 벌 없는 자신의 처지가 초라하게 느껴진다. 이게 반복되다 보면 '나는 이렇게 무가치하구나! 나는 살 가치도 없구나!' 하는 마음이 순식간에 몰려온다. 정말로 결혼은 여성을 우울하게 한다.

특히 결혼 후 전업주부로 일하는 여성들은 우울증에 걸릴 가능성이 더 크다. 교육을 더 많이 받거나 직업을 가진 여성들보다 우울증에 훨씬 취약하다. 누구보다 더 많은 수고를 하면서도 정작 보람이나 보상은 적은 전업주부들이 우울증에 더 많이 노출된다.

자녀의 나이가 6-17세 사이인 여성의 1/4, 곧 25%는 우울증을 경험하고 있다. 그들 가운데 20%의 여성들은 다른 정신의학적 장애가 있다. 정말 믿기 어려울 정도이다.[8] 엄마가 그렇게 우울한 상태라면, 자녀와 정서적으로 안정된 관계를 갖기도 어렵고, 아이들 역시 불안정한 성장을 하게 될 것이다.

이것은 전업주부인 여성들에게 희생의 보람이나 기쁨이 적거나 없다는 뜻이다. 기본적으로는 그들의 수고에 대해 가족들이 감사하거나 고마워하는 말의 표현조차 없다는 뜻이다. 많은 남편이 전업주부가 일에 대해 보람을 느낄 수 있도록 하지 못한다. 여성이 자녀를 낳고 양육하는 것이 '당연시'되는 환경에서, 남편을 비롯한 다른 가족들의 적극적인 지지가 결핍되거나 전업주부에 대한 사회적인 편견에 변화가 없다면 결혼한 여성들의 우울은 깊어질 수밖에 없다.

사실 가사에 전념하는 아내나 엄마를 둔 가정은 삶의 가장 고급스러운 사양을 선택한 사람들이다. 요즘처럼 안팎으로 경제가 어려워진 시대에 초조한 남편들은 어떻게 해서라도 아내를 밖으로 내보내어 돈을 벌게 하려 한다. 하지만, 아이들이 귀가했을 때 따뜻하게 안아줄 엄마가 있고, 남편을 위해 헌신하는 아내가 집에 있다는 것은 다른 어떤 비싼 양육 시설에서 아이를 키우는 것보다 훨씬 값진 양육임이 분명하다. 이것이 전업주부인 여성들에게 감사와 고마움이 끊임없이 전달되고, 보람이 좀 더 가시화되어야 할 이유이다.

물론 여성들에게는 월경이나 폐경 등 생리적인 호르몬의 변화와 더불어 우울증이 오는 일도 있고, 아이를 임신하거나 출산하고 산후 우울증을 겪기도 한다. 하지만, 전문가들의 의견에 따르면 여성 "호르몬[9] 수치와 우울증 사이에 직접적인 연관성은 없다."[10] 심지어 폐경기 전후에도 "여성 대부분은 이 기간에 심각한 정서변화를 경험하지 않는다." 이 기간에 중대한 우울증을 경험하는 여성들은 이미 "우울증 가족력이나 이전에 개인 우울증을 앓은 경력이 있는 사람들이다."[11]

이 연구는 매우 중요한 경고를 준다. 여성 우울증을 단순히 호르몬 변화 때문이라고 생각하는 것은 심각한 오류이다. 여성 우울증은 여성의 신체적인 변화에서 비롯되는 것이 아니라, 여성을 둘러싼 돌봄의 환경에 더욱 밀접한 관련이 있기 때문이다. 따라서 우울한 여성 자신의 목소리나 요구를 귀 기울여 들어야 한다. 변화시킬 수 있는 개인, 부부, 가정의 환경이 있다면 시급히 변화시켜야 한다.

물론 결혼했다는 사실만으로 우울증의 원인을 찾았다고 예단할 수는 없다. 여성 개인의 몸과 마음, 성장 과정과 현재 인간관계의 경제적 여건까지 종합적으로 보아야 한다. 그 가운데 결혼이 가져다주는 의무는 확실히 남성보다 여성들에게 더 무겁다. 아이를 임신하게 되는 시기로부터 자녀 양육의 오랜 시간, 그리고 나이 든 부모를 돌보아야 하는 중년을 지나, 폐경과 노환과 사별과 경제적 궁핍 등 결혼한 여성들 앞에 있는 우울의 장애물은 평생에 걸쳐 놓여 있다.[12]

특히 "어린 시절 경험한 성적, 신체적 학대는 성인 우울증의 가장 중요한 위험 요소로 여성들에게만 편중되게 영향을 미친다."[13] 왜냐하면 어릴 때 성적 학대나 성폭행을 당하는 것이 남자 아이들보다 여자 아이들에게 훨씬 많이 일어나기 때문이다. 그것은 성인이 되어서 사회적 활동이나 대인 관계에서도 여성들이 지속적으로 느끼는 것이며, 그중 결혼은 남녀의 역할이나 특권에서 불균형을 일으킴으로써, 여성 우울증을 일으키는 중요한 원인이 된다.

5. 인격 살인: 남편의 외도

"엄마 나 정말 분해서 못 살겠어.
심장이 터져 죽을 것 같아!
엄마, 나 너무나 분하고 죽을 것 같아!
이렇게 나만 미친 듯이 이용당하고 끝내야 해?
엄마 나 정말 미쳐서 돌아버릴 것 같아!"

친정어머니에게 이 글을 남긴 여성은 안타깝게도 바로 이튿날 자살로 생을 마감하였다. 남편의 외도와 그 상대였던 여성의 조롱,

시어머니의 저주로 만신창이가 된 이 여성이 유언처럼 보낸 문자이다. 이 글은 어쩌면 그녀가 실낱 같은 희망으로 마지막 도움을 요청하며 외쳤던 울부짖음이었다. 한 사람만을 사랑하기로 맹세하고 시작된 부부의 동행이 외도라는 상상치도 못한 복병을 만났을 때, 피해 여성이 당하는 고통은 이루 헤아리기도 어렵다. 만일 남편의 외도를 의심하거나 경험한 여성이라면, 이 여성이 위에서 말하는 내용이 무엇인지 공감할 수 있을 것이다.

남편의 외도는 인생의 첫 이혼에 가장 중요한 원인을 제공한다. 나만을 사랑하기로 서약한 남편이 낯선 여성과 잠을 잤다고 하는 것은 아내의 인생에 아물지 않는 깊은 상처를 남긴다. 원인이나 핑계가 어떠하든 간에, 남편의 외도의 결과는 아내에게 극도의 상실감을 일으키는 것을 시작으로 아내의 몸과 마음을 산산이 깨뜨려 놓는다. 남편의 외도 소식을 접하면서 아내는 여성으로서의 깊은 수치심과 부적절감을 느낀다. 그러고는 지금까지 자신의 인생에서 전혀 할 필요가 없었던 질문들을 슬프게 읊조리게 된다.

"나는 이제 버림받은 것인가? 이렇게 처참하게 남편에게 버림받는 것인가? 내가 여자로서 그렇게 모자란 존재인가? 그렇다면 도대체 나 같은 여자가 살아야 할 이유가 무엇인가? 남편이 이렇게 하찮게 버리는 나 같은 여자가 무슨 살 가치나 있을까?"

그 슬픈 상실을, 마치 몸 밖에서 남의 소식을 접하듯 멍하니 듣다가, 이제 점점 제정신이 돌아오면서 하나님께 울부짖기 시작한다.

"하나님, 어떻게 저에게……, 어떻게 저의 인생에 이런 일을 허락하실 수가 있습니까? 다른 사람은 전부 그러해도 내 남편만은 그러지 않으리라고 늘 안심하고 살아왔었는데, 하나님은 어떻게 이런 일을 내 인생에 허락하십니까? 부끄럽고, 창피하고, 아! 차라리 이게 깨어날 수 있는 악몽이라면…….."

다른 방법이 없다. 다른 말도 떠오르지 않는다. 그저 일어난 상황에 기가 막히고, 벌어진 일들에 아래턱이 힘없이 툭 하니 처져서 올라오지 않을 뿐이다.

한 번 입은 상처는 좀처럼 쉽게 가시지 않을 것이다. 남편이 와서 눈물 흘리고 무릎 꿇고 사정한다고 해도, 그래서 내 마음이 녹아서 그를 다시 안으며 용서한다고 해도 낫지 않을 것만 같다. 쓰디쓴 배신감으로 가슴을 헤집어 놓고, 바로 거기에 똬리를 틀고 들어앉은 상처와 우울은 평생 아내의 마음 한구석에서 좀처럼 쉽게 떠나지 않을 것이다. 흐리고 비만 오면 고질적으로 아파지는 퇴행성 관절염처럼, 잊힐만하면 악몽은 언제나 미소 지으며 솟아오른다. 물론 외도에 익숙한 남편이 그렇게 용서를 구한다는 것이 좀처럼 흔하지 않은 일이겠지만 말이다.

아, 이런 여성들에게 인생이란…….

그래서 이들은 밤낮으로 하나님께 나아와서 울부짖을 뿐이다. 대답 없는 메아리처럼 느껴져도 하나님 앞에 가면 눈물이 흐르고, 가눌 수 없던 마음이 진정이 된다. 그래도 하나님 앞에서는 나의 존재가 받아들여지기 때문이다. 언젠가 용서를 할 수도 있겠지만,

좀처럼 잊히지는 않을 것 같다. 먼 미래, 그 언젠가 혹시 "그럴 수도 있었겠네!"라고 혼자 끄덕여질지는 모르지만, 불길처럼 일어나는 분노와 참을 수 없는 아픔은 뭐라 표현할 수 있는 언어가 지금은 없다.

어느 유명했던 기독교 음악가는 지방 공연을 갈 때마다 자기만의 특별한 일정이 있었다. 같이 간 멤버들을 숙소에 남겨 두고, 비밀스럽게 성매매 하는 여성들을 만난 것이었다. 사창가를 출입하고, 여성들과 교제하며 불륜을 이어갔다. 그렇게 수 년 동안, 아내와 자녀는 비밀스러운 곳에 감금하다시피 하고, 자신은 또 다른 여성과 교제를 하며 다녔다. 한번은 교제하는 여성이 그의 아내와 마주쳤을 때, 그 여성은 아내에게 욕설하고, 헤어지지 않으면 가만두지 않겠다고 덤볐다. 그 남성은 우물쭈물하며 자신의 아내를 지키기 위한 아무런 행동이나 말도 하지 않았다. 결국, 그 아내의 투서로 그 남편의 행각은 세상에 드러나게 되었고, 끝까지 결백을 주장하던 그 남성의 외침은 공허한 메아리가 되고 말았다.

아이러니하게도 외도하는 남편일수록 자기 아내를 통제하려 한다. 붙박이처럼 꼼짝하지 못하게 가두어 두거나 일거수일투족을 감시하려고 한다. 자신들은 무슨 짓이든 마음껏 하고 다니지만, 아내의 손발과 입을 다 묶어버린다. 결국, 진실이 알려지면 아내를 정신병자 내지는 믿을 수 없는 거짓말쟁이로 몰아붙인다.

남편의 외도는 아내를 배신하는 행동이다. 외도는 그녀의 삶을 위험에 노출할 뿐만 아니라, 인간으로서의 기본적인 존엄성 전체를 뿌리째 뽑아버린다. 자식도 잃게 한다. 여성 우울증의 가장 처참한 필수요소들을 다 갖춘 것이 외도를 하는 남편의 배신이다.

6. 아내의 우울증

a. 속은 결혼

아내 B씨는 남편에게 속아 결혼했다는 생각을 떨칠 수가 없다. 마치 부잣집 아들인 양 행세하던 남편은 결혼하고 보니 빈털터리였다. B씨가 일을 해야만 가정 살림을 할 수 있는 어려운 처지에 있었다. 자신만을 사랑해 줄 것 같은 남편에게 결혼 후에도 연락을 주고받았던 여성이 있었다는 것은 차라리 참을만하다. 자기 마음대로 여자들을 만나면서 심각한 성병까지 걸린 남편, 게다가 자신을 사람 취급도 하지 않는 시어머니, 혼자서 아이들을 돌보는 것까지 정말 혼자 이 모든 짐을 지기에는 너무나 무거웠다.

아무리 잔소리를 해도 남편은 좀처럼 바뀌지 않았다. 그때만 모면하려고 할 뿐이었다. 아내의 잔소리 때문에 남편은 남편대로 상처를 입고, 그럴 때마다 자신이 더 큰 소리로 화를 내면서 집을 뛰쳐나가곤 했다. 함께 앉아서 문제를 의논하거나 푸는 대신에 문을 박차고 나가는 것을 보면서, 아내는 자기 자신이 더욱 무가치하게 여겨졌다. 그럴 때 자신이 사는 높은 아파트에서 내려다보이는 1층 주차장은 참 폭신한 쿠션처럼 느껴졌다.

여성들은 남성들보다 더 많이 우울해진다. 젊음의 아름다움과 싱그러움이 떠나갈 때 여성들은 우울해진다. 그렇게 믿었던 남편의 시선이 젊고 아름다운 여성들에게 가는 것을 바라볼 때 여성들은 마음이 시리고 우울해진다. 행여 남편이 시선만 아니라 마음마저 줄까 봐, 행여 자신의 존재감이 작아지고 '늙고 거추장스런 존재'가 될까 봐 초조해한다.

경제력이 없는 여성일수록 우울은 더 많이 찾아올 수 있다. 혹은 자신이 늙어가는 것에 대해 고민하는 여성일수록 우울의 감정은 폭풍처럼 찾아와서 평온한 몸과 마음을 뒤흔들어 놓는다. 행여 자신의 존재감이 없어질까 봐, 행여 남편이 자신을 외면할까 봐, 저 깊은 불안의 우물을 들여다보며 불쌍한 자신에게 한없이 잠겨 든다. 나이가 들어갈수록 신뢰를 주지 못하는 남편에 대한 여성들의 마음은 절박하다. 그러므로 "여성들은 우울증이라는 심리적 혼란을 진공 상태가 아닌 그들의 개인적인 삶의 다양한 상황 속에서 겪는다."[14]

특히 여성들을 심각한 우울증으로 끌고 가는 습관이 있다면 그것은 '되새김질'rumination이다. 부정적인 사건들에 대해 자주 되씹고 거듭거듭 생각하는 것은 우울증으로 가는 지름길이다. 왜냐하면, 사람들, 특히 여성들이 "슬프거나 우울한 기분에 대해 자꾸만 되새김질하면 더 오랫동안 심각한 우울증을 앓게" 된다. 부정적인 사건이나 경험들을 오랫동안 되새김질하는 사람들은 "과거의 기억, 현재의 해석, 미래에 대한 기대 모두가 더욱 부정적이고 왜곡된다."[15]

재산이 많은 부자라고 해서 우울증이 피해가지는 않는다. 목소리가 크거나 능력이 있다고 우울이 도망가지도 않는다. 여성의 우울은 인간 존재와 숨 쉬는 사회 속에 잠재되어 있어서, 조건만 만들어지면 언제든지 벽을 뚫고서라도 나타나 여성들을 괴롭힌다.

남편 옆으로 젊은 여성들이 다가가기만 해도 여성은 우울해진다. 남편이 그중 누군가와 이야기만 해도, 혹은 나와 경쟁하는 젊은 여성들이 나보다 더 참신한 능력을 보여 주어도 순식간에 우울은 찾아온다. 나 자신의 존재와 능력이 점점 '퇴물'처럼 변하는 것을 비참하게 느끼면서 우울은 여성 자신의 생명을 위협할 수도 있을 만큼 깊어질 수 있다. 이렇게 부정적이고 우울한 감정은 비판적이고 날카로운 언어를 쏟아내게 한다. 이리저리 상처 입은 우울한 아내의 말씨가 그렇게 고울 리는 없다. 그리고 그것은 부메랑이 되어 다시 아내 자신의 아픔으로 되돌아온다. "내가 공연한 말로 남편과 아이들을 힘들게 하는구나!" 혼자 죄책감을 느끼며 더 아파한다.

안타깝게도 세상은 날 선 언어만으로 여성들을 판단한다. 날카로운 비명이 우울해서 나온다는 사실을 알아줄 리가 없다. 그래서 우울한 여성들에게조차 소크라테스Socrates의 아내 크산티페Xantippe에게 씌웠던 오명, 즉 악처라는 특별한 별명을 붙여준다. 우울해서 잔소리가 많아지면, 외려 우울한 여성보다 그 남편이 더 힘들겠다고 편드는 것이 세상이다. 아무래도 세상에서는 우울한 아내의 편이 없는 것 같다. 그럴수록 우울한 아내는 점점 더 자기 자신의 존재감에 대해 날카롭고 부정적인 사람이 되어간다.

자신이 무가치하다는 느낌은 결국 죽음에 대한 생각으로 이어진다. 우울한 사람들은 부끄러움이나 외로움이나 두려움이 없는 세상을 그리워한다. 심지어 '자신이 존재하지 않는 세상'을 한없이 그리워한다. 우울한 그리스도인 가운데는 이런 이유로 천국을 사모하고, 주님 오시기를 노래하기도 한다.

우울한 여성에게 곁에 있는 사람을 배려할 마음의 여유는 없다. 사실 이들은 무가치한 자신이 살아야 할 이유도 제대로 찾지 못한다. 남편이나 가족, 교회의 친구들은 우울한 여성들의 부정적이고 날카로운 면만 아프게 느끼면서 이들을 피하려고 한다. 어떻게 도와야 할지 몰라 막연하게 그때그때 난처한 상황만 모면하려 할 뿐이다.

하지만, 이 여성들은 더욱 절박하게 도움을 요청하고 있다. 우울하여 예민할 때일수록 곁에 있는 사람들에게 상처를 많이 준다. 비록 그런 모습이 상처가 되더라도, 큰마음으로 우울한 이들을 우선 품을 수 있는 가족과 친구들이 정말 필요하다.

b. 어느 슬픈 죽음

우울증은 공평하다. 지구 어느 곳이나 관계없이, 선진국이든 후진국이든 관계없이, 나이나 성에 관계없이 골고루 존재한다. 특히 여성들은 남성의 두 배에 가까운 우울증 발생률을 보인다.

그녀는 40대 초반의 여성이었다. 처음 상담실을 찾았을 때는 남편과 8개월째 서류상으로 이혼하고 별거 중이었다. 그로부터 15년 전, 그녀는 결혼한 직후에야 남편에게 빚이 1억 원 넘게 있다는 것을 알게 되었다. 주식투자 실패로 말미암은 큰 빚이었다. 그 후로 그녀의 결혼 생활은 빠듯한 생활의 연속이었다. 어린 자녀를 양육하면서 남편의 빚을 조금씩 갚아야 했기 때문이다. 그로부터 15년이 지나서야 어렵사리 그 빚을 다 갚을 수 있었다.

하지만, 그 과정에서 남편은 아내의 인내와 수고에 대하여 조금도 감사한 마음이 없었고, 시어머니는 일이 잘못될 때마다 그 모든 책임을 며느리인 이 여성에게 떠넘겼다. 그래도 그녀는 믿음을 가지고 기도하면서 꿋꿋하게 견디어 냈다.

'아! 이제부터는 빚 없이 저축도 하고 아이들도 편안히 기르면서 가정을 꾸려 가면 되겠구나!'

그 기쁨도 잠시였다. 남편은 아내 몰래 또다시 주식에 손을 댔고, 순식간에 다시 1억이 넘는 빚을 아내에게 떠넘겼다. 하늘이 무너져 내리는 절망이었다. 아직 오지도 않은 15년의 세월을 살아갈 희망이 보이지 않았다.

"어떻게 그 길고 무거운 세월을 살아왔는데……."

그럴수록 남편은 아내와 더불어 이 문제를 상의하려 하지 않았다. 외려 시어머니를 데리고 집으로 들어왔다. 시어머니는 며느리에게 모든 책임을 돌렸다. 며느리가 문제를 잘못 처리했기 때문에 이런 일이 생겼다고 비난했다. 집을 비우라고 호통을 쳤고, 결국 며느리와 아이들을 집에서 쫓아냈다.

그뿐만이 아니었다. 남편은 이전에 했던 버릇처럼 카바레를 돌아다니며 여러 여성과 춤추며 놀기 시작했다. 그들과 잠도 자는 것 같앉다. 그러나 그녀는 남편의 성적욕구에 대해 관용하다 못해 연민을 가지고 있었다. "남자니까 누군가와 잠자는 것은 용서할 수 있지만, 여자와 사귀는 것은 용서할 수 없다."라는 것이 그녀의 생각이었다.[16] 그래서 상대 여성에게 전화해서 부질없이 호통을 치기도 했다.

남편은 아이들을 보겠다며 찾아와서는 아내와도 잠자리를 같이했다. 아내는 남편에 대한 연민과 자신에게 돌아오기를 바라는 마음에 그럴 때마다 남편을 받아 주었다. 남편의 외도, 시어머니의 무지막지한 구박, 다시 어깨를 누르는 빚덩이, 이 여성은 더는 운신할 수 없는 막다른 골목에서 이러지도 저러지도 못하는 신세가 되고 말았다. 그로부터 3년이 채 지나지 않아 이 여성은 위암 말기 판정을 받았고, 사랑하는 어린 자녀를 남겨둔 채 세상을 떠나고 말았다.

거듭된 가정의 위기와 부담은 때로 치명적인 신체 질병을 일으키기도 한다. 우울증은 마음의 아픔뿐만 아니라 두통이나 소화불량, 스트레스로 말미암은 무서운 신체 질병의 원인이 되기도 한다. 그 외에도 특별한 '이유 없는' 다양한 신체적인 고통의 증상들이 우울증에서 온다. 어느 하나도 아프지 않은 것이 없다. 힘겹지 않은 증상도 없다.

결국 우울한 여성들은 자기 생명의 에너지가 메말라 가는 것을 무기력하게 바라볼 수밖에 없다. 어떤 노력도 무가치해지고, 떨칠 수 없는 부정적이고 염세적인 생각들이 검은 먹구름처럼 섬뜩하게 하늘을 가린다. 자신의 인생을 위한 어떤 희망의 빛도 볼 수 없을 때, 아름답고 안전한 세상을 꿈꾸며 기지개를 켰던 생명력 가득했던 여성의 몸은, 결국 캄캄한 절망 앞에서 생명의 기능들을 하나둘씩 스스로 닫아버리는 것이다.

우울한 아내들은 과거 석탄 탄광의 카나리아라는 새와 같다. 1987년까지만 해도 카나리아는 깊은 탄광에서 광부들의 생명을 위협하는 일산화탄소, 메탄, 이산화탄소 등의 유무를 미리 알려주는 경보기(경보기와 같은 역할)였다. 맑고 경쾌하게 쉬지 않고 노래하던 카나리아가 유독가스 때문에 문득 노랫소리를 멈추고 죽으면, 광부들은 거기에서 신속히 빠져나와야 했다. 카나리아는 광부들을 살리는 구조자였다.

지금도 수없이 많은 여성이 카나리아 새처럼 가정의 유독가스를 긴급히 알리며 마음부터 몸까지 쓰러져간다. 남편들은 아내의 잔소리나 날카로운 비난을 싫어하기만 할 일이 아닐 것 같다. 왜냐하면, 아내의 목소리가 조용해지는 것이 외려 위험신호일 수 있기 때문이다. 이런 신호가 올 때에는 좌우 살피지 말고, 그 우울한 곳에서 신속히 아내를 데리고 나와야 한다.

c. 가부장적 문화와 모성애라는 운명의 짐

장애아를 자녀로 둔 여성들은 다른 여성들에 비해 스트레스와 우울증에 노출될 가능성이 매우 크다. 특히 한국 문화에서 장애아의 출생은 무언중에 엄마의 탓으로 여겨지는 경우가 많다. 그 무거운 심리적 부담과 함께, 실제로 매일 그 아이를 씻기고 먹이며 돌보아야 하는 엄마의 스트레스는 우울과 직결된다. "차라리 나는 저 아이가 죽은 그다음 날 세상을 떠났으면 좋겠다."라고 말하는 이런 엄마들의 애처로운 마음을 과연 어떻게 다 표현할 수 있을까?

혼자 지기에 과도한 짐은 반드시 누군가와 나누어 져야 한다. 연달아 두 장애아를 낳아서 기르는 어떤 엄마가, 처음으로 교회에 와서 혼자 조용히 밥을 먹으면서 통곡을 했다. 아이들을 혼자 돌보느라 몇 년 동안 그렇게 혼자 조용히 식사를 한 적이 없었기 때문이다. 비록 일주일에 한 번이었지만, 그 교회에 특수교육을 전공한 대학생들이 그녀의 자녀를 맡아서 몇 시간 동안 돌보아 주어서 그녀는 그런 쉼을 누릴 수가 있었다.

누군가가 무거운 짐을 진 사람들을 돌보아줄 때, 거기에 삶에 대한 희망이 생긴다. 희망이 있으면 죽지 않는다. 작은 희망이 있으면 또다시 기다리는 힘이 생긴다. 우울한 이들에게 잠깐의 쉼은 축복이다. 왜냐하면, 우울에 한없이 잠겨 들거나, 희망이 없고 부정적인 미래에 접어들 때 그들의 우울은 운명처럼 달라붙기 때문이다.

여성주의 학자들의 공헌이 있다면, 그것은 여성들의 목소리에 귀를 기울인 것이다. 지금까지 내려오던 남성적 시각이 아닌, 여성의 목소리와 시각으로 새로운 힘의 균형점을 찾아낸 것이다. 사실 어느 문화를 막론하고 가족 내의 폭력이 있다면 대개는 남성에 의한 여성 폭력이다. 물론 거꾸로 여성에 의한 남성 폭력도 분명하게 존재한다. 그래서 여성으로 말미암아 우울하고 고통당하는 남성들도 분명히 있다. 하지만, 전통적인 사회와 교회에서는 폭력적인 남성의 관점에서 경험을 해석하고 주장해 왔다.

"여자가 참아야지!"
"남자는 여자 하기 나름이야!"
"암탉이 울면 집안이 망한다!"

물리적인 힘에서 남성들은 여성들보다 강하다. 전통적인 가정 안에서 많은 남성은 폭력으로 군림할 수 있었다. 특별히 유교적이고 가부장적이었던 한국 사회와 문화 자체가 남성들의 힘의 우위를 보장해주었다.

이런 분위기에서 여성이 권위 있는 주장이나 결정을 하기는 어렵다. 여성의 목소리는 자연스럽게 음성화되었다. 오직 자녀 양육이나 음식 장만과 같은 제한된 영역에서만 여성의 주장이 허용되었다.

이런 환경에서는 남성들이 문제 해결을 위해 폭력을 쓰는 것이 너무나도 자연스럽다. 심지어 가정 폭력을 전혀 목격하지 않거나 경험하지도 않은 '순한' 남성이라 하더라도, 예상치 못한 아내의 저항이나 경제적, 도덕적 위기를 직면할 때 폭력에 의존하게 된다. 자신의 기분이 우울해질 때, 남성 우울증의 그 불편한 부대낌을 느낄 때, 남성은 아무런 거리낌 없이 폭언과 폭력을 사용하게 된다. 강제로 아내를 복종시키려는 위험한 시도를 할수록 더욱 폭력에 의존하게 된다. 이것은 이처럼 체질화되고 관습화된 남성 위주의 문화 때문이다.

여성에 대한 폭력은 한국, 미국, 이슬람 할 것 없이 너무나 흔하다. 이슬람 문화에서는 가정에 불명예를 가져온 여자들을 '명예살인'이라는 명목으로 가정의 남자들이 직접 살해해 왔다. 남성 자신들은 일부다처나 외도를 남성스럽다고 하면서도, 정작 여성의 배신은 폭력으로 통제하거나 생명으로 값을 치렀다.

여성들은 신체적, 정서적으로 억눌리며 우울해질 수밖에 없다. 원래 평화롭고 다정다감했던 여성들의 존재가 여자다움을 유지하면서 이런 일방적이고 폭력적인 환경에서 생존하는 것은 거의 불가능에 가깝다. 그래서 우울증 발생 비율은 문화나 국가를 막론하고 여성이 남성의 두 배이다. 칠레에서는 여성이 4.7배나 높다.

우울증에 대해 잘 모를 때 여성들은 보통 신체적인 증상만을 호소한다. 우울증의 증상을 이해하지 못하는 가난한 나라들에서 여성들은 심한 두통이나 이해할 수 없는 통증, 신체 굽음 body contortions, 소화불량, 악몽과 환각 등 원인을 알 수 없는 신체 증상들로 당황하고 고통스러워한다.[17]

복음서에 등장하는 병자 가운데 18년간 사탄에게 매였던 여성이 있었다. 사탄에게 매여 조금도 몸을 펴지 못하고 굽어져 땅에 얼굴을 대고 살았던 이 여성도 그랬으리라 나는 짐작한다. 물론 신체적인 질병이 있었을 수도 있었겠지만, 우울증을 오랫동안 방치할 때 신체가 왜곡되는 무서운 증상이 나타나고, 더구나 그 정신적 취약성을 기회로 사탄이 틈타게 되는 것이다.

예수님은 그 여성을 "아브라함의 딸"이라 불러 주시면서 질병에서 고쳐주셨다. 그녀의 몸, 그녀의 우울증뿐만 아니라, 그녀를 사로잡은 사탄의 영적 억압에서 고쳐주신 것이다. 그리고 그녀가 아브라함의 딸이었다고 영적인 지위를 확인해주셨다.

가부장적 문화에 여성의 모성애가 겹칠 때 우울증은 피할 수 없다. 자신보다 남편과 자녀를 더 먼저 배려하고 생각하는 많은 여성은 우울을 경험할 수 있다. 자신은 비어 있는 상태에서 가족들을 위해 채워주기만 할 때, 시간이 지날수록 여성은 우울로 빠져든다. 가족들로부터 감사나 고마움이 없고, 여성의 고귀한 봉사와 헌신이 당연해질 때, 여성은 가부장적 문화와 모성애의 고귀한 요구 사이에 끼어, 우울증이라는 힘겨운 짐을 선물로 받게 된다.

특히 가족 가운데 아픈 사람이나 우울한 가족이 있을 때, 여성의 우울증은 가속도를 낸다. 왜냐하면, 그런 어려운 환자들을 돌보는 것 역시 대부분 여성의 몫이기 때문이다.

어떻게 하겠는가? 힘들고 어려운 가족에 대해 마음이 먼저 가는 것도 여성이다. 어떻게 제대로 돌보아야 할지 먼저 생각이 떠오르는 것도 여성이고, 그것을 지휘하고 실천하는 것도 여성이다. 그 돌봄의 모성이 메마르지 않은 한, 여성의 봉사를 당연히 여기면서도 감사하지 않는 가정과 사회가 있는 한, 미라처럼 흉물스럽게 깡마른 우울증이 언제든지 여성 자신을 찾아와 노크할 수 있다는 예상을 하고 기다리는 것이 차라리 덜 당황스러울 것이다.

7. 여성의 한恨

"모든 여성은 영원히 낫지 않는 상처를 하나씩 가지고 있다." 그리스의 문호 니코스 카잔차키스Nikos Kazantzakis의 말이다. 우리말로 하면 아마 한恨으로 번역될 수 있을 것이다. 모든 여성에게, 어떤 방도나 변화로도 치료되지 않을 상처 하나가 있다.

한은 체한 덩어리이다. 체하여 좀처럼 가라앉지 않고 마음에 잡히는 덩어리이다. 조금만 누가 건드려도 울컥하고, 누가 나를 웃겨도 슬픈 것이 한이다. 남들 울면 따라서 울고, 별것 아닌데도 울적한 것이 여전히 남아 있는 그것이 여성의 한이다.

아마도 아무런 상처 없이 지금까지 살아온 여성은 이 세상에 한 사람도 없을 것이다. 다정다감했던 소녀 시절부터, 억척스럽게 자녀를 낳고, 지키고, 길러야 하는 다부진 아줌마가 되도록 그들은 상처를 삶으로 끌어안고 살아왔다. 팔을 걷고 일을 하다 보면 언제 다쳤는지도 모르는 작은 핏자국이 또렷이 나를 보고 있다. 날카로운 모서리를 스치듯 찌릿한 느낌이 있어 더듬어보면 물보다 진하게 끈적거리는 피가 느껴지듯 마음에도 진한 상처가 새겨져 있다. 상처는 누구도 피해가지 않는다.

'상처'는 한이다. 한이란 가난이나 질병이라는 단순한 매체에서 오지 않는다. 한은 이런 매체를 둘러싼 인간의 악, 즉 불공평과 차별, 힘없는 자에 대한 강한 자들의 강제적인 억누름에서 온다. 한은 약자들의 마음에 깊이 새겨진다. 자신은 사랑하여 따르고 섬겼는데, 힘 있는 자가 그것을 배신하여 짓밟을 때 상처를 넘어 한이 된다. 그것을 하소연하여 바로잡았으면 하는데, 힘 있는 자는 외려 자신의 체면과 지위를 위해 힘과 위협으로 그 하소연을 억누르고 침묵시킬 때 약한 자의 한은 깊어진다.

강요된 침묵은 보이지 않는 쇠사슬이다. 이것은 여성을 무기력하게 하고 스스로 무능하게 느끼게 한다. 죄책감을 일으킬 뿐만 아니라, 그보다 더 파괴적인 수치심shame을 불러일으킨다. 죄책감은 잘못한 것에 대한 혼자만의 후회이지만, 수치심은 미처 감추지 못하여 사람들에게 드러난 존재의 불명예이다. 죄책감은 혼자 다루어 갈 수 있지만, 수치심은 활을 떠난 화살처럼 자신의 통제 밖에 있다. 우울증 안의 수치심은 더 파괴적이다.

가난하여 힘들다는 사실만으로 한이 생기지는 않는다. 경제적으로 어려운 형편에, 남편조차 아내를 무시하고 억누를 때 한이 생긴다. 남편이 일방적으로 아내를 구타하며 괴롭힐 때 마음의 깊은 한이 생긴다. 고용인이 갑으로서 자신의 권리만 주장하며 착취할 때, 가난한 가장의 한은 깊어진다.

백성의 한은 나라가 백성들을 지켜주지 못할 때 생긴다. 못난 나라가 자신의 국민, 연약한 딸들을 지켜주지 못할 때, 위안부로 잡혀간 우리의 여성들은 그렇게 피를 토하는 고통을 평생 짊어지고 살아야 했다. 정부의 무관심과 가해자 일본의 반역사적인 외면이 그들의 평생에 깊은 한을 만들었다. 사실 그 누구도 이 한을 쉽게 풀어 줄 수는 없다. 한은 좀처럼 풀리지 않는다. 왜냐하면, 그 깊은 상처의 골짜기를 메울 수 있는 것은 이 세상에 아무것도 없기 때문이다. 하지만, 한을 달래거나 위로할 수는 있다. 응급처치를 할 수도 있다. 한이란 주요 우울증의 한국판 상처이다.

진작 그 누군가가 따뜻하고 진정한 마음만 보여주기만 했어도 많은 여성들의 인생은 달라질 수 있었다. 누군가 몇 마디의 위로만 해 주어도 한은 그 여린 마음에 자리 잡지 않을 것이다.

"너 참 힘들었겠다."
"내 딸 정말 고생 많았구나!"
"그랬어? 얼마나 괴로웠을까?"

누군가가 위로해 주었더라면 이런 아픈 우울과 한은 생기지 않았을 것이다. 그 옛날 어릴 적, 엄마나 할머니가 아기의 궁둥이 두드리며 아기를 다독였듯이 그 아픈 마음을 알아주었더라면, 누군가가 함께 울어만 주었더라도 여성의 마음에 한이 쌓이지 않았을 것이다.

"저렇게 연약해서……쯧쯧쯧. 집안 교육을 잘못하니까 그 지경이지!"
"여자가 뭐가 힘들다고 그래? 남편이 더 힘들지!"

진심으로 사랑해 주는 한 사람만 있다면 많은 것이 달라질 것이다. 우울하다고 쉽게 죽지 않을 것이다. 아들의 외도로 몹시 힘들어하는 며느리를 보며, 어느 시아버지는 깊은 시름에 잠겼다. 당황하고 미안하여 몸 둘 바를 몰랐다. 그저 자전거를 타고 시골집과 시내를 오갔다. 그 모습을 본 며느리는 한이 가라앉고, 마음에 위로를 받았다.

"내 마음을 알아주는 한 사람이 있었구나!"

하지만, 더불어 울어주는 사람이 없을 때 우울 속에서 깊은 한이 자란다. 외국에서 선교사로 고생하며 우울증까지 얻은 며느리를 향해, 시댁에 제일 먼저 인사하러 오지 않는다고 모욕하며, 친정 부모가 교육을 잘못시켰다며 욕보일 때, 그것은 여성의 마음에 씻을 수 없는 한을 심어 놓는 것이다.

따라서 함께 울어줄 사람을 꼭 한 명 찾아야 한다. 나를 판단하지 않고, "너 정말 힘들었겠다."라고 말해 주며, 따뜻한 눈으로 고개를 끄덕여 줄 한 사람이 필요하다. 내가 무엇을 요구해도 무능한 자의 하소연이라며 무시하지 않고, 내 목소리를 연약한 실패자의 것으로 판단하지 않고, 있는 모습 그대로 받아 주는 한 사람이 필요하다. 강한 척 잘 보이려 할 필요가 없다. 피곤하게 힘을 낭비할 필요도 없다. 내가 잘 참는 것을 대견하게 여기며, 손 내밀어 받아줄 한 사람만 있으면 우울증의 세찬 물줄기도 건널만하다.

더 나아가 한이란 하나님과 풀어야 하는 존재론적인 고독이다. 오직 하나님 앞으로 나아가서, 미친 여자처럼, 술 취해서 중얼거리는 얼빠진 사람처럼 매달려야 비로소 치유되는 것이다. 자신의 얼굴이 남에게 어떻게 보이는지도 모를 정도로 일그러지면서 쏟아내야 하는 것이 마음 깊은 여성의 한이다.

내 깊은 한에 관하여 사람에게 너무 큰 기대를 하지 않는 것이 좋다. 사람에 의한 분노일수록 오직 하나님의 선명한 약속으로 돌아가야 한다.

"하나님, 제발 저 좀 재워주세요."

"하나님, 제발 하나님만은 저의 가장 가까운 곳에 계셔주세요."

한이 있는 사람은 이처럼 기도로 토설해 내야 한다. 사무엘의 어머니 한나에게는 우울이 있었다. 그리고 한이 있었다. 남편 엘가나가 아내 한나를 얼마나 생각하고 사랑했는가! 얼마나 많은 배려를 하였는가! 하지만 한나에게는 인간이 위로해 줄 수 없는 한과 우울이 남아 있었다. 한나의 마음은 좀처럼 밝아지지 않았다. 남편 엘가나는 아마도 미칠 지경이었을 것이다. 자신이 한나를 브닌나보다 몇 배나 더 사랑해주는데도 한나는 여전히 슬퍼했다. 더 많은 선물을 주었음에도 한나 마음의 한이 사라지지 않았던 것이다. 그것은 남편의 선물로도, 남편의 따뜻한 몇 마디 위로의 말로도 쉽게 풀리지 않았다.

8. 을乙들의 을: 목회자의 아내

a. 사상 최악의 우울증 위험군

열 명 가운데 아홉 명88%은 우울증을 경험하게 되는 특별한 사람들이 있다. 이들의 외로움과 소외의 경험은 일상적인 사람들과는 비교할 수 없다. 그들은 목회자의 아내들이다. 목회자의 아내들은 이 세상 어떤 부류의 사람들과도 비교할 수 없는 가장 높은 우울증 위험군에 속해 있는 사람들이다. 교회를 '애인' 삼는 남편이나, 자신의 존재에 대한 인식조차 없는 교인들로 말미암아, 이들은 남모르는 곳에서 신음하고 있다.

목회자의 아내에게는 감정의 출구가 없다. 젊었을 때의 그 명랑함과 활달한 성격은 온데간데 없고, 함께 즐거워하던 친구들도 모두 떠나버린다. 사모가 교인 가운데 누군가와 친구가 된다는 것은 '절대 일어나지 않아야 하는 금기사항'taboo 이다. 바쁜 목회 사역에 남편을 빼앗기고, 섬기는 성도들에게 상처를 받으며 한숨만 늘어간다. 아무에게도 사랑받지 못하는 그녀에게 남은 선택은 우울증밖에 없다.

어느 젊은 목회자의 아내가 무거운 표정으로 상담실을 찾아왔다. 그녀는 유치원과 어린이집에 다니는 아이들의 엄마이자 교회 부교역자의 아내였다. 그런 그녀가 남편이 금요 철야기도회를 가고 난 후에 날카로운 커터cutter를 들고 혼자 화장실에 들어간 적이 여러 번이라고 하였다. 이렇게 살 바에는 차라리 죽는 게 낫겠다고 몇 번씩이나 마음을 먹고 들어갔지만, 결국 방에서 새근거리며 잠든 아이들 때문에 차마 그렇게 하지는 못하고 나오기를 여러 차례였다. 더는 이대로는 안 될 것 같아 그녀는 상담실을 찾았다.

남편은 교회의 전임 부교역자로서 말 그대로 눈코 뜰 새 없이 바쁘게 사역을 하며 지냈다. 아이 양육은 모두 아내의 몫이었고, 남편은 아내와 다정하게 얘기할 시간도 내 주지 않았다. 아내는 결혼하면서 이전에 함께하던 친구들과 멀어졌고, 가끔 만나서 이야기하는 친한 친구가 있었지만, 목회자의 아내이기에 더는 함께 나눌 수 있는 이야기가 없어져서 이제 다시 만나고 싶은 마음도 사라졌다.

더욱이 교회의 담임목사는 어린 아이들을 돌보는 엄마들은 철야기도회에 참석하지 못하게 했다. 간절히 기도하고 싶어도 그럴 수 없었다. 다른 사람의 기도에 방해되기 때문이라고 하였다. 이전에 있던 교회의 담임목사는 젊은 부교역자 아내들끼리의 모임조차 막았다. 모여서 이야기해 봤자 교회에 유익이 없기 때문이라고 하였다. 그 결과 함께 이야기를 나눌 수 있는 비슷한 또래의 교회 여성들과 교제할 기회도 거의 단절되고 말았다.

너무 힘들어 남편에게 사역을 잠시 쉬면 어떻겠냐고 제안을 해 보았지만, 그것은 거의 불가능에 가까운 일이란 것을 자신도 잘 알고 있었다. 왜냐하면, 경제적인 어려움은 말할 것도 없고, 앞으로 목사의 길을 가야 하는 남편에게 그런 쉼이란 목회자로서의 경력에 큰 손실이기 때문이었다. 하지만, 아내는 이 숨 막히는 곳에서 벗어나 1년 만이라도 자신의 예전 생활로 돌아가고 싶은 마음이 너무나도 간절했다.

이 젊은 사모에게는 친구뿐 아니라 식구조차도 가까이에 없었다. 대화를 하거나 감정을 공유할 사람이 없었던 것이다. 사모로서 그녀 자신의 자신다움을 표현하거나 발견할 길도 없었다. 그래서 이런 우울증의 막다른 골목에서 그녀는 망설이고 있었다. 자신의 존재 의미를 찾을 수 없는 이 땅을 차라리 떠나려 했다.

목회자의 아내에 대한 성도들의 기대는 몇 가지나 될까? 목회자의 아내라면 누가 보아도 모범적이고, 건강하고, 다소곳하고, 경건하고, 여전도회 김장에도 팔 걷고 나서서 가장 일을 많이 하고, 새벽 기도도 가장 일찍 나오고, 가장 늦게 들어가고, 자녀도 잘 기르고, 기왕이면 능력도 많고, 남편을 내조하고, 조용하고, 설치지 않고, 언제나 밝게 웃고, 축 처져 있지 않고, 불평하지 않고, 아프지 않고, 자기주장을 내세우지 않고, 비싼 옷으로 치장하지 않고, 나누어주기를 좋아하는 등…… 끝이 없다.

b. 슈퍼 아내 Superwife 의 환상

그렇다면 목회자인 남편이 기대하는 아내에 대한 덕목은 몇 개나 될까?

조용하고, 불평하지 않고, 설교 준비할 때 방해하지 않고, 교회 일로 사람 만나러 나갈 때 붙잡지 않고, 좀 쉬고 싶을 때 혼자 있게 해 주고, 집안일로 사역이 방해받지 않도록 혼자 알아서 해 주고, 운동하러 나갈 때 따뜻하게 배웅해주고, 쇼핑 가자고 조르지 않고, 여행 가자고 괴롭히지 않고, 아이들 성적 떨어지지 않게 공부시켜 주고, 언제 있을지 모르는 심방을 위해 언제나 셔츠를 다려놓고, 깨끗한 마음으로 설교 준비가 잘 되도록 집안과 서재를 청소해 놓고, 좋아하는 커피를 언제나 따뜻하게 내려놓고, 가족 건강을 위해 채소와 비타민을 챙겨주고, 혼자 있어도 외로워하지 않고, 친구 만나러 간다며 바깥으로 돌아다니지 않고, 다른 교회 목회자와 비교하지 않고, 설교를 할 때 잘한 점만 콕 집어서 칭찬해 주고, 사다 주는 작은 선물에도 크게 감동하고, 기분이 우울해지거나 아프지 않고, 시댁 식구들을 잘 챙겨주고, 교인들이 사택을 찾아와도 밝고 깨끗한 모습으로 반갑게 맞이해주고, 어떤 젊은 여성을 상담하거나 심방해도 질투하거나 잔소리하지 않고, 아이들 공부를 잘 시켜서 좋은 대학에 들어가도록 표가 나지 않게 애써주고, 경제적인 것

걱정하지 않도록 알아서 살림살이해 주고 등…….

'성자' 곁에서 함께 사는 사람은 '순교자'가 된다.

2006년, 미국 테네시 주의 한 시골 교회에서 있었던 사건을 재연한 "목회자의 아내"The Pastor's Wife라는 드라마는 훨씬 더 비극적이다. 예배 시간이 되어 목사를 기다리던 성도들은, 아무리 기다려도 목사가 오지 않자 사택을 찾아간다. 목사는 침실 바닥에 죽어 있었고, 아내와 세 딸은 행적이 묘연하였다.

그의 아내와 딸들은 먼 앨라배마의 해변에서 발견되었다. 그 아내는 남편을 죽이고, 아이들을 데리고 그렇게 보여주고 싶었던 바닷가에 갔던 것이었다. 조그만 시골 교회의 인기 있던 젊은 목사는 자기 아내의 총에 맞아 세상을 떠났고, 그 여성은 곧장 철장에 감금되었다. 어쩌면 평생 교도소에서 여생을 보내야 할 처지에 놓였다.

그런데 뜻있는 한 변호사가 찾아와 어려운 처지에 있었던 그녀를 변호해 주었다. 그제야 그녀는, 그동안 사택 안에서 남편과 있었던 일들을 하나둘씩 풀어내기 시작했다. 멋진 캠퍼스 연인으로 만나 평생 사랑하며 삶과 사역에 동행하기로 했던 두 사람의 약속은 결혼 후 남편의 이해할 수 없는 잔인한 행동들 때문에 흔들리기 시작했다. 남편은 이웃의 개를 총으로 죽이겠다고 위협하는가 하면, 아내 명의로 은행 대출을 받아 돈을 날리고, 모든 책임을 아내에게 돌렸다. 소심한 아내는 그 빚을 갚으려고 쩔쩔매며 동네 가게에서 힘든 일을 해도 목사인 남편은 모른 척했다. 목사의 체면 때문이었다.

남편은 아내를 무섭게 협박하였다. 아내가 힘들다고 남편에게 사정을 했을 때, 남편은 옷장에 있던 긴 총을 들고 나왔다. 총 끝을 아내의 턱에 대고는, 한 번만 더 귀찮게 하면 가만두지 않겠다고 협박을 했다.

그는 자신의 성적 환상을 위해 아내를 쇼걸로 치장하게 했다. 가발과 진한 화장 등의 쇼걸 복장을 강요하였다. 심지어 자신의 단잠을 깨운다며 우는 아기의 침대에 가서 아이의 목을 조르며 죽이는 시늉을 했다. 그날 아침에도 그는 아이에게 똑같은 행동을 하고는 다시 침대에 가서 누워버렸다. 아이의 엄마로서는 정말 소름끼치는 일이었다.

그녀에게는 남편의 사랑이 필요했고, 남편이 이전처럼 자신과 다정하게 다시 이야기하며 살기를 바랐다. 아이들도 안전하기를 바랐다. 그러나 남편은 귀찮아하며 꿈쩍도 하지 않았던 것이다. 그 결과 그저 대화를 하자며 들고 들어갔던 총이 자신도 모르는 사이에 불을 뿜고 말았던 것이다.

목회자 아내의 가장 큰 우울증 유발요소는 자기 목소리의 상실이다. 남편의 사역을 품고 이해하려다 보니 자신의 요구나 주장은 당연히 묻혀버린다. 남편도 아내의 요구가 무엇인지 알지만, 언제나 성도들을 우선 잘 섬겨야 한다는 사명감으로 일하다 보니 아내의 요구는 '다음, 또 그다음'으로 미루어지고, 잊혀져버린다. 때로 아내의 절박한 처지마저 사역에 방해된다고 생각할 때는 아내를 원망하는 마음마저 들 수도 있다.

목회자의 아내라면 사람들은 으레 남을 위해 희생하는 사람이라 여긴다. 그러나 자기 아내의 희생을 칭찬하는 목회자는 드물다.

자신의 사역에 비하면 '그까짓 수고'를 당연한 것으로 여긴다.

하지만, 당연한 것은 하나도 없다. 아내의 그 어떤 작은 희생도 당연하지 않다. 가족들을 위해 늘 양보하다 보니 자신의 속옷이 해어져도 살 엄두를 내지 못한다. 남편이 그 형편을 알아서 챙겨주지 않으면 아내는 우울해진다. 사랑과 물질의 결핍에 익숙해질 때까지 내버려두면 아내는 자신도 모르게 우울에 빠진다.

아내의 우울증은 남편을 짜증나게 한다. 아내가 그렇게 우울해질 때 남편들은 짜증내며 귀찮아한다. 안타깝거나 불쌍히 여기는 마음보다는, 마치 그런 아내 때문에 자신의 사역이 방해를 받는 것처럼 실망한다. 그래서 목회자의 아내는 더 외롭다. 세상의 그 어떤 직업이 남편과 아내의 사적인 애정까지도 이렇게 냉정하게 나누어 놓을 수 있을까?

c. 쓰라림을 따뜻함으로

목회자 남편이 성도들에게 인기가 많을수록 아내는 더 소외된다. 성도들이 존경하고 사랑하는 목회자를 위해서는 외투, 양복, 넥타이, 구두까지 새것으로 선물하지만, 그의 아내를 위해서는 양말 한 켤레조차 선물하지 않는 일도 있기 때문이다. 목회자인 남편이 누리는 인기와 달리, 그의 아내가 느끼는 '투명인간'의 처참함은 이루 헤아리기가 어렵다.

목회자 남편은 아내의 목소리에 귀를 기울여야 한다. 그녀는 소외되어 있다. 그러므로 자신의 인기에 도취하거나 사역을 핑계로 자신의 무관심을 포장하지 말고 아내의 목소리, 한숨 소리를 면밀하게 귀 기울여 들어야 한다. 그녀가 아파도 사모가 되어 아픈 것이고, 우울해도 자신의 아내로 사느라 우울해진 것이다. 남편은 이 사실을 가슴 시리게 자각해야 한다.

다른 사람의 '모범'으로 살아야 한다는 책임감이 사랑하는 아내에게는 크고 무거운 짐이다. 그것이 얼마나 큰 부담인지 남편은 상상이라도 할 수 있어야 한다.

동유럽의 어느 가톨릭 마을에서 갑작스럽게 증가한 순례자들로 말미암아 여성들이 환대의 모범이 되어야 했다. 섬김의 의무는 많아졌는데, 자신들의 마음속에 있는 목소리는 그 누구도 귀 기울이지 않았을 때, 이 마을의 많은 여성이 영적 혼란과 우울증에 빠졌다. 영적 모범이 되어야 한다는 말하지 못하는 고통은 우울을 일으키고, 우울은 자신의 삶에 대한 회의와 분노를 일으킨다.

목사와 결혼했다는 이유만으로 아내는 친구도 잃었다. 하고 싶은 말이 있어도 모든 일에 입을 다물어야 한다. 그런 아내의 분노와 쓰라림을 아무 일 아닌 것처럼 지나쳐서는 안 된다. 목사의 아내는 남편의 사역을 부흥하게 할 수도 있고 망가뜨릴 수도 있다. 아내가 자신에게 이야기할 때 남의 이야기 듣듯 하지 말고, 때로 잠시 멈추고 사랑하는 마음으로 아내만 바라보아야 한다.

목사 남편은 아내를 위한 시간과 귀를 준비해야 한다. 비록 교회라는 곳이 자신의 가족을 잘 챙겨줄 수 있는 곳은 아닐지라도, 목회자는 적어도 자신의 아내가 집에서나마 마음껏 이야기할 수 있도록 신경을 써야 한다. 시간과 여유가 없다는 핑계로 아내의 입을 막으면 막을수록 더 심각한 우울증이 찾아올 것이다.

목사와 달리 사모로서 아내의 목소리는 언제나 보이지 않는 눈들에 의해 '감시받고 검열된다.' 목사는 다수 군중을 향해 자신의 목소리를 외칠 수 있지만, 아내는 다르다. 아내가 유일하게 마음껏 '설교'할 수 있는 대상이 바로 남편이라면, 목사인 남편은 그녀가 말할 때 기꺼이 그녀의 '청중'이 되어 주어야 한다. 때로 그녀에게서 자신을 향한 선지자의 목소리가 들린다면, 그 목회자는 깨어 있는 사람이다.

목회자의 아내에 대한 성도들의 판단과 간섭은 무서울 정도로 직설적이다. 어느 작은 교회에 목회자가 공석이어서 필자가 약 1년간 설교 목사로 섬겼던 적이 있었다. 함께 은혜를 나누며 좋은 관계로 지내다가, 마침 새로운 목사님이 부임해서 마지막 기념촬영을 하던 시간이었다. 그때까지도 설교자인 나에게 참 유순하고 인격적으로 보였던 권사님들이 엉뚱하게도 새로 온 사모에게 갑작스러운 카리스마를 발휘했다.

"아니, 사진 찍어야 하는데 사모가 벌써 집에 들어가서 옷을 갈아입어 버리면 어떡해? 빨리 가서 다시 데려와!"

사모가 고통당하고 우울해지는 사각지대는 목사의 눈에 쉽사리 보이지 않는다. 목회자는 자신의 체면을 위해 아내의 희생을 눈감지 말아야 한다. 그렇다고 목회자가 성도들과 논쟁을 벌일 수는 없다. 그럴수록 아내의 모든 작은 희생에 대해서 고마워하고 감사를 표현해야 한다. '교회의 덕을 세운다.'라는 애매한 기준 때문에 아내가 고통당한다면, 보이지 않는 공간에서라도 아내에 대한 사랑을 표현해야 한다. 그래야 아내도 자기 자신을 사랑할 수 있다.

물론 목회자로서 어쩔 수 없는 상황도 있다. 아내도 그 정도는 잘 안다. 그럴 때는 진지하게 상황을 설명하고, 미안한 마음으로 양해를 구해야 한다. 그리고 다른 시간에 잊지 않고 꼭 아내에 대한 배려와 감사를 표현해야 한다. 자기 아내에게만 잘해 주려고 교인을 바꾸려는 것은 참 어리석은 목회자이지만, 자신을 바꿈으로써 질식해가던 아내를 다시 숨 쉬게 하는 남편은 현명하다.

사모와 아내로서 여성 자신의 노력도 필요하다. 사택의 갇힌 공간에서 열린 공간으로 나올 수 있도록 스스로 노력해야 한다. 자신의 목소리를 무조건 가두어 놓지 않아야 한다. 늘 자신의 잘못인 것처럼 '미안'하게만 느끼지 말고 남편에게 말하기를 연습해야 한다. 자신의 필요를 차분히 설명할 수 있을 때까지 반복해서 연습해야 한다.

자신과 비슷한 처지에 있는 사모들도 만나야 한다. 온라인으로 교제하는 길도 마련하는 것이 필요하다. 자신과 비슷한 이유로 아픈 사람들을 만나고, 그들의 이야기를 들을 때, "세상에 이런 사람이 나 혼자가 아니구나!" 하는 위로와 격려를 경험할 것이기 때문이다. 이 작은 만남이, 세상 그 어디서도 풀 수 없는 분노와 우울을 내려놓게 하는 중요한 계기가 될 수 있다. 또한 남편의 동기 모임에 사모들이 함께 참여하는 것도 좋은 기회가 될 수 있을 것이다.

교인들은 언제나 목사와 사모를 함께 불러야 한다. 문자나 카드를 쓸 때도 가능하면 사모의 안부도 함께 물어야 한다. 사모가 곁에 있음에도 목사에게만 인사하는 여자 성도들의 마음은 순수하지 못하다. 무엇보다도 교인들은 목사를 위해 기도할 때 반드시 사모를 목회 동역자로 함께 불러 주어야 한다. 목사와 사모는 하나이다. 성도들을 위한 평안한 목회는 사모 없이 목사 혼자 결코 할 수 없기 때문이다.

우울한 아내들은 남편이나 교회에 직접 분노하지 못하고 끊임없이 자신에게 분노하며 마음으로 자신을 징계한다. 잘못은 자신에게 돌리고, 궂은일도 자신이 맡는다. 사모의 길에 감사와 의미와 위로가 뒤따르지 않는 한, 우울은 틀림없이 그 사모의 걸음을 가로막을 것이다.

하나님의 선물 2

- 우울증은 희망찬 아침을 근심과 부담으로 가득하게 한다.

- 건강한 사람은 우울한 사람을 게으르다고 오해할 수 있다. 게으른 것이 아니라 정말 아픈 것이다. 그들의 아픔과 두려움을 믿어 주어야 한다.

- 혹시 상처받을까 봐 극도로 예민한 것은 웃음거리가 아니라, 우리 삶의 즉시 멈춤과 급한 변화를 요청하는 신호이다.

- 막 결혼한 여성들에게 쌓이는 스트레스는 여성이 평생 겪어가는 우울의 중요한 원인이 된다.

- 남편은 신혼 때부터 아내의 편에 서서, 다른 가족들로부터 아내를 보호하고, 감사와 사랑으로 집중해야 한다.

- 모성애는 여성 자신의 대가를 요구한다. 모성애는 여성들로 하여금 자기희생적인 삶으로 우울에 빠지게 하는 '돌봄의 대가'를 치르게 한다.

- 가족들은 여성의 자기희생을 고귀하게 여기고, 그들의 희생에 대해 이야기하고, 때로는 보이는 선물로 감사한 마음을 반드시 전해야 한다.

- 결혼한 여성의 가장 큰 우울의 원인 가운데 하나는 남편의 외도이다. 그것은 가장 강력한 거절과 배척의 상처를 남기며, 심지어 삶의 이유까지도 앗아가 버린다.

- 전업주부로 살아가는 여성들에게 위로와 자신감이 필요하다. 남성들은 다른 여성들과 비교하는 것을 멈추고, 주부 자신들은 부정적 사건의 되새김질을 멈추어야 한다.

- 여성들의 습관 가운데 걱정이나 염려를 반복하여 되새김질하는 습관은 우울증을 더 깊게 한다. 염려와 걱정을 끊임없이 하나님께 던져버리는 습관을 길러야 한다.

- 여성을 우울하게 하는 것은 강요된 침묵이다. 그 우울을 푸는 길은 자신의 언어로 자신의 처지와 경험을 진술하도록 자유를 허락하는 것이다. 언어로 표현되는 여성 자신의 마음을 있는 그대로 받아 주는 것이다.

- 목회자의 아내는 가장 높은 우울증 위험군의 여성들이다. 성도들의 기대와 슈퍼 아내의 환상은 그 영혼을 질식하게 한다.

- 목회자인 남편은 아내의 이야기를 들어줄 '유일한 청중'이다. 진지한 집중으로 아내의 이야기에 귀를 기울여야 한다.

- 부정적인 일들을 거듭하여 되새김질하지 말자. 잊고, 보내고, 밝은 생각들로 다시 채워가자.

- 교회의 성도들은 목회자와 그의 아내를 하나의 동역자로 보고 귀하게 여기며, 안부나 기도에 반드시 두 사람을 함께 언급해야 한다.

제3장
남성의 무기력과 우울

1. 자살 묵상

　　　　　　A씨는 40대 중반의 남성인데 급격한 우울증과 자살 충동을 느꼈다. 최근, 자신이 일해 온 회사로부터 밀린 임금을 다 받지 못하였다. 당연히 받아야 할 그것을 받으려고 다시 사람들에게 하소연해야 한다는 것이 너무나 구차하고 힘들었다.

　게다가 연세가 드신 그의 아버지는 아들에게 심리적 부담을 주고 있었다. 전혀 가능성이 없어 보이는 사업을 벌이기 시작하면서, 아들인 A씨에게 사업자금을 부탁하였다. 평생 고생하신 아버지의 부탁을 들어드리고 싶은 마음도 간절했지만, 그것을 감당할 수조차 없는 자신의 처지까지 겹치면서 지금까지 한 번도 생각한 적 없는 것을 문득 떠올렸다.

　"아, 저 창문 난간에 목을 매면 차라리 편안하겠구나!"

너무나 자연스럽게 이런 생각이 떠오르는 것을 보면서 그는 스스로 많이 놀랐다.

남성들을 우울하게 하는 중요한 원인 가운데 하나는 경제적인 어려움이다. 통계를 보면 남성 우울증에서는 가족 전체의 경제적 수입이 중요한 예견인자_predictor_라고 한다. 남편 자신의 수입이 적은 것은 별로 상관이 없다. 하지만, 가족 전체의 수입이 적을수록 남성의 우울증 발생 확률은 높아지고, 거꾸로 수입이 높을수록 우울증에 걸릴 확률이 낮아진다는 것이다. 여기서 가정 경제에 대한 남성들의 책임감과 초조함을 함께 읽을 수 있다.

사실 우울증은 여성들보다 남성들의 생명을 더 심각하게 **위협**하는 병이다. 왜냐하면, 여성들은 가벼운 우울증에서 자살 시도를 거의 하지 않지만, 남성들은 가벼운 우울증에서부터 **스스로** 자기 생명을 노리기 때문이다. 가벼운 우울증이지만 무시할 수 없는 것은 발생 후 4년 사이에 남성 사망률이 건강한 남성들에 비해 거의 두 배_1.8배_에 이르기 때문이다. 이 수치는 여성들이 심각한 우울증, 즉 2주 이상 아무것도 할 수 없고 손을 들거나 고개를 돌리지도 못할 만큼 무기력해지는 '주요 우울증'_MDD, major depression disorder_을 경험할 때 나타나는 수치이다.

남성 우울증의 시작은 불편과 짜증이다. 자신이 해결할 수 없는 일들이 하나둘씩 쌓일 때, 남성들은 불편과 짜증을 느끼고, 그 문제에 대해 조금씩 부정적인 기분으로 골몰하기 시작한다. 특히 재정 문제나 직장 상하 관계의 문제, 건강의 문제나 자녀 진로의 문제 등, 책임감을 자극하는 문제들이 남성들의 기분을 무겁게 한다.

처음에는 큰 문제가 아닌 것처럼 보이고, 또한 아무 일도 없는 것처럼 행동한다. 하지만, 속에는 그 문제를 해결하지 못한 찜찜하고 불편한 감정의 찌꺼기들이 남아 있다. 혼자 고민을 하면서 인터넷을 뒤지거나, 자신만의 문제 해결 방식을 찾아 이런저런 생각을 하며 스트레스를 받기 시작한다. 그 스트레스를 떨쳐내려고 흡연이나 음주를 선택한다. 하지만, 흡연과 음주는 불쾌감과 짜증을 더할 뿐 스트레스를 없애주지는 못한다.

이럴 때 가족 관계를 위협하는 예민한 짜증도 함께 올라온다. 처음에는 "그까짓 것!" 하면서 별것 아닌 것처럼 말하고, 아내와 자녀 앞에서 대수롭지 않은 것처럼 말한다. 하지만, 그 문제에 부정적으로 함몰되기 시작하면서 표정과 말투가 달라진다. 자신이 어떤 표정이나 말투로 가족들을 대하고 있는지 전혀 의식하지 못한 채 상처를 주기 시작한다. 문제에 대해 집중할수록 신경은 더욱 날카로워진다. 문제가 훑고 지나간 마음의 자국이 점점 선명해지고, 자신의 생각을 방해하는 아내의 질문이나 아이들의 '철없는' 행동들에 대해 성급하게 화를 내기도 한다.

이 예민한 상태가 일정 기간 지속된다. 통쾌한 해결책이 떠오르기 전까지 마음의 납덩이는 남성의 머리를 짓누른다. 그 절망이 깊어질수록 남성의 생각은 순식간에 지옥의 선을 넘나든다. 작은 절망의 기분이 죽음까지도 불사하게 한다. 참으로 이해하기 어렵다. 별일 아닌 작은 걱정이 순식간에 미래를 삼키는 느낌을 받는다. 그리고 스스로 자신의 생명을 끊을 수도 있다는 찰나적 상상이 불안과 분노가 혼합된 머릿속에 충동적으로 삽입된다.

남성 우울증의 절정은 절망 후의 자살 충동이다. 해결할 수 없고, 귀찮고, 불안하고, 화나게 하는 이 상황을 끝내는 유일한 방법인 죽음, 그것이야말로 자신이 쉴 수 있는 편안한 안식처라 여기게 되는 것이다. 그 무서운 상상에서조차 남성은 이상한 편안함을 느낀다. 무거운 짐을 벗어버릴 수 있을 것 같은 편안함, 세상을 등지고 떠날 때 느끼는 편안함, 복잡하게 얽힌 인간관계나 의무를 홀가분하게 벗어버리는 편안함, 마치 죽음이 그 안식처를 줄 수 있을 것처럼 느끼게 되는 것이다. 문제가 해결될 기미가 보이지 않고 혼자만의 절망이 깊어질 때, 많은 남성은 세상의 마지막을 생각하게 되는 것이다.

　혼자만의 깊은 고민과 갈등 이후, 자신의 힘으로 해결할 수 없는 것에 대한 절망과 우울, 그것은 남성의 생명을 침략하는 가장 무서운 내면의 적이다. 여성들은 남성들보다 네 배나 자살 시도를 많이 한다. 하지만, 자살 성공률은 남성이 여성보다 서너 배 정도 높다. 확실하게 죽기 때문이다. 우울증이 발생하는 비율은 분명히 여성이 두 배나 높지만, 일단 우울증이 발생하면 "여성들과 남성들은 비슷한 지속시간을 경험하고 우울증의 재발도 동등한 수준이다."[18]

　특히 혼자 사는 남성 노인의 자살률이 높다. 가난한 형편에 암과 같은 질병까지 겹쳐서 고통당하는 많은 노인이 우울하다. 그들 중에도 가족들에게 부담을 줄까 봐 걱정하는 사람들의 자살률은 더 높다. 해결할 수 없는 우울증의 증상이 천차만별로 다르다. 하지만, 한 가지 분명한 것은 우울증이 삶의 의미를 메마르게 한다는 것이다. 살아야 할 이유조차 잃게 하는 것이다. 아니 이유와 의미를 찾지 못해 우울해지기도 한다. 그것이 우리의 가련한 생명을 가져갈 수도 있다.

"나는 지금껏 인생을 잘못 살아온 것 같다. 이렇게 사는 게 아니었는데, 난 정말 인생 잘못 산 것 같다!"

만일 당신이 지금 죽고 싶다는 생각이 든다면 당신은 아픈 사람이다. 당신은 결코 죽어야 할 사람이 아니라, 많이 아픈 사람이다. 아픈 사람이란 죽을 사람이 아니라 치료를 받아야 할 사람이다. 치료를 받으려면 죽음을 생각할 것이 아니라, 자신을 고쳐줄 목사와 의사와 상담전문가를 찾아야 한다. 왜냐하면, 그런 사람들은 틀림없이 당신에게 "그래도 헛살지는 않았네요!"라고 선명하게 말해줄 것이기 때문이다. 지금은 볼 수 없지만, 인생이 얼마나 가치 있는 것인지 함께 찾아줄 수 있기 때문이다.

예상과는 달리 "우울한 사람들은……외려 자신을 가치 있는 사람으로 여긴다."라고 한다.[19] 자신들의 처지가 어렵기도 하지만 자신을 그렇게 비난하지 않는다.

그것은 좋은 현상이다. 상담자들은 우울한 사람들을 많이 일으켜 세워준 사람들이다. 그러므로 그들이 당신도 얼마나 가치 있는 사람인지 보여줄 수 있을 것이다. 급격히 우울해질 때 누군가에게 도움을 구하는 것은 결코 부끄러운 일이 아니다. 도움을 구하며 이 땅에 살아남는 것이 외려 남성스러운 일이다.

2. 남성의 우울 증상

우울증 환자 대부분의 공통적인 특징은 무기력이다. 활동 에너지가 급격하게 줄어들고, 의욕이 상실되며, 입맛이나 흥미를 잃는다. 하지만, 여성들이 우울할 때 슬픈 감정에 사로잡히는 것과는 달리, 남성들은 자신의 우울한 감정을 잘 내비치지 않는다. 그 대신 침묵과 고독에 더욱 자주 접어들고, 다른 사람과 말하는 것을 귀찮아한다. 좋아하던 스포츠나 오락조차 멀리하고, 맛있는 음식도 반가워하지 않는다. 심지어 남성이라면 공통적으로 강한 관심을 보이는 성에 대해서조차 무관심해진다. 그리고 늘 피곤해하면서도 불편한 마음 때문에 정작 잠을 제대로 이루지도 못한다.

우울한 남성들은 예민하고 성미가 급하여 쉽게 화를 잘 낸다. 상대방에게 상처 주는 말도 쉽게 한다. 곁에 있는 사람들에 대해 공격적인 태도를 보이기도 한다. 특히 '순환성 기분장애'$_{cyclothymia}$에 가까운 우울증은 기분의 변화가 불규칙하고 갑작스러워서 자신뿐만 아니라 가족들에게 절망과 고통을 안겨다 준다. 성급한 마음의 변덕, 주체하지 못하는 짜증, 사소한 일로 생기는 논쟁, 버럭 내지르는 분노로 말미암아 동료나 친구들, 가족들과 적대적인 관계에 빠지게 된다.[20]

우울한 여성들이 자신을 비난하고 자책한다면, 우울한 남성들은 자신을 억울하게 하는 다른 사람들을 비난한다. 우울한 여성들이 자기 몸을 상해할 때, 우울한 남성들은 다른 사람을 공격한다.

우울한 남성들은 마음이 불편하다. 그래서 당황해하는 경우가 많다. 배우자로부터 정당한 존중을 받지 못하거나, 자신의 부모나 가족에 대해 함부로 말할 때, 실력을 인정받지 못하거나 공개적인 수치와 멸시를 받을 때, 남성들은 속으로 갑자기 당황스러워한다. 또한, 그로 말미암아 우울해진다.

우울한 남성들은 우울한 감정과 불편한 당황함을 피하고자 담배나 술 혹은 마약을 찾게 된다. 만일 자신이 마음대로 성질을 부릴 수 있는 가족이나 이웃 혹은 부하들이 있다면 어떤 트집을 잡아서건 한바탕 소란을 벌일 수도 있을 것이다. 일이 마음대로 풀리지 않는 예민한 상태에서, 눈앞에 마땅찮아 보이는 가족들이 오가는 것을 보면 우울한 남성들은 폭발한다. 노후를 위해 충분한 재산을 가졌음에도, 노인이 되어 가난해지면 깡통을 차야 한다고 생각하며 아내를 구박하는 우울한 남성들도 있다.

마음속으로 겁먹고 우울한 남성들도 결코 겉으로는 우울해 보이지 않는다. 외려 아내와 어린아이들 앞에서 "집에 불 지르겠다."라고 협박한다. 아내는 집을 뛰쳐나가 버리고, 아이들은 너무 무서워서 집 밖 한쪽 구석에 앉아 오들오들 떨고 있다. 무모하게 운전을 해서, 아이들을 겁에 질리게 한다.

이런 남성들은 아내와 아이들에게 손찌검까지 한다. 죽일 듯이 달려들고, 술병을 깨서 피투성이가 된 손으로 어린 딸들을 협박한다. 자신이 마치 폭력적인 골목대장인 양 마음껏 겁을 주고, 폭군처럼 군림한다. 밖에서 꺾인 자존심을 연약한 가족들에게 병적으로 보상을 받으려 한다.

그러므로 사랑하는 가족들에게 쉽게 짜증을 낼 때 그것은 단순히 성질이 나빠서가 아니다. 예전과 다르게 거친 말이나 행동을 자주 하고 사소한 일에도 쉽게 분노할 때, 가족들은 그것이 우울증의 증상일 수 있음을 알아차려야 한다. 사람을 따뜻하게 이해하는 대신, 불만스런 표정으로 적대시할 때 그 남성은 우울한 것이다.

우울한 남성들의 마음은 늘 좌불안석이다. 늘 불편한 그 마음을 떨쳐 보려고 일에 빠져서 끊임없이 일만 하는 사람들도 있다. 남자가 우울하다면 사람들이 이상하게 보겠지만, 적어도 성실히 일하는 모습을 보여주면 사람들은 좋아해 주기 때문이다. 그들은 삶에서 편안한 쉼을 누리지 못할 뿐만 아니라 가족들에게도 예민하여 쉼을 주지 못한다. 생각이나 말은 느려지고, 집중을 하거나 결정을 내리는 데도 어려움을 겪는다.

우울증의 남녀 차이에 대한 오래된 논문을 보면[21] 우울한 기분이 들 때 여성들이 자신들의 우울한 상태나 그 원인에 대해 되새김질하며 우울함을 증폭시키는 반면, 남성들은 그 우울함을 꺾어 버리는 산란한 행동을 하게 된다. 생존의 측면에서 볼 때 남성들은 여성들보다 스스로 우울증에서 벗어날 가능성이 크다. 그러나 실제로 실패하는 경우도 적지 않다.

우울은 남성의 중독을 부른다. 술이나 도박 등의 중독에 빠지는 것도 흔하다. 우울한 자신의 관심을 분산시킬 만한 뭔가가 필요하다. 그래서 일에 몰입한다. 술을 찾고, 여자를 찾고, 스포츠를 찾고, 도박을 찾는다. 그러지 않고는 남성 자신 속에 있는, 당황하게 하는 이 우울 찌꺼기를 견딜 수가 없기 때문이다.

물론 모든 중독 행동이 우울에서 나오지는 않는다. 거기에는 자신의 욕심도 자리하고 있다. 중독을 멀리하려는 단호한 결의가 없는 의지의 결핍도 있다. 일하기 싫고, 책임지기 귀찮은 느려터진 게으름도 한몫한다. 하지만, 분명히 울적하고 우울한 기분을 피하려다가 중독 호랑이를 만나는 것도 사실이다.

우울한 남성들은 건강에 대해 과도하게 걱정하며 두려워한다. 작은 신체적인 변화에도 예민해지고, 자기 몸에 큰 병이 들기나 한 것처럼 염려한다. 질병으로 흔들리는 자신의 인생을 상상하면서, 남모르는 혼자만의 깊은 근심에 사로잡히는 것이다.

참 안타까운 것은 자신의 불편한 감정과 부정적인 인식을 세상의 전부인 양 생각하는 것이다. 자신의 기분이나 느낌이 마치 세상에 대해 유일하고 정확한 기준인 것처럼 느끼면서 기분대로 가족들을 대한다. 집에 돌아오면 갑갑함을 느끼고 만사를 귀찮게 생각한다. 가족들에 대한 불만과 짜증이 폭발하는 것도 이 때문이다.

일단 부정적인 생각이나 느낌에 사로잡히면 거기에서 빠져나오기는 정말 어렵다. 그런 불만과 짜증 속에 머무는 것이 묘한 안락감을 주기 때문이다. 그저 불평스럽게 짜증만 내면서 아내나 자녀를 거칠게 대하는 것이 묘한 단맛을 준다. 심지어 우울한 남성 자신에게 위로가 되기도 한다. 그래서 이들은 점점 사나워진다.

이러한 남성들도 "내가 이래서는 안 되지!"라는 마음은 어렴풋이 가지고 있을 것이다. 하지만, 특별한 의지를 발휘하기 전에는, 마치 그 기분에 중독된 사람처럼 계속해서 그 상태에 머물고 싶어 한다. 그럴수록 남편은 가족들이 자신의 눈치를 보며 피하는 것에서 오는 쾌감을 빨리 버려야 한다.

　힘든 상황 때문에 절망이나 부정적인 생각에 빠지는 것은 흔한 일이다. 하지만, 자신을 거기에 내버려두거나 가두어두는 것은 무책임한 일이다. 우울한 기분을 거듭 되새김질하고, 또다시 저미며, 우울한 기분에 흠뻑 젖어서 그 기분을 병적으로 반복하는 것은 자신을 더 아프게 할 뿐이다.[22] 그 자리에서 얼른 일어나 밖으로 나가 바람을 쐬고, 재빨리 기분을 바꾸어야 한다. 북적거리는 시장 거리를 걸어 보고, 자신에 대해, 가족들에 대해 그리고 세상에 대해 "내 기분이 틀릴 수도 있겠구나!"라고 양보해야 한다. 그것이 자신과 가족을 살리는 길이다. 우울한 남성 때문에, 아내나 아이들조차 우울하게 되는 예는 너무나 흔하다.

　일단 자살 충동이 찾아오면 죽음을 두려워하지 않게 된다. 사탄은 죽음의 향연을 즐기려고 남성들의 어두운 마음을 더 부추길 것이다. 어떤 종류의 죽음을 상상하든, 그 죽음이야말로 이 무거운 인생의 짐으로부터 편안한 쉼을 줄 것 같은 강력한 착각을 준다.

　사탄은 인간의 죽음과 멸망을 좋아한다. 부정적인 생각과 절망, 우울과 불평불만의 마음 위에 기름을 끼얹는 것이 바로 사탄이다. 신속하게 정신을 찾지 않으면 급한 탁류에 순식간에 휩쓸려버린다. 하나님은 그런 당신을 긴급히 구조하신다.

　필자가 초등학생 때 탁류에 휩쓸린 적이 있었다. 여름에 비가 제법 내려 동네 앞 개울은 붉은 황토물이 되어 세차게 흐르고 있었다. 친구들과 함께 물에 막대기를 던져 넣고, 누구의 막대기가 더 빨리 떠내려가는가 보면서 점점 마을에서 멀어졌다. 넓은 들판까지 따라 나가서는 흐르는 물가로 내려가서, 내 막대기를 잡아 보겠다고 물에 살짝 발을 넣은 것이 화근이었다. 나는 순식간에 사나운 물속으로 휩쓸려 들어갔고, 주변에 있던 친구들은 발을 동동 굴렀다. 주변에는 도와줄 수 있는 어른이 한 명도 없었다. 붉은 황톳물은 순식간에 철없는 어린아이 하나를 삼켜버렸다.

내가 잠시 후 정신을 차렸을 때는 물에 흠뻑 젖은 채 건너편 방죽 언저리 위에 떨어져 있었다. 아무도 없었다. 놀란 아이들만 건너편에서 눈을 휘둥그레 뜨고 있었다. 세찬 물결이 나를 삼켰고, 휘몰아 내려가는 물결이 나를 물 밖으로 던진 것이었다. 물론 지금 되돌아보면 그 강한 물결 뒤에는 나를 건져 내신 하나님의 강한 오른손이 있었을 것이다. 어렸던 나는 엉엉 울며 집으로 돌아왔다. 나중에야 귀를 막고 있던 물이 따뜻한 느낌으로 한 방울, 두 방울 빠져나왔다.

하나님은 우리 남성들을 우울증에서도 건지신다. 지체하지 않으신다. 우울과 자살 충동에 쉽사리 휩쓸려가는 그들을 강하신 오른손으로 건지신다. 도와 달라고 손만 내밀 수 있다면, 자신의 위기를 심각하게 자각하고, 깨어 기도하기만 한다면, 이 질병의 치료에 대한 손잡이를 하나님이 맡으신다. 신속히 엎드려야 한다. 지금 당장 삶을 포기해버리거나 자신을 해칠 것 같은 충동이 강력하게 느껴진다면 모든 일을 멈추고, 급히 하나님의 이름을 부르며 엎드려야 한다. 그 달콤한 유혹에 맥없이 따라가지 말고, 속히 가까운 사람들의 도움을 청해야 한다. 사탄은 속전속결을 좋아한다. 가능한 한 많은 사람이 깊이 절망하고 좌절하다가 신속히 스스로 목숨을 끓도록 부추긴다.

그렇지만 하나님의 손길은 사탄의 계획보다 더 신속히 도착할 것이다. 하나님의 음성을 통해서든, 아니면 곁에 있는 사람들을 통해서든 하나님의 응답은 신속하게 올 것이다. 하나님은 언제나 우리의 손이 닿는 거리에 있다. 그러므로 남성들이여, 야릇하면서 위험한 충동에 결코 자신을 내버려두지 말자.

3. 남성의 고독

남성은 존재 자체가 고독하고 우울하다. 남성들은 여성들처럼 관계 속에서 희노애락을 공유하지 않는다. "그(사람)들 가운데 있지만, 그들에게 속하지 않은 Among them, but not of them" 고독한 존재로 살아가는 것이 남성들이다.[23] 물론 남녀를 막론하고 인간의 삶은 언제나 고독한 것이다. 죽음이라는 차갑고 시린 폭풍 앞에서 우리는 누구나 고독하게 홀로 자신의 하나님을 대면해야 한다. 누군가의 말처럼 인간은 유일하게 자신이 고독한 존재라는 것을 아는 존재이다.

고독하다고 다 우울한 것은 아니다. 혼자 있어도 외롭지 않을 수 있다. 사실 남성들에게 고독이란 자신만의 또 다른 세계이며, 위로와 안식의 처소이기도 하다. 고독은 두려우면서도 머무르고 싶은 '사회적' 공간이다. 또한 남성을 강하게 하고 건강하게 한다. 남성스러움은 혼자 있을 때 드러난다. 게다가, 모든 주변의 관계나 환경을 멀리하고 조용히 자신의 창조주를 만나는 것은 자신의 삶에 주시는 영감과 계시를 수확하는 시간이기도 하다. 고독은 남성을 남성스럽게 한다.

그렇다고 고독한 남성들만 멋있고, 관계에 기대어 살아가는 여성들은 미성숙한 것이 아니다. 아리스토텔레스나 프로이트를 비롯한 많은 학자는 여성들이 관계를 중요하게 여기며 서로 의지하는 것을 불완전한 성장의 증거로 파악했다. 하지만, 사실은 그 관계성 덕분에 인류는 모질고 험한 역사 속에서 생존해 올 수 있었다. 엄마가 자신의 아기에 대한 강한 모성애를 갖지 않는다면 누가 제대로 성장할 수 있겠는가?

남성의 고독도 결국은 엄마의 따뜻한 돌봄 위에서 비로소 건강하고 뜻있는 것이 된다. 엄마의 돌봄과 모성애가 결핍된 남성들은 고독으로 만들어진 미로에 갇힌 사람들이다. 그는 도전과 시련 앞에서 해로운 공허감과 우울함에 빠지게 된다. 물론 돌봄은 엄마만의 일은 아니다. 그리고 남성의 우울이 언제나 모성애의 결핍 때문만은 아니다. 부성애 역시 따뜻하고 건강한 남성을 만드는 데 중요한 요소이다. 아버지와의 조용하고 인격적인 공존은 아들들의 마음에 잔잔하면서도 깊은 존재감을 준다. 불행하게도 성장의 과정에 모성애와 부성애, 이 둘 모두가 결핍될 때 남성들은 쉽사리 우울해진다. 삶의 조건들이 그 가련한 남성의 존재에 역행할 때, 그 절망은 불행과 슬픔으로 이어진다. 그리고 날카로운 우울과 무기력을 일으킨다.

대학원에 다니는 매우 똑똑한 젊은이가 있었다. 누가 봐도 자기 전문분야의 좋은 인재였다. 하지만, 다른 동료는 2-3년간 한곳에서 꾸준히 해내는 일들을 그는 몇 개월이 채 되지도 않아 그만두기를 여러 번 반복하였다. 도대체 그 일이 재미가 없고, 왜 자신이 그런 일을 해야 하는지 스스로 동기부여를 할 수 없었던 것이다. 그는 보이지 않는 삶의 깊은 공허감과 끊임없이 싸우고 있었다. 문득문득 찾아오는 무기력감 때문에 그는 혼자서 견딜 수 없는 고통스러운 시간을 보내야 했다. 건강한 대인관계를 세우기 어려웠고, 자신이 하는 일에서 보람과 기쁨을 찾을 수 없었다. 끊임없이 주저앉는 자신의 마음을 혼자 추스르기가 너무나 힘겨웠다.

그의 어린 시절은 외로웠다. 부모님이 불화로 6년 이상 별거했을 때 그는 어린 유년 시절을 나이 드신 할머니와 보내야 했다. 그의 인생은 어릴 때부터 엄마의 관심이나 아빠의 돌봄과는 전혀 상관이 없었다. 무기력한 그는 우울한 남성이었다.

> 어린 시절의 사건들은 어른이 되어서 우울증의 발생 가능성을 높인다. 그리고 어린 시절에 경험한 트라우마나 부모의 [약물이나 술] 중독, 혹은 부모의 정신건강의 문제들은 어른이 되었을 때 주요 우울증을 예견하게 하는 중요한 인자들이다.[24]

미시간 그랜드래피즈의 리드 호수 Reed Lake 는 새들의 천국이다. 갈매기, 거위, 비둘기뿐만 아니라 작은 나무와 풀숲을 다니는 예쁘고 작은 여러 종류의 새들이 서식한다. 우리가 그저 참새라고 부르는 새들 가운데 한 어미 새의 지극한 모성애가 눈에 띄었다. 어미 새는 겉으로 보기에는 다 자라서 혼자 여기저기 날아다니는 새끼 새를 계속 따라다니면서 그 입에 먹이를 가져다 먹여 주었다. 한철 새끼를 키워서 둥지 밖으로 보내는 것으로 끝나지 않고, 길고 힘든 겨울이 오기 전에 새끼를 튼튼히 키워 놓으려는 어미 새의 모성애이다.

이 땅의 아들들이 자신의 운명에 지워진 고독한 존재감을 당당히 대면할 때까지 엄마들은 그 곁에 있어야 한다. 공황 상태에 빠지지 않고 현실의 도전들을 대면할 수 있을 때까지, 오늘도 엄마, 아빠는 그 곁에 있어 주어야 한다. 그리고 먹이를 날라다 주어야 한다.

4. 남성의 한(恨)

연세 드신 아버지가 혼자 계실 때, 그 콧소리로 흘러나오는 구슬픈 단조 가락을 들은 적이 있는가? 평생 눈물이라곤 흘리지 않으셨을 것 같은, 한 남성이셨던 아버지의 구슬프고 한 어린 외로움을 본 적 있는가? 그 곡조는 한평생을 살아오면서 성공보다는 실패, 꿈보다는 좌절, 보람보다는 후회를 운명의 지게처럼 지고 오신 그분의 허물어진 어깨에서 나온다.

안타깝게도 대부분의 남성은 자신의 절망에 대해 지나치게 단순하게 여긴다. 자신의 불안한 기분과 절망의 감정을, '그럴 수도 있지.'라고 간단하게 생각할 뿐이다. 그것이 우울한 기분이나 우울증이라는 생각은 하지 않을 뿐만 아니라, 그렇다 하더라도 '그까짓 것 뭐!'라고 말하며 대수롭지 않게 넘겨버린다. 그리고 '그런 일로' 다른 사람의 도움을 받는 것을 죽기보다 싫어한다. 심지어 가까운 친구에게조차 자신의 이야기를 털어놓기를 싫어한다. 그것이 남성들이다. 그들은 서로 모여 수다를 떨며, 양념으로 다른 사람의 뒷이야기까지도 술술 털어내는 여성들보다도 훨씬 깊은 마음의 상처를 그대로 내버려두고 있다. 좀처럼 그 해로운 독을 환기시키거나 정화시키지도 않는다.

그래서 우울증도 '남성스럽게' 겪는다. 막연하게 불편한 기분에서 시작하여, 하는 일마다 되지 않고 체면이 손상되었을 때는 차라리 죽는 것이 남자의 논리에 바르다고 생각한다. 외려 그것이 살아서 겪어야 하는 절망과 수모에 비해 가볍다고 판단한다. 속에서 자기 영혼은 울고 있는데, 얼굴은 담담하다. 무슨 딴 근심이 있을 수 없다는 표정을 짓고 있다. 솔직하지 않겠다는 마음을 먹은 것도 아니다. 그냥 그렇게 표정의 가면을 쓰는 것이 자연스럽게 몸에 배어 있다.

우울한 감정이 스쳐가지 않은 곳이 없다. 남성의 몸과 마음, 그 어느 하나도 건드리지 않고 그냥 지나간 곳은 없다. 생채기를 남기지 않은 곳 하나 없이 멍들고 벗겨져서 시리고 아프다. 하지만, 벌거벗은 임금님처럼 남성은 자신의 처지를 끝까지 인식하지 않으려 한다. 못하는 것이 아니라, 안 하는 것이다. 참다못한 남성의 영혼이 깊은 목으로 남성의 동굴을 울린다. 그 깊은 인생의 골짜기에서 숨 쉬는 코를 향해, 그렇게 구성지고 구슬픈 노랫소리를 울려 올리는 것이다.

지금까지 살면서 남성들은 아파도 아프다고 말할 수 없었다. 누구에게 말을 해도 반응이 없었던 가난한 시절, 엄격한 시절들을 지나왔다. 아이였지만 이미 아이가 아니었다. 어릴 때부터 점잖은 어른인 체 자라면서, 마치 고아처럼 일찍 성인이 되어버렸다. 자신의 우울함 따위는 벗겨진 피부에 마른 모래로 약을 삼듯 아무렇게나 덮어버렸다. 핏자국만 안 보인다면야 아무려면 어떤가? 엄마의 따뜻함은 사치였다. 그저 혼자 담배연기 뿜어내며 마음의 우울을 날려버렸고, 술에 젖어 아픈 감상을 마셔버렸던 것이 남성의 우울이었다. 마음의 상처를 가장이라는 무거운 짐에 끼워 넣고는, 인생이 그러려니 하며 늘 잊으려 했다. 그것이 남성들이다.

그 어찌 한이 없겠는가? 그 어찌 울분이 없을 건가? 그 어찌 늙고 마른 엄마의 품에 안겨 통곡하고 싶지 않겠는가? 그러나 그럴 수 없었고, 그러지 못했다.

만일 오늘 당신이 자기 발로 십 분을 걸을 수도 없을 만큼 기운이 빠진다면, 이제는 나이 든 남성이라도 울 곳을 찾아가야 한다. 그건 우울해서 그렇기 때문이다. 우선 의사를 찾아가 남아있는 기력까지 소진되지 않도록 붙들어놓아야 한다. "물론 약이 그 어떤 것을 '치료'하는 것은 사실 아니지만, 약 없이는 내 몸이 작동하지 않고, 상담을 받을 기운도 없고, 내가 나를 돌볼 수도 없는"[25] 상황까지 갈 수도 있다. 이제 부끄러운 체면 따위는 화장실의 수건걸이에 걸어두고 나와야 한다. 덧붙일 것은, "약 처방이 우울증 치료에서 두드러진 역할을 하는 것도 사실이지만, 약 처방 그 자체만으로 치료되는 경우는 거의 드물다."[26]라는 사실이다. 약물 처방만으로 우울증 치료가 제대로 이루어지지 않는다는 것이다. 사람을 만나 자신의 어려움을 이야기하고, 도와달라고 손을 벌리는 것이 바른 절차이기 때문이다. 남성의 우울증과 속 깊은 한을 풀어내리면 좋은 상담자가 반드시 필요하다.

끝으로 남성들은 이제 진정한 상담자이신 하나님 아버지를 찾아가야 한다. 거기서 눈물 보따리 풀어놓아야 한다. 하늘의 아버지 앞에서, 자신을 길러 준 이 땅의 아버지가 때로 얼마나 변덕스럽고 잔인하게 자신의 어린 영혼을 짓눌러 놓았는지 비로소 말할 수 있다. 술 먹은 아버지는 술을 먹어서 잔인했고, 술 취하지 않은 아버지는 메마른 정신으로 폭언을 퍼부었다.

하지만, 그렇게 크고 두려웠던 인간 아버지가 늙어갈수록 얼마나 작아지고 초라해졌던가? 불같이 분노하는 것은 여전하지만, 늙어가고 쇠약해지고 보잘것없이 무너지지 않았는가? 그렇게 거대한 바위산 같았던 존재가 허무하게 작아지고, 이제 내 손으로 그 어깨를 부축해 드려야 하는 불쌍한 사람이라는 것을 하늘 아버지를 만나며 알게 된다. 나의 용서가 이 땅 아버지의 영혼을 비로소 자유롭게 보낼 수 있음을 알게 되는 것도 하늘 아버지의 영이 우리에게 긍휼 가득한 마음을 주시기 때문이다.

그렇게 작은 한 인간에 대해 어떻게 헤아릴 수 없는 분노를 쌓아 왔던가? 후회하며, 불쌍히 여기며, 질식하도록 목까지 차오르던 나의 한과 분노를 생각지도 못한 용서에 녹일 때가 되었다. 그럴 때 비로소 내 영혼도 한 깊은 우울에서 자유로워질 것이다. 하늘 아버지의 영은 이렇게 남성의 한을 풀어주어, 따뜻하고 서정적인 중후한 가락이 나오게 하신다.

5. 새롭게 정의해야 할 남성성

그러므로 이제 남성성은 새롭게 정의되어야 한다. 절망은 자기 숭배이다. 자신의 힘으로 해결할 수 없는 것에 대한 절망은 절대자 하나님에 대한 불신이 업그레이드 된 것일 뿐이다. 남성 자신은 자신의 하나님이 될 수 없다. 거꾸로 그 절망은 지금까지의 삶의 문제들을 자신의 힘으로 해결해 왔다는 교만한 자신감에서 비롯된 것이다. 이것은 자기 숭배이다. 절망이 죽음을 연상시키는 것도 결국은 자신을 과대하게 신봉한 결과이다.

그러므로 남자다움이란 자신의 한계를 깨닫는 것이다. 참된 남자다움이란 자신의 한계를 절망하되, 그다음엔 차분히 인정하고 받아들이는 것이다. 급한 우울의 임계점을 넘어서지 않으려면 남성 자신의 능력의 한계를 늘 새롭게 직시해야 한다. 그리고 전능하신 절대자 앞에서 자신의 절망은 작은 먼지 하나만큼이나 하찮은 것일 수 있음을 겸손히 인식해야 한다. 거기에서부터 희망의 향기가 솟아오르기 때문이다.

남성들은 보통 우울을 가볍게 내버려둔다. 그 이유는 우울증처럼 '단순한' 병 때문에 호들갑을 떨거나, 힘들다고 말하는 것이 남자인 자신의 체면을 무너뜨린다고 생각하기 때문이다. 이에 대해 임상심리학자인 루디 나이데거Rudy Nydegger는 남성들의 그릇된 신념을 선명하게 지적하고 있다.

> 우리가 아는 것은 많은 사람, 특히 남성들이, 전문가로부터 도움을 요청하지 않고 머뭇거리고 있다는 사실이다. 그것은 자신들에게 붙여질 오점$_{stigma}$ 때문이기도 하고, 우울증처럼 이렇게 '간단한,' 별것도 아닌 것으로 도움을 요청하는 것이 다른 사람들에게 "나약하게" 보이기 때문이다. 그래서 많은 사람이 아직도 학교에서 가르치듯 "그냥 일어나서 해 봐! 이건 너 혼자서 얼마든지 할 수 있는 거야!"라는 신념에 집착하고 있다.[27]

남성들은 자신을 위해 도움을 요청하는 데 인색하다. 문화나 사회를 막론하고 사소하게 보이는 것을 쉽게 지나치거나 가볍게 여긴다. 하지만, 우울증은 결코 사소한 일이 아니다. 남성들이 우울을 이기려면 자신의 연약함을 인정하고 도움을 요청해야 한다. 왜냐하면, 자신의 연약함을 말할 때까지는 여전히 자신의 우울증에 대해 무지한 채, "까짓것, 이런 거겠지!"라고 혼자 짐작만 하면서, 위험의 씨앗을 비밀스럽게 키우고 있기 때문이다.

'미친' 사람만 상담과 치료를 받는 것이 절대 아니다. 자신의 연약한 한계를 깨달았을 때 그것은 부끄럽고 창피하다. 하지만, 우울한 기분 때문에 내가 나 답지 않게 계속 어두운 밤길을 가는 것 같을 때, 과감하게 손을 들고 나를 도와 달라고 요청하는 것이 가장 남성스럽다. 중년이 되어 혈압이 올라가면 마치 내일 세상이 끝날 것처럼 두려워하면서도, 보이지 않는 우울의 위협을 간과하는 것은 참 안타까운 일이다.

 아직도 많은 남성은 여전히 다윗보다 골리앗을 더 부러워하고 있다. 보이지 않는 하나님보다 눈에 보이는 자신의 힘과 덩치와 무기를 더 의지하는 것이다. 자기 자신의 체면부터 시작해서, 다른 사람들에게 어떻게 비칠까를 고민하면서, 반드시 도움을 받아야 하는 일임에도 누구에게든 전혀 입을 떼지 않기 때문에 우울증이 심각해지는 것이다.

 자신의 강함을 과도하게 믿을수록 어쩌면 우울증과 같이 '사소하게' 보이는 질병에 더 쉽게 부러진다. 세상을 자기중심적으로 생각하고, 자기 자신을 전능한 존재로 상상해 오다가, 자신의 힘으로 도저히 해결할 수 없는 인생의 절벽을 맞닥뜨리면서, 자신에게 냉정한 세상 앞에서 급격히 우울해질 수 있다.

 물론 남성이 여성보다 신체적 힘에서 강하고, 남성들이 건설한 사회에서 남성이 지도력에 더 쉽게 적응하는 것은 사실이다. 하지만, 그 강함은 여성의 취약함을 품을 때 의미가 있다. 하나님의 아들 예수님은 강하신 구주이시면서도 우리의 여러 연약함을 동정하실 수 있는 분이다히 4:15. 성령님은 하나님의 영이시면서도 우리가 연약할 때 도우시는 분이시다롬 8:26. 따라서 하나님의 형상으로 지음 받은 남편은 자신보다 "더 연약한 자"인 아내를 귀히 여겨야 한다벧전 3:7. 남편 역시 하나님의 동정과 도움이 필요한 "연약한 자"이기 때문이다.

 흔한 예로, 자신의 인생에 그렇게 자신만만했던 많은 남성도 단순한 혈압 측정기 앞에서, 당뇨 수치 앞에서 그리고 또 다른 질병의 진단 앞에서 한없이 약해진다. 기가 죽고, 두려움과 걱정에 사로잡힌다. 그러므로 이제 우리 남성들은 자신의 연약함에 대하여 솔직해져야 한다. 과장과 허풍, 거짓된 자신감과 체면으로 자신을 치장하지 말고, 하나님 앞에서 한없이 연약하고 깨어지기 쉬운 질그릇 된 자신을 담담히 고백할 수 있어야 한다. 그리고 자신보다 더 연약하고 가난한 자들을 동정할 수 있어야 한다. 그것이 전능자 하나님의 창조 목적에 참여하는 일이다.

남성이 전능하신 자 하나님의 그늘에 들어오지 않는다면 우울은 인생의 파국을 가져올 수도 있다. 하지만, 남성이 유일하신 전능자 하나님을 인정하고, 자신의 연약함을 직시한다면 가볍고 심각한 우울 가운데서도 새로운 삶의 소망을 분명히 찾을 수 있을 것이다. 자신의 연약함을 하나님께, 아내에게, 상담자에게 이야기할 수 있는 남성이야말로 식스팩, 초콜릿 복근을 가진 청년들보다 더 남성스러운 사람이다.

6. 우울한 남성들을 위하여

예방주사란 강한 약이 아니라 약한 병균이다. 우울증에 예방주사가 있을까? 있다면 그것은 '영적인 낮아짐'과 '겸손'이다. 하나님 앞에서 스스로 낮아질 때, 그것은 약간의 우울함을 동반한다. 왜냐하면, 전능자 앞에서 자신을 부인하고, 이 땅의 소유와 권세를 내려놓고, 자신의 존재감을 오직 전능자 하나님에게만 의탁하기 때문이다.

   남성들이 우울과 자살 앞에서 부러지는 이유는 오직 강하기만을 기대하는 사회적 남성성 때문이다. 그리고 자기 속에 자생적으로 존재하는 완벽한 존재로서의 자화상 때문이다.

"나는 연약한 존재입니다."
"내 인생은 당신 앞에서 결코 완전하지 못합니다."

   이러한 영적 우울은 병적인 우울을 다루어가게 한다. 전능자로 인한 낮아짐이 없다면 우울한 남성의 결말은 비참하다. 가족관계, 대인관계 그리고 자기 자신의 소멸로 이어진다. 하지만, 영적인 예방접종은 우울증 앞에서 담대함을 준다.

   또 한 가지는, 다소 아동 같은 표현이지만 우울한 남성들에게 반드시 있어야 하는 것은 '미-타임'me-time이다. '미-타임'이란 남성 자신만을 위한 시간'이다. 자신만을 위한, 자신에 의한 자신만의 시간이 미-타임이다. 다른 누구의 방해도, 심지어 아내와 자녀의 방해도 받지 않는 시간과 자신만을 위한 프로그램과 도구를 누릴 수 있는 공간을 말한다.

   부부의 갈등을 다룬 어느 영화에서, 소방관으로 등장한 어떤 남성이 자신만을 위한 시간, 곧 미-타임을 말한다. 자기 혼자서 큰 샤워장을 혼자 차지하게 되었을 때, 면도하며, 콧노래를 흥얼거리며, 춤추며, 마음껏 혼자만의 시간을 만끽했던 것이다.

   잠자는 아내가 예뻐 보이는 이유는 아내가 잠을 자고 있기 때문이다. 잠을 자는 아내는 잔소리하지 않고, 아무런 방해를 하지 않는다. 그래서 아내의 잠은 남편에게 미-타임을 준다. 그 시간이 짧다면 남편에게 아쉬울 뿐이다.

설거지하는 남편 곁에서 아내는 커피를 마시며 남편과 도란도란 이야기하기를 좋아한다. 하지만, 남편이 요청하지 않는다면 조용히 앉아서 생각을 정리하는 남편을 잠시라도 혼자 버려둘 필요가 있다. 아내가 혼자 일하고 있을 때, 남편은 그녀를 도와 식탁이라도 정리해야 하지만, 남편은 혼자 생각을 정리하는 미-타임을 누리고 있기 때문이다.

화장실 문을 닫아 놓고, 자신만의 공간을 누리며, 거울 앞에서 면도하면서 자신의 얼굴 이곳저곳을 살피는 미-타임, 혼자 운전하면서 문득 흘러간 팝송에 빠져드는 미-타임, 퇴근길 무거운 발을 옮기며 이 생각, 저 생각에 빠지는 미-타임.

야구 경기 앞에 아무런 생각 없이 무기력하게 빠져드는 미-타임, 동호인 모임에 열광하는 미-타임, 아내나 자녀 없어도 혼자 할 일이 있고, 혼자 할 생각이 있는 미-타임. 그리고 자신이 애착하는 소유물 하나 정도! 그것이 애완견이든, 자동차든, 나무든, 식물이든, 라켓이든, 골프 클럽이든, 그 어떤 것이든 자신을 배신하거나 노엽게 만들지 않는 것이라면, 좀처럼 웃음이 없는 남자의 인생에 그래도 자신을 웃음 짓게 하는 것, 미-타임에 혼자 하고 싶은 것 하나 정도를 가진 것은 얼마나 흐뭇한 일인가?

술과 담배가 아니면 좀처럼 행복해지지 않은 남성들이 좀 더 고상하고 권위 있게 자신을 꾸미는 시간이 미-타임이다. 술이 남성들에게 해로운 이유는, 술 기분이 우울증과 비슷하여, 진짜 우울증의 심각성을 감추어버리기 때문이다. "저 사람은 꼭 술만 마시면 저래. 술 먹으면 누구나 똑같지 뭐!" 하지만, 술에 가려진 우울증은 결국 술 탓만 하면서 죽어가는 몸과 마음을 방치하게 만든다. 우울증에 술은 틀림없이 저승사자 역할을 한다.

미-타임에 남성들은 흐트러진 감정을 나름 가지런히 정돈한다. 미-타임에 남성들은 끓어오르는 분노를 삭인다. 미-타임에 남성들은 그래도 열심히 인생을 살아야 할 이유를 생각한다.

미-타임을 가질 때 남성은 마치 우아하고 고상한 백조가 된다. 헤엄치던 물에서 나와 그 긴 목으로 자신의 백옥과 같이 하얀 깃털을 고르듯, 자신의 깃털을 가지런히 고르는 자신만의 시간을 얻는 것이다. 그리고 거기에서 조용히 창조주 하나님을 만난다.

고독은 남성의 유전자이다. 독백은 남성의 대화 방식이다. 그들만을 위한 시간과 공간이 반드시 필요하다. 우울한 남성을 혼자 방치해 두면 안 된다. 하지만, 우울하게 어깨에 짐만 얹어주는 세상과 가족으로부터 잠시라도 휴식할 수 있는 미-타임은 우울하기 쉬운 남성을 소진으로부터 막아줄 것이다.

결국, 미-타임은 반드시 혼자여야 한다는 조건보다는 자신이 누리는 일상생활이 얼마나 중요한가를 새삼스럽게 발견하는 것이다. 자신의 잘못을 부끄러워하며 고쳐가는 시간이다. 깔끔하게 머리를 빗고, 좋아하는 옷을 입고, 집안을 정리하며, 삶의 단순하고 간단한 일들을 기쁘게 몰입하면서 마음의 편안함을 찾는 것이야말로 우울증의 회복을 돕는 미-타임의 정수이다.

7. 하나님께 올려 드리는 남성 기분 보고서

남성들에게도 매일 자신의 기분을 쏟아 낼 곳이 필요하다.

"지금 당신의 기분이 어떠십니까?"
"그 기분을 말로 표현해 보시겠어요?"

누군가가 지금 나에게 이런 질문을 한다면, 나는 몇 마디의 대답을 할 수 있을까? 마음을 편안히 풀어놓고 싶을까? 아니면 귀찮은 질문을 해서 사람을 성가시게 만든다는 마음이 들까?

우울한 남성의 기분은 변화무쌍하게 변한다. 대개는 무겁고, 답답하고, 고통스럽기 때문에 입을 벙긋하는 것조차도 귀찮다. 그러므로 절대 함부로 자기 기분을 말하려 하지 않는다. 아니 말을 할 줄 모른다고 하는 것이 더 정확하다. 말할 줄도 모르고, 말하고 싶지도 않다.

어느 미국 남성에게 처음으로 아빠가 되는 기분이 어떠냐고 물었다. 그의 아내는 첫 번째 아이를 임신 중이었다.

"너무나 흥분되지요. 우리 가족들 모두 아이가 태어나기를 간절히 기다리고 있어요. 가족이 한 명 더 늘어나는 거잖아요. 이제 제 인생은 완전히 달라질 거예요. 그 특별한 인연으로 이어지는 거잖아요. 제 아내는 다행히 건강하고, 2주 후면 곧 아이가 태어날 거예요. 아, 너무 기대돼요!"

한 마디의 질문에 그는 열 마디로 대답했다. 웃음을 머금고, 수다스럽게 느껴질 만큼 자신의 기대를 순식간에 말로 풀어냈다. 미국 남성이라고 모두 그런 것은 아니겠지만, 자신의 기분을 마음껏 표현하는 자유로움은 사뭇 흥미로운 모습이었다. 한국 남성들도 자신의 기분을 표현할 수 있는 좋은 대상이 필요하다. 자기 용기로는 할 수 없는 말을 하려고 술자리를 찾는지도 모르지만, 맑은 정신으로 좀 더 밝고 자유롭게 이야기할 수 있는 열린 마음이 필요하다.

남편들은 때로 아내가 너무 멀리 있다고 느낀다. 자신의 기분에 대해 말하는 것이 익숙하지 않기 때문이다. 더구나 남성들이 세상에서 가장 찾아가기 싫은 사람 중의 하나가 바로 상담자다. 친하다고 친구에게 말해 봤자 핀잔만 돌아온다. 자신의 마음속 이야기를 털어놓으면 친구들 사이에 놀림감이 될 수도 있다.

남성의 본성에 가장 친근한 대화는 하나님께 드리는 기도다. 누구에게도 털어놓을 수 없는 것들을 속 깊은 독백으로 풀어내는 대화, 그것이야말로 바로 창조주 하나님께 드리는 남성들의 기도이기 때문이다.

"하나님, 오늘 기분이 좋지 않습니다."
"사실 제가 지금 몹시 화가 나 있습니다."
"그 사람은 도대체 저를 어떻게 생각하는 것일까요? 속이 상하고 기분이 나쁩니다."

"이 일은 왜 이렇게 오랫동안 풀리지 않습니까?"
"속상하고 자존심이 많이 상합니다."

나를 잘 모르는 누군가에게 이런 말을 할 수는 없다. 그는 나의 편이 되는 척하다가 금방 나를 배신하고, 사람 사이를 갈라놓을 수도 있기 때문이다. 시저는 암살되면서 자신의 양아들이었던 브루투스에게 "브루투스, 너도냐?"et tu brute 라며 탄식했다. 우리가 인간 누구를 믿고 나의 마음을 털어놓을 수 있겠는가? 한국 남성의 문화에서 친구 간의 따뜻한 비밀유지를 기대하기는 어렵다. 대가 없는 이해를 구하기도 쉽지 않다. 그래서 남성들의 외로움은 더욱 크다. 그럴수록 우리는 은밀한 곳에서 우리의 목소리를 들으시는 아버지 하나님께 나아가야 한다. 사실 이런 말들은 시편에서 볼 수 있는 다윗의 말투였다.

"하나님, 제 뼈가 떨립니다.⋯⋯저의 영혼도 떨고 있습니다."시 6:3-4
"제가 탄식하다 보니 너무나 피곤합니다. 제가 밤마다 눈물로 이부자리를 적시는 것 아시지요?"시 6:6
"나를 미워하는 사람들 때문에 내가 받는 고통 좀 보십시오."시 9:13
"제 마음에 걱정거리가 참 많습니다. 제발 저를 구해 주세요." 시 25:17
"오늘은 제가 종일 신음하고 있습니다. 뼈의 힘조차 다 빠졌습니다."시 32:3
"제 피부에 성한 곳이 없고, 상처가 썩어 악취가 나네요. 종일 아프고, 구부러지고, 계속 슬프기만 합니다. 마음은 불안하고, 속은 상합니다. 심장은 부정맥처럼 뛰고, 혈압이 오르고, 힘은 빠져서, 사람들이 내 눈이 썩은 동태 눈 같답니다."시 38:3-10

"이러다 보니 친구들도 저를 싫어하고, 가족 친척들까지 나를 멀리합니다. 걱정거리는 산더미처럼 쌓여 있고, 죄는 자꾸만 생각나서 나를 괴롭힙니다. 꼭 하나님께 벌 받는 것만 같습니다. 하나님, 빨리 와서 저를 도와주세요."시 38:11-22

사방이 막혔을 때 다윗은 하나님께 찾아가서 자기 마음을 쏟아 내었다. 어디에 가서 말할 수도 없고, 하소연할 곳이 없을 때 그는 하나님을 찾았다. 자존심이 상해서 누구에게도 할 수 없는 말들을 하나님께 한 올 한 올 풀어놓았다. 거기에는 부끄러울 일이 없기 때문이다.

하나님은 남성들의 기도 안에 살아 계신다. 전지전능하신 하나님, 지극히 높은 보좌에 계신 하나님, 놀랍고 강하고 크신 하나님, 그 하나님은 삼천 년 전, 소소한 기분까지 세밀하게 말씀드렸던 다윗의 하나님이었다. 바로 그분이 지금 우리 남성들의 하나님이시다.

하나님은 그저 멀리 계신 피상적인 분이 아니다. 그 하나님은 가까이 계셔서, 힘든 순간마다 우리 남성들이 찾아뵙고, 붙들고 하소연할 수 있는 분이었다. 다윗도 그 하나님 앞에서는 왕이나 용사의 체면을 차리지 않았다. 자신의 비참하고 약해빠진 기분을 있는 그대로 하나님께 호소하였다. 매 순간 하나님께 자신의 '기분 보고'를 드린 것이었다.

우선 기도의 자리에서 하나님께 '기분 보고'를 드려 보자.

사람을 향해서는 배신감에 치를 떨던 분노를 멈추어보자. 하나님께 하소연했던 남성 다윗은 오늘 우리 남성들에게 자신 있게 요청한다.

> "분을 그치고, 노를 버리며, 불평하지 말라. 오히려 악을 만들 뿐이니라"_시 37:8.

하나님께 하소연한 마음은 똑같이 연약한 인간을 향해 정제된 마음을 갖게 한다. 배신한 그들에 대해서조차 너그러운 마음을 갖게 된다. 하나님께 자신의 감정을 토로한 사람은 사람을 향해 더는 죄를 짓지 않으려고 몸부림치게 된다.

우울한 마음은 남성들을 하나님께로 이끌고 가는 '가시, 곧 사탄의 사자!'_고후 12:7_이어야 한다. 우울할 때는 남성들은 오직 하나님께만 '중독'되어야 한다.

> "그러므로 각처에서 남자들이 분노와 다툼이 없이 거룩한 손을 들어 기도하기를 원하노라"_딤전 2:8.

하나님의
선물 3

- 남성 우울증의 중요한 원인 가운데 하나는 경제적인 어려움이다.

- 특히 남성들은 자기 앞에 놓인 문제를 풀 수 있는 능력이 없다고 생각할 때, 자신의 쌓아온 명예가 무너졌다고 생각할 때 급속하게 우울해진다.

- 남성들은 우울한 감정을 잘 내비치지 않는다. 하지만, 남성이 자주 불평을 하거나 짜증을 낼 때, 그것은 우울증의 증상들이다.

- 우울한 남성들은 성미가 급해지고 쉽게 화를 잘 낸다. 술을 마시고 행패를 부리거나, 운전을 함부로 하기도 한다. 나아가서는 강박적인 습관이 생기고, 중독에 빠지기도 한다.

- 우울증은 여성보다 더 많은 남성의 생명을 앗아간다. 남성 우울증의 절정은 절망 후의 자살 충동이며, 여성보다 더 치명적인 수단들을 사용하는 위험에 놓인다.

- 고독이 남성을 강하게 하지만, 자신의 고독을 대면할 수 있을 때까지는 부모가 아들을 방치하면 안 된다.

- 진정한 남성성이란 절대자 앞에서 자신의 한계를 인정하고 받아들이는 것이다. 자신의 나약함을 대면하고, 하나님과 사람에게 도움을 요청하는 것이다.

- 남성 우울증을 이기려면 오직 강하고 성공적이기만을 기대하는 사회의 남성상을 극복해야 한다. 남성들은 잠시라도 고독하게 혼자 침묵하는 휴식의 시간을 통해 소진을 막아야 한다. 그리고 조물주와의 관계를 다듬어야 한다.

- 남성들이 자기 기분을 묘사하는 것은 어렵지만, 하나님 앞에서는 매 순간 자신의 '기분 보고서'를 올려 드려야 한다.

제4장

젊은이들의 우울과 중독

1. 향기로운 젊음의 잔에 빠진 파리fly, 청년 우울

우리 한국의 청년들은 어느 모로 보나 아시아 최고를 자랑한다. 외모, 어학 실력, 대학 교육, 소셜 네트워크 사용 기술 등 모든 분야에서 최고이다. 한편 스트레스와 우울 증세에서도 둘째가라면 서러울 정도로 높다. 고등학교를 졸업해서 청년이 되고, 수능을 치고 대학생이 되어 자유를 만끽한다고 생각하지만, 눈앞에 떡 하니 버티는 취업의 높은 담벼락은 젊은 청년들을 다시 학원으로, 도서관으로, 국외어학연수로 몰아간다. 이 모든 환경이 까마득한 불안과 우울의 낭떠러지로 밀어 넣기에 너무나 충분하다.

영어, 일본어, 중국어를 다 공부해도 모자란다. 남은 에너지를 다 써서 이력서를 넣지만, 번번이 날아오는 불합격의 소식은 젊은 이들의 심장을 짓누르고 있다.

"너무 우울하고 무기력해요. 내가 세상에서 가장 쓸모없는 기생충 같아요. 부모님 등골이나 빼 먹는······."
"마냥 우울하기만 하고······정말 제가 쓸모없는 사람처럼 느껴져요."
"창피하고, 기분도 안 좋고, 뭐든 제대로 할 줄 아는 게 아무것도 없어요!"
"일하러 가는 사람들이 부러워요!"

우울한 청년들을 손잡아 일으킨다는 것은 결코 쉬운 일이 아니다. 왜냐하면 어느 한마디의 말도 삶의 무게가 느껴지지 않는 말이 없기 때문이다. 그리고 그들의 목소리에는 벌써 인생을 다 맛본 것 같은 절망이 묻어나온다. 사실 인생에서 청년기처럼 자유로운 시간도 없다. 중고등학생일 때는 정해진 틀과 감독 속에서 입시를 향해 달음질한다. 하지만, 대학생 혹은 청년기에는 자신이 스스로의 책임자이다. 자유를 누리고, 거기에 대한 책임을 배워가는 시기이다. 어쩌면 가장 담대한 선택을 할 수 있고, 사사로운 이익에 매이지 않고 정의로운 선택을 할 수 있는 특별한 시기이다.

마음만 먹으면 얼마든지 원하는 곳으로 갈 수도 있다. 스스로 결정을 내리기만 하면 곧장 실행 가능한 시기이다. 시간을 아껴 아르바이트하고 푼푼이 돈을 모아, 책이나 인터넷으로만 보았던 이탈리아, 프랑스, 스페인으로 배낭여행을 갈 수도 있다. 인종을 초월하여 마음 좋은 사람들과 어울릴 수도 있다. 가난한 시골 할머니들을 찾아가 그분들의 눈물을 닦아줄 수도 있다. 세상을 향해 하나님의 나라가 어떤 것인지 질문하며 공의를 외칠 수도 있다.

어쩌면 가장 순수하고 싱그러운 인생의 아름다움을 우리 청년들이 소유하고 있다. 첫 세상 에덴동산을 마음껏 활보했던 청년 아담과 하와의 자유와 풍요로움을 하나님께서 우리 청년들에게 주신 것이다.

하지만, 우리가 살아온 사회는 청년기의 자유를 현금으로 환전해버린다. 한 치의 낭만적인 선택도 용납하지 않는다. 만일 누군가가 자신의 삶에 주어진 숭고한 뜻을 이루려고 더 좋은 대학이나 직장의 기회를 버린다면, 이 사회는 그것의 대가가 어떤 것인지 혹독하게 가르쳐 줄 것이다.

청년들의 꿈과 재능은 매정하게 혹사당한다. 경쟁에서의 생존을 위해 요구되는 기술과 지식을 익히느라 자신만의 고유한 인격적 가치는 학대당한다. 적자생존에 익숙하여 높은 연봉과 안락한 생활, 혹은 다른 사람을 리드할 수 있는 권위의 자리를 차지한 소수 엘리트 청년들 외의 다수는, 끊임없는 비교와 미래에 대한 불안으로 말미암아, 자기 삶의 만족과 행복의 권한마저도 위축당한다.

흔히 감기는 면역이 약한 어린 아이들이나 노인들에게 많이 걸리지만, 유독 조류 바이러스 $H1N1$ 는 가장 싱싱하고 건강할 것 같은 청년들이 가장 잘 걸리는 독감이다. 어쩌면 우울증도 가장 활기찬 청년들을 찾아와 갑자기 무릎의 힘을 꺾어 놓는다. 면역주사가 없으면 생존율이 떨어지는 무서운 청년 킬러들이다. 생동감 넘치는 젊음의 잔에 빠진 파리, 청년 우울증은 상상 이상의 독으로 절망과 우울을 퍼트리고 있다.

2. 청년 우울의 유혹과 중독

〈도와 달라는 외침〉 A Cry for Help

- 패트릭 맥너머러 Patrick McNamara

나는 도와달라고 외쳤다.

아무도 듣지 않았다.

내 스타일을 바꾸었다.

아무도 상관하지 않았다.

손목을 그었다.

아무도 알아채지 못했다.

마침내 내가 저지른 일을 사람들에게 보여 주었다.

나는 보호기관으로 보내졌다.

거기서 나와서 자유로워졌을 때

나는 정말 깊이 그었고, 총으로 머리를 쏘았다.

내 고통은 끝이 났고, 사람들은 마침내 나를 바라보았다.

내 친구와 가족들 …….

그들은 나를 도왔어야 했다.

청년의 우울은 고질적인 무관심의 결과이다. 아무도 그 외침을 알아주지 않을 때, 무슨 행동을 해도 주목하지 않을 때, 절박하게 도움을 요청하는 청년을 외면해버릴 때 그리고 그런 일이 반복될 때 그것은 말로 표현되지 않는 고통이다. 작고 따뜻한 관심만 있으면 되는데, 그들은 유난히도 메마른 사막 길만 따라왔다.

어렸을 때 잠복하고 있던 우울이 청년기에 스멀스멀 똬리를 풀며 나타나는 일은 흔하다. 초등학교와 중고등학생 때를 힘들게 했던 부모와 가족의 무관심이 청년기에도 계속되기 때문이다. 이런 무관심은 눈에 띄게 청년의 기운을 꺾어 버린다.

어떤 청년 형제는 어릴 때 아버지를 잃고, 어머니마저 세 형제를 버리고 떠나버렸다. 그 셋은 할머니와 고모의 손에 자라며, 엄격한 삼촌에게 학대를 당했다. 하지만, 아무런 이유를 알 수도 없이, 그나마 가장 잘 자라서 대학까지 졸업한 막냇동생을 '자살'로 잃어버린 그 청년의 우울감을 상상할 수 있겠는가?

어떤 청년 자매는 초등학생 때 아버지를 여의고, 그렇게도 아빠를 그리워하는 엄마 아래서 자랐다. 엄마를 실망시키지 않으려고, 그 힘든 청소년기에 단 한 번도 문제를 일으키지 않았다. 엄마가 어떤 잔소리를 해도 모범생으로 꿋꿋이 견디며 의대를 가서 의사가 되었다. 하나밖에 없는 여동생이 대학생 때 갑자기 쓰러져 자신이 몸담고 있던 대학병원에서 숨을 거두었다. 여동생을 위한 깊은 슬픔을 느낄 겨를도 없이, 이제부터 엄마의 간섭과 잔소리를 '혼자' 어떻게 견뎌야 할지 극도로 두려워하고 부담스러워하며 비틀거리는 이 자매의 속 깊은 우울을 상상할 수 있는가?

어릴 때부터 혼자 지고 와야 했던 가족의 무거운 짐들이 청년들을 질식시킨다. 꿈과 자유로 날갯짓을 해야 할 청년기를 무참히 꺾어놓는 것이 바로 이런 것들이다. 자신이 선택한 것도 아닌데, 참 슬프고 안타깝게도 지금 더 무거운 짐을 지고 있다. 그렇게 비틀거리면서도 참 기특하게도 아름답고 늠름한 청년이 되었지만, 머리로부터 얼굴로, 어깨로 눌러 내리는 우울의 짐은, 앞으로 나가고만 싶은 청년들을 꽁꽁 묶어두고, 병들게 한다.

혹은 나이 어린 6학년 때부터 의붓아버지로부터 성폭행당해 삶의 꿈을 번번이 좌절당한 자매나, 부모의 이혼으로 보호받지 못한 채 성관계가 곧 사랑을 획득하는 길이라고 여기며 살아온 우울한 자매들도 수없이 많다. 그 상처들을 말로 꺼내기도 어려울 만큼 그들은 벌써 지쳐 있고, 세상을 향해 마음의 문이 닫혀 있다.

정말 그들에게 따뜻한 위로자가 필요하다. 그러나 막상 그 속 깊은 사정을 들어주어야 할 가족이나 친구들은 곧장 마음을 닫아 버린다. 좀처럼 바뀌지 않는 엄마의 잔소리는 외로운 딸을 약물 중독으로 몰아넣는다. 조금만 더 따뜻하고, 조금 더 푸근하면 좋을 텐데…….

"너 얼마나 힘들었니?"
"그래, 정말 대단하다!"

이 한마디의 말이 그렇게도 듣고 싶을 뿐이다. 하지만, 그렇게 따뜻한 영혼의 양식은 쉽사리 공급되지 않는다. 더 많은 규칙, 더 엄격한 생존의 기술, 더 바르게 살고 빨리 성공하라는 기대의 말들, 먹어도 음식이 되지 않을 것 같은 잔소리만 쏟아질 때 질식한다. 이들은 숨을 쉴 수가 없어 중독에 빠진다. 어떤 이는 약물에, 어떤 이는 음란한 성행위에, 어떤 이는 동성애에, 또 어떤 이는 도박과 인터넷에 빠져 각기 자기만의 세계에 고립된다.

우울에 겹친 중독은 자신의 삶을 더욱 혼란스럽게 어지럽힐 뿐이다. 청년 여성이 결혼하지 않은 상태에서, "저 사람이야말로 나의 유일한 전부"라며 한 남성에게 매달릴수록, 그 여성의 마음은 더 불안하고 남성은 더 멀어질 뿐이다. 건강한 자신감과 대인관계가 불가능한 상태에서 자신의 모든 것을 걸어버린 관계는 외려 자신을 더 큰 위험에 빠뜨린다.

청년기 우울을 이기려면 동성 친구 사이의 친밀한 우정이 핵심이다. 동성의 친구들과 긴밀한 관계를 유지하는 것은 비극적인 이성관계의 파국을 막는 중요한 역할을 한다. 여성은 같은 여성 친구들과, 또 남성은 같은 남성 친구들과 크고 작은 일들을 나누며 함께 풀어가야 한다. 하지만, 우울과 중독의 아픔을 겪는 젊은이들은 좀처럼 이런 동성의 친구 관계를 오래 지속하지 못한다.

우울증과 대인공포증이 심각한 어떤 자매는 자기 부모와의 관계에서조차 고립되어 있었다. 국외 유학 중 만난 남성과 교제를 하다가 깊은 관계에 들어가서 결국 임신까지 하게 되었다. 하지만, 그 남자의 큰 거짓말들로 말미암아 그와 더이상 삶을 같이할 수 없다고 생각하여 낙태를 선택하였고, 그 남자로부터 위자료를 받고 갈라서게 되었다. 몸은 몸대로, 마음은 마음대로 큰 상처를 입은 상태였다. 상담을 통해 잠시나마 회복해가는 것처럼 보였다. 하지만, 그 후 1년도 되기 전에 마음에 그리 썩 들지 않는 남성과 급작스럽게 관계가 발전하였다. 또다시 깊은 관계까지 맺게 되었고, 다시 그와의 행위를 후회하면서 그 사람으로부터 다시 금전적인 보상을 기다리고 있었다. 다른 환경에서 다른 사람을 만났음에도 그녀는 안타깝게도 빙 돌아서 똑같은 이야기의 결론을 만들어갔던 것이다.

치료되지 않은 우울은 중독을 낳는다. 중독은 모든 관계를 똑같은 파국으로 이끌어간다. 그리고 우울한 청년들은 자신이 인정받기를 원하면서도, 다른 사람들에게 정작 함부로 취급받을 행동을 선택한다. 정작 원하는 것은 다른 사람들의 위로와 칭찬인데, 그들이 자신을 비하하도록 사람과 상황을 엉뚱하게 조작한다. "부정적 피드백을 받은 청년들은 더 부정적인 피드백을 탐색하고, 더 많은 거절에 빠질 가능성이 크다."[28]

우울로 말미암은 중독을 단절하는 길은 건강한 지지와 돌봄의 관계에 들어가는 것이다. 우정을 나눌 수 있는 동성 친구들을 찾아야 한다. 서로의 사고와 행동의 방식을 맞추어가면서 우정을 이어가도록 방법을 모색해야 한다. 물론 동성친구 관계라고 스트레스가 없는 것은 아니겠지만, 좋은 관계에서 오는 적극적인 지지와 우정은 우울한 청년들로 하여금 현실적이고 건강한 선택들을 할 수 있도록 도울 것이다.

3. 청년 성의 해방과 억압

　　　　　　　젊은 청년들에게 성性이라는 담론은 가장 민감하면서도 무거운 주제이다. 건강한 이성교제가 주는 유익이 큰 것은 누구도 부인할 수 없다. 대인관계의 기술을 향상시킬 수도 있고, 그 관계에서 오는 긍정적인 자화상을 가질 수도 있기 때문이다. 그래서 자신 있는 사회생활을 할 수 있게 하는 좋은 밑거름이 될 수도 있다. 하지만, 일단 성적인 관계가 개입되면 그것은 무거운 억압과 두려움의 관계가 된다. 그것은 더 이상 자유의 관계가 아니라 우울증을 유발할 수 있는 상처와 속박의 관계이다. 그것은 동서고금을 막론하고 사실이다.

　결혼 이전의 성적인 관계의 희생자는 대부분 여성이다. 신체적, 정신적, 영적으로 결혼 이전의 성관계는 자유로웠던 여성을 묶고, 누르고, 감염시키고, 병들게 한다. 아이러니하게도 여성 스스로 선택한 사랑과 해방으로서의 성적인 관계가 결국은 자신의 목을 더 조이는 결과를 가져온다.

　톰 행크스Tom Hanks가 감독한 미니시리즈 '태평양'The Pacific이라는 미니시리즈 영화가 있다. 이것은 2차 대전에 일본군을 대항하여 태평양의 여러 섬으로 파견된 미국 해병대의 실제 생존자들의 경험을 영화화한 10부작이다. 그 중 첫 주인공인 로버트 레키Robert Leckie는 호주 멜버른Melbourne의 거리에서 한 젊은 여성 스텔라Stella를 만난다. 그 여성은 이후에 휴가 나온 군인이었던 그를 집으로 초대하였고, 첫 방문에서부터 성관계로 이어졌다. 그 남성은 전쟁

중이어서 그가 언제 다시 전쟁터로 나갈지 알 수 없었다.

하지만, 동유럽 출신의 이 여성과 가족들은 이민 생활에서 소외되고 외로운 나머지 처음부터 미국인이었던 그 남성에게 너무 많은 기대를 하고 있었다. 그가 전쟁에서 생존하여 다시 돌아와 줄 것을 믿고 자신의 딸과 가정을 이루어 아들처럼 살기를 바랐던 것이다. 그로부터 채 몇 주도 지나지 않아 전쟁터로 떠나야 할 그 남성에게 온 가족이 너무 많은 기대를 걸고 있었다. 그리고 그 가족의 기대를 두 남녀의 성관계가 위태롭게 지탱하고 있었다. 결국, 서로의 기대와 현실은 맞지 않았기에 그들의 관계는 애절하게 끝을 맺고 만다. 여성은 하염없이 그 남성의 다시 돌아온다는 약속을 기대했지만, 끝끝내 그 남성은 약속을 해주지 않고 다시 전쟁터로 돌아가는 배에 몸을 싣는다. 그리고 예전에 계속해왔듯이 자신의 마음속에 있었던 여인 베라$_{Vera}$에게 다시 편지를 쓴다.

이런 이유로 '데이트 불안'이라는 말이 생겼다. 그것은 "이성관계의 상황에서 발생하는 걱정, 스트레스 그리고 억제" 등을 가리킨다. 그것은 행여 그 관계에서 "부정적인 평가를 받지나 않을까 하는 두려움"이라고 할 수 있다.[29]

불안하고 우울한 여성들에게 성은 자신의 사랑을 '유지해주는' 도구가 된다. 자신의 몸을 허락하면 그 남성은 자기 곁에 있어줄 것이라 믿기 때문이다. 비록 남성의 관심과 보호와 사랑이 잠깐뿐일지라도 그 짧은 시간이나마 자신을 위로해주고 불안의 식은땀을 닦아주리라는 절박함이 있기 때문이다. 그러나 그 도구는 너무나 위태롭고 불안정한 것이다.

어떤 이들은 우울한 여성들의 이런 행위를 "음란하다"라고 말한다. 하지만, 사실은 불안하고 우울한 것이 더 근본적이다. 물론 그것은 분명히 회개해야 할 죄이다. 그러나 그리스도인이라면 그 이전에 어떤 사연과 어려움이 있었는지를 이해하는 것이 우선이다.

부모의 이혼으로 더 불안하고 우울한 여성이라면 어떤 수단과 방법을 통해서라도 빠른 시간 안에 안정감을 얻고 싶을 것이다. 자신이 모처럼 의지하게 된 남성에게 자신의 가장 소중한 것이라도 나누어 줌으로써 더 빨리 안정감을 얻고 싶을 것이다. 그릇된 것임에도 그것만이 유일한 방법이라고 믿는 이들의 유일한 생존의 수단일 수도 있다.

이것은 어릴 때부터 '하루 권장량의 사랑'을 경험하지 못하는 이들의 안타까운 병이다. 부모의 '평범한' 사랑과 보호를 경험하지 못한 젊은이들의 절박한 생존수단이다. 그리고 그것은 동시에 죄다.

혼전의 성관계나 동거는 그만한 대가를 요구한다. 결혼을 전제로 동거하는 사람들조차도 자신의 영혼을 쥐고 흔드는 불안으로 괴로움을 당한다. 5년간의 동거 끝에 결혼한 한 여성은 동거 시절의 미래를 기약할 수 없었던 자신의 불안했던 고통을 이렇게 고백한다.

"정말 스트레스를 많이 받았어요. 제가 정말 그 남자와 함께 평생 살아야 할지, 아니면 인생의 그 많은 시간을 그저 낭비하고 있는지 정확히 알 수가 없었거든요."

남자 친구와 18개월을 동거한 어떤 여성은 그해 성탄절이 될 때까지는 그와 약혼이라도 할 수 있기를 바랐다. 하지만, 그녀의 상대였던 남성은 정반대로, 성탄절이 될 때쯤에는 그의 여자 친구가 약혼에 대한 이야기를 모두 잊어버리기를 바랐다. 언젠가 결혼은 할 수 있겠지만, 자신은 아직도 여러 가지로 결혼할 만큼 자리를 잡지 못했기 때문이란다.[30] 동거 상태의 남성들은 훨씬 개방적인 선택 가능성을 열어놓고 있다. 결혼의 관계에 이르지 않은 상태에서 동거나 성관계가 그만큼 여성에게 불안을 주는 이유이다. 여성들은 남성의 그렇게 열린 가능성 때문에 불안과 불확신의 고통을 당하게 된다.

자신이 좋아하는 사람들과 마음껏 성관계를 가질 수 있다고 해서 성에서 해방되는 것은 아니다. 남성들이 가부장적 권위주의로 여성의 성을 통제한 역사는 무수하지만, 자신의 성을 자유롭게 풀어놓는다고 해서 성의 억압이 끝나는 것은 아니다. 외려 자신의 우울을 미처 이해하지 못한 채 쉽게 허용해버린 성은 결국 자신을 더 우울하고 혼란스럽게 할 뿐이다.

순진하게 보일지 모르지만, 성과 결혼에 대한 청년들의 관점은 단순해야 한다. 그것이 곧 자신을 사랑하고 보호하는 길이기 때문이다. 결혼할 배우자에 대해서도 신중해야 한다. 그리고 비록 결혼하고 나서 예상치 못한 고통이 온다고 하더라도 언약과 성으로 맺어진 결혼을 귀하게 여겨야 한다. 고통스러운 결혼이라고 쉽게 떼어 내버리는 것 역시 당사자들을 아프고 우울하게 한다.

독신으로 사는 사람이나 이혼한 사람들은 다른 사람들보다 더 우울해지거나 다른 정신 건강의 문제들을 앓게 될 가능성이 크다. 불행한 결혼생활을 하는 사람들이라도 이혼한 사람들보다는 더 행복하다. 행여 어쩔 수 없어서 장기적으로 이혼이 필요한 상황이라 하더라도, 심지어 그런 순간에조차도 이혼은 고통스럽고, 그것은 우울증으로 이어질 수 있다.[31]

이혼의 고통은 대부분 여성에게 집중된다. 혼자서 헤쳐가야 할 가난과 우울과 자녀 양육의 몫이 대부분 여성 자신들에게 돌아오기 때문이다. 그러므로 청년 여성들은 결혼 이전의 성관계에 대하여 단호해야 한다. 사랑하는 남성이 원하는 것이라고 "예스"Yes 라고 할 것이 아니라, 사랑하기 때문에 담대히 "노"No라고 말해야 한다. 그것이 결혼 이후의 자신과 가정을 심각한 우울증으로부터 지키는 중요한 하나의 방법이기 때문이다.

4. 절망 찬가

실패는 절망과 상처를 몰고 온다. 어떠한 불합격도 유쾌한 불합격은 단 하나도 없다. 데이트 신청에 퇴짜를 맞아도 그 충격은 며칠, 아니 몇 주를 간다. 청년들에게 실패와 절망은 쓰다. 외롭고 속상하다. 냄새로 치면 상한 생선처럼 지독한 냄새 같다. 부모와 사회, 그 사이에 끼어 실패와 좌절을 경험해야 하는 젊은이들의 아픔은 참 가련하고 슬프다.

때로 실패가 너무 독하기에, 더 독한 술로 실패를 다루려는 청년들도 많다. 이해는 되지만 정답은 아니다. 상습적으로 술을 의지하게 되면 현실을 대면할 자신의 힘은 점점 약해지게 된다. 담배도 잠깐의 위로는 되겠지만, 타르로 덮여가는 폐를 가지고 현실의 도전을 견뎌낼 수는 없다. 청년들에게 실수와 실패는 쓴 비타민이다. 경험이 적고 의욕이 강한 젊은이들에게 시행착오란 매일 먹는 음식과 같은 것이다. 물론 똑같은 실수를 반복하는 것은 학습효과가 없다는 뜻이다. 어떤 청년도 그러기를 바라지 않을 것이다.

물론 그러다가 원치 않는 죄를 범하기까지 한다. 하나님 앞에서 회개하겠지만, 스스로 생각해도 참 어리석고 부끄러운 일들이다. 하지만, 젊은 청춘인지라 그런 어리석음조차도 하나님의 특별한 은혜의 대상이다. 그래서 다윗도 자기 젊을 때의 죄를 하나님께서 잊어 달라고 부탁한다.

> "여호와여 내 젊은 시절의 죄와 허물을 기억하지 마시고 주의 인자하심을 따라 주께서 나를 기억하시되 주의 선하심으로 하옵소서"_시 25:7.

여기에서 '죄와 허물'이라 말한 내용에는 사실상 하나님에 대한 거역의 행위들까지 포함한다. NIV 성경에서는 "내 젊은 시절의 죄들 the sins of my youth 과 반역의 길들 my rebellious ways 을 기억하지 않으시기를" 간절히 구한다. 마치 탕자가 아버지의 뜻을 거절하고 다른 길로 간 것과 같은 젊은 시절의 죄에 대하여 용서를 구하는 것이다.

물론 좀처럼 앞으로 나가지 못한 채 그 자리만 빙글빙글 도는 상처나 죄의 습관이 있다면 그것은 반드시 좋은 상담자를 만나 도움을 구해야 한다. 왜냐하면, 그것은 자기 혼자만의 힘으로 벗어날 수 있는 만만한 상대가 아니기 때문이다. 하지만, 스스로 생각할 때 조금씩 달라지고 있다면 그것은 제대로 가는 것이다. 많은 실수나 실패를 거울로 삼아 어제보다 나은 오늘의 나, 그리고 오늘보다 나은 내일의 나를 기대할 수 있기 때문이다.

취업과 진학의 실패가 내 인생의 실패는 아니다. 실패는 그때 한순간에 생겼다가 잊혀지겠지만, 그것과는 아무런 상관없이 보배로운 나의 인생은 계속되기 때문이다. 실패가 내 인생의 한 부분일 수는 있어도, 실패가 내 인생 전부일 수는 없다. 외려 "나는 몇 번의 취직에 실패했다."라는 말은 "그래서 내 인생은 무가치하고 실패한 인생이다."라는 말과 정반대이다. 왜냐하면, 실패의 쓴잔을 맛본 사람이야말로 자신에게 주어진 낮고 작은 기회까지도 소중하게 여기고 온힘을 다해 살 수 있는 사람이기 때문이다. 그들이야말로 한 번의 인생을 더욱 소중하고 아름답게 살아갈 수 있다.

하나님은 결코 우리의 인생을 실패작으로 만드시지 않으셨다. 하지만, 때로 실패의 쓴잔은 우리에게 허락하신다. 우리가 하나님의 깊은 이유를 다 알 수는 없다. 그러나 실패에 대한 우리 경험의 과정이나 결과를 보면 그분의 뜻을 조금은 알 수가 있다. 우리는 실패와 거절의 아픔을 통해 뼈대가 굵어진다. 그리고 실패의 낮은 자리에서 분명히 하나님과 더욱 가까워질 수 있을 것이다. 물론 하나님도 우리가 그런 아픔을 겪는 것을 안타까워하시지만, 그것이 얼마나 우리를 성숙하게 하는지를 아시는 하나님은 당신의 아픈 마음을 안고 하나님의 자녀인 우리에게 실패와 낙방의 쓴잔을 허락하신다.

그 거절과 아픔은 이미 하나님의 아들 예수님께서 걸어가신 길이다. 아니 예수님은 그 아픔과 좌절을 스스로 선택하셨다. 돌로 떡을 만들 수 있는 능력도 있고, 그것으로 하나님의 아들의 능력이 어떻다는 것을 보여줄 수도 있었지만, 사람이 떡으로만 사는 것이 아니라 하나님의 말씀으로 사는 것을 보여 주시면서, 자신은 굶주림과 쓰라림을 계속 겪으셨다.

십자가 앞에서 예수님은 몇 가지 다른 선택을 하실 수도 있었다. 열두 군단의 천사를 동원하여 자신을 방어하실 수도 있었다. 십자가 위에서 뛰어내려 자신을 구원할 수도 있었다. 하지만, 아버지의 뜻에 순종하여 몸소 십자가를 택하시고 상상할 수 없는 육체의 고통, 그것보다 더 크고 비참한 하나님의 거절과 버림을 당하신 이유는 우리 비참한 인간들에게는 예수 그리스도 외에 다른 선택이 없었기 때문이다.

유대인들은 표적을 좋아하고, 헬라인들은 지혜를 찾는다. 아무런 기적이나 표적이 없었던 십자가는 아직도 유대인들에게 실패의 작품이다. 하지만, 사실 그것은 "하나님의 능력이요 하나님의 지혜"고전 1:24이다.

우리 삶에 대기업 취직의 '기적'이 일어나지 않는다고 해서 우리 인생이 실패한 것이 아니다. 외려 그 길은 십자가와 가까운 길이며, 하나님의 특별한 관심이 더 집중되는 길이다. 예수님은 우리의 실패와 연약함을 동정하시는 대제사장이시다 히 4:15.

그렇다면 자신이 좋아하는 것이나 잘하는 것, 마음의 소원을 버리고 다른 직업이나 전공을 찾아야 할까? 그것은 그리 좋은 생각이 아니다. 왜냐하면, 내가 알지 못하는 분야에 대해서는 기초부터 다시 시작해야 하기 때문이다. 몇 번의 실패가 자신의 마음의 소원을 무효화시키지는 않는다. 인내하고 집중하며 다시 도전할 필요가 있다.

1년에 한 번 치르는 교사임용고시에 네 번까지 낙방한 자매가 있었다. 그녀의 우울과 좌절감은 말로 표현할 수 없었다. 세 단계에 걸쳐 몇 배수의 사람들이 마지막까지 경쟁할 때, 한 단계 한 단계가 그녀에게는 새로운 도전이며 위기의 고비였다. 그런데 어느 목회자는 엉뚱하게도 그녀에게 신학을 공부해서 목회자가 되라고 조언하였다. 임용고시에는 결코 합격할 수 없으니 목회자가 되라는 말이다. 하지만, 그녀는 그런 소명을 받은 적이 없었다. 그렇다면 상담자인 필자는 무엇이라 이야기할 것인가?

당연히 처음 가진 마음의 소원을 따라 기도하며 다섯 번째 시험을 준비하자고 했다. 이미 지쳐서 주저앉을 것 같은 청년의 마음을 일으키는 것은 매우 힘겨웠다. 만날 때마다 함께 노력하자고 했지만 동력이 충분하지 않았다. 안타까운 마음으로 곁에서 응원하였고, 그녀는 다시 도전하였다. 1차, 2차, 3차, 한 걸음씩 온 힘을 다했고, 하나님은 기어코 그녀에게 그 길을 허락하셨다.

그렇다고 모든 사람의 이야기가 이렇게 낙관적이라고 장담할 수는 없다. 하지만, 열 번을 실패해서 더 이상 취직의 희망은 좌절되어도 내 인생의 가치가 낮아지거나 무의미해지지는 않는다. 가족들이나 친구들로부터 빈정거림을 당할 수도 있고 행여 체면이 상할 수도 있겠지만, 하나님은 결코 그런 눈으로 우리를 보지 않으신다. 내 곁에 있던 연인이나 성공을 기대하던 친구들은 나의 실패로 실망하며 나를 떠날 수 있을지 모르지만, 하나님은 결코 나를 떠나지 않으신다. 하나님이 아니라고 혹은 맞다고 확실하게 우리에게 말씀하실 때까지 다시 한 번 도전하고, 낙심하지 않기를 원하신다.

이것이 청년들에게 가장 큰 재산이다.

그리고 하나가 더 남아 있다. 그것은 바로 젊음이다. 흥분되는 일이나 자랑할 것이 많아서가 아니라, 몇 번을 실패해도 그게 인생의 끝이 아니라서 좋은 것이다.

젊음에서 마주친 절망을 피하지 말자. 아니, 절망의 경험으로부터 교훈을 배우고 하나님께 아직 다 얻지 못한 대답들을 차분히 기다려보자. 친구나 멘토와도 이야기해보자. 도대체 내가 얼마나 중요한 미래를 가졌기에 이런 쓴 약을 미리 먹게 되었는지, 숨을 고르고 그 대답을 기다려보자.

5. 이기는 자, 그대 이름은 청년이다

흑인 CCM가수 맨디사 Mandisa 가 부른 "Overcomer" 이기는 자 는 우리 젊은이들에게 하나님 안에서의 용기와 자신감을 준다.

……나는 알아요.
당신이 지금 겪어가는 것이 그 무엇이든
하나님은 결코
그것이 당신 삶의 가장 고귀한 것을 앗아가도록
버려두지 않을 것을요.
당신은 이기는 자입니다.
그 싸움의 마지막 회전이 될 때까지
(링에서) 내려가지 마세요.
당신은 굴복하지 않을 것입니다.
왜냐하면, 하나님께서 바로 지금
당신을 붙들고 계시니까요!
물론 잠깐은 낙심할 수도 있겠지요.
지금 희망이 보이지 않는 것처럼 느낄 테니까요!
바로 그때 하나님은 당신에게
당신은 이기는 자란 것을 기억나게 하십니다.
당신은 극복하는 자입니다.
사람은 누구나!
바닥을 치고, 땅에 부딪히면서,
넘어진 적이 있습니다.
오, 당신은 혼자가 아닙니다.
그저 숨 한 번 크게 들이쉬고, 잊지 마세요.

그분의 약속을 붙잡으세요.
……그러므로 포기하지 마세요, 굴복하지도 마세요.

부모의 큰 기대가 젊은이들의 마음에는 큰 부담을 준다. 거기에 부응하지 못할 때 좌절감은 정말 크다. 그러나 하늘의 하나님은 우리의 인자하신 아버지로서, 우리의 실패에 대해 책망하지 않으신다. 외려 그 힘든 실패를 통해 당신과 인격적으로 더 친밀해지고 가까워지기를 기대하신다. 자격이 없거나 무가치해서가 아니라, 하나님의 더 세밀하고 정확한 목적과 계획이 있음을 알게 해 주신다. 하나님의 눈에 우리가 겪는 실패의 경험은 참으로 값진 것이다.

당신의 실력을 몰라주는 회사가 당신에 대하여 평가하는 것은 자신들의 금전적인 이익에 대한 것일 뿐이다. 그들은 결코 당신의 감추어진 잠재력과 가능성 혹은 인간 가치 전체를 평가할 수 없다. 그러므로 이제 우리 젊은이들은 자신에 대한 부모의 과도한 기대나 요구에 대해 조심스럽게 거리감을 두어야 한다. 그리고 진정한 아버지 하나님의 따뜻한 목적과 계획에 좀 더 가까워져야 한다.

다른 친구와 비교하거나 주변 사람들의 기대에 몰입하지 말자. 그럴수록 나 자신의 인생은 금방 작아지고, 심지어 없어져 버리기 때문이다. 지금 나에게 열어주시는 작은 일들을 결코 하찮게 여기지 말자. 작은 아르바이트라고 함부로 내치지 말고, 성실하게 오늘 하루를 살아가자. 하나님께서 주신 마음의 소원을 소중하게 여기며 인생의 책장을 넘기자. 그렇다면 하나님은 반드시 당신의 발을 사슴과 같이 높은 곳에 다니게 하실 것이다.

이성교제에서 쓴잔을 마시는 것은 '누구에게나 당연한' 경험이다. 조금도 이상하지 않다. 다만, 그것이 나의 이야기라서 아플 뿐이다. 절대 떠나보내지 못할 것 같은 사람이 나를 떠나버린 것은 절망이다. 그러나 그것 때문에 내 인생이 무가치해지는 것은 결코 아니다. 그 사람이 없는 세상을 상상할 수 없고, 나 혼자 남은 그 비참을 상상하기도 싫다. 하지만 여기서 반드시 기억해야 할 것은, 모두 다 떠나버리고 나 혼자 처량히 남아 있어도, 여기 남아 있는 이 젊은 나는 다른 무엇과도 바꿀 수 없는 하나님의 특별한 자녀라는 것이다.

실연의 아픔은 값진 경험이다. 내가 누군가로 말미암아 아파할 수 있는 사람이란 것을 알게 된다는 것은 특별하다. 누군가가 나에게 다가왔고, 나도 그에게 다가가 남은 삶을 멋있게 함께할 수 있을지 생각해 본 것은 젊은 나만의 특권이었다. 잠시와 같았던 시간이 지나가고 그 사람은 떠나버렸지만, 아직도 보이지 않는 상처로 아파하는 나 자신을 보면 나에게 건강한 영혼이 있음이 분명하다. 사랑의 상처를 아파할 줄 아는 영혼이야말로 남을 사랑할 줄 아는 영혼이다. 비록 나의 사랑이 아직 완성되지는 않았지만, 적어도 내게 온 그 사람으로 말미암아 내게도 누군가를 진정으로 사랑할 수 있는 능력이 있음을 보게 되었다. 감사한 일이다. 그리고 떠난 이를 축복해 줄 일이다.

"마음껏 울자. 그 사랑이 여전히 울게 한다면……."

이상하게 뛰는 가슴을 부여잡고 흐느끼자. 떠나버린 사람을 위해 가슴이 아직도 뛰고 있다면……. 그를 붙들었던 내 팔을 조용히 풀어주자. 연민으로 끌어안았던 그 사람의 환상을 멋지게 보내주자. 지금까지 걸어온 품위 있는 내 발자국이 절대 흐트러지지 않도록…….

슬픔에는 반드시 시간이 필요하다. 애도는, 곁에 아무도 없는 혼자만의 시간을 요청한다. 혼자 통곡하고, 눈물 닦고, 웃고, 울고, 분노하고, 잠잠하고, 자신을 기특해 하고, 걷고, 글을 쓰고, 잠시 잊어버렸다가, 혼자란 것을 다시 느끼고, 친구와 만나고, 할 일들을 계속하면서……, 혼자 있을 시간이 필요하다.

무엇보다 상처 입은 자존심을 회복해야 한다. 실패한 사랑은 그렇게 잊어가더라도, 당신은 여전히 당신 자신과 남아 있다. 그러므로 이제 혼자 앉아서 당신 자신을 위한 일들을 좀 해야 한다. 그 남은 숙제는 바로 자기 자신의 장점들을 다시 수집하는 것이다. 친구들로부터, 자신으로부터, 성경으로부터, 당신이 왜 괜찮은 사람인지 나열하는 것이다. 헤어지면서 그 사람에게 어떤 말로 상처를 받았든, 그것은 헤어지기 위한 명분일 뿐 당신 자신의 참된 모습은 아니다. 그것은 감정으로 쌓은 주관적이고 '정치적인,' 즉 일방적인 이유일 뿐, 당신의 진정한 가치가 무엇인지 결코 결정하지 못한다.

당신의 가치는 존재 자체에 깊이 내재하여 있다. 그것은 곧 자기 자신이 찾아야 한다. 그리고 나를 경험하고 아는 친구가 더불어 찾아 주어야 한다. 당신을 길바닥의 못처럼 던져놓고 떠나버린 그 사람의 비수와 같은 말들로 마음은 아프겠지만, 그 말이 당신의 참된 모습은 아니다. 그 사람이 아직 발견하지 못한 당신의 아름다운 인격을 탐색하라. 그것은 상상하지도 못한 당신의 잠재력이 다시 떠오르는 시간이다. 그것은 멋진 인생을 다시 시작할 수 있게 하는 좋은 약이 될 것이다.

나를 떠나버린 그 사람들은 어쩌면 내 인생의 최고의 조연들이었다. 젊은 내 인생에 상처와 아픔을 남기고 여린 자존심에 처참한 패배를 안겨주었던 그들은 하나님께서 내게 주신 조연들이고, 나의 인생을 더 굳게 세우시고, 풍성한 미래를 세워 가시려고 하나님께서 잠시 당신에게 보내 준 도우미들일 뿐이다. 그들이 내게 남겨줄 수 있는 것이 상처와 성숙함 외에 또 무엇인가? 조연은 빠지거나 바뀔 수 있지만, 주연은 바뀌지도 않고 영화가 끝날 때까지 좀처럼 죽지도 않는다. 주연은 바로 당신이다.

그 사람이 곁에 없는 현실에 조금씩 익숙해져 가면서 고독을 친구삼아 당분간 혼자 지낼 필요도 있다. 나의 존재와 가치가 흑암의 그림자 속으로 사라져버린 것 같은 그 씁쓸한 순간을 끌어안고 혼자 견디어내야 한다. 그것이 자신의 삶을 깊게 그리고 성숙하게 만들어가는 길이다. 혼자만의 활동이나 여행을 하거나, 글을 쓰거나 음악을 듣거나, 극장을 가면서 혼자만의 세계에 익숙해지는 것이 필요하다. 운전 기술을 익히기도 하고, 어학 학원에 등록하기도 하고, 악기를 배우면서 혼자된 자유와 기쁨을 맛볼 필요가 있다. 어렵고 힘든 이들에게 찾아가 도움의 손을 내밀어도 좋다. 동성 친구들을 만나 그들과 지속적인 우정을 이어가야 한다. 습기 찬 습관들, 즉 스마트폰이나 컴퓨터 게임에 빠지는 것보다는 밝고 명랑하게 교제하는 공간으로 나오도록 스스로 용기를 긁어모을 필요가 있다.

하지만, 친구들과 부정적인 경험을 거듭 이야기하면서 자기연민에 빠져드는 것은 우울증을 고이 간직하거나 키우는 결과를 가져올 뿐이다. 또한, 혼자 있는 것을 견디지 못하여 한 사람의 품에서 다른 사람의 품으로 급히 가는 여성이나, 한 사람을 잃고 다른 사람을 금방 가슴에 안는 남성은 다소 심각한 결핍증이 있는 사람들이다. 이들은 사실 좀 더 전문적인 도움이 필요한 사람들이다.

하나님께서 인정하시는 인생의 주인공은 바로 당신 자신이다. 그리고 당신은 사실 하나님을 닮아 매우 많은 장점을 가진 잠재력 덩어리이다. 당신을 떠난 그 사람은 그것을 미처 제대로 알지도 못하고 어리석게도 당신을 떠날 결심을 한 것이다. 당신은 결국 이기는 자이다. 실연에 포기하지 말고, 그것이 운명이라며 굴복하지 말자.

- 청년들은 사랑의 시행착오를 내 인생의 일부로 인정해야 한다.

- 우리가 아는 두 가지는 하나님이 계신다는 것과 나는 하나님이 아니라는 것이다. 그래서 상처도 받을 수 있고, 실패할 수도 있다. 그러나 그분으로 말미암아 끝이 아니라는 것이다.

- 실연당했을 때, 혼자서 울거나 슬퍼할 시간을 가져라. 누구도 방해하지 않는 혼자만의 시간을 가져라.

- 자신의 장점 리스트 열 개를 채우라. 새로운 것들이 나타나면 순위를 정하여 끼워 넣어라.

- 밝은 음악을 들어라. 영화를 감상하라. 산책을 하고 신체 운동을 해라.

- 결단코, 자신의 몸을 성적인 도구로 함부로 사용하지 마라. 성은 오직 결혼을 위해 하나님께서 아끼시는 영혼의 친밀함을 위한 도구이다.

- 만일 당신이 청년 여성이라면, 어떤 성적인 관계이든 결혼 외의 성관계는 일방적으로 여성의 희생과 우울과 부담을 강요한다는 것을 잊어서는 안 된다. 결혼 외의 성관계에 대해 반드시 "끝까지 No!"를 말하는 강한 여성이 되어야 한다.

- 사랑을 잃어버리는 실연은 내 청년기의 생존을 위한 가장 큰 시험대이다. 나를 떠나버린 그 사람들은 내 인생의 최고의 조연들이었다. 이별의 아픔에도 품위 있게 보내는 그리스도의 청년이 되자.

제5장

웃음과 울음의 공존:
청소년 우울증

1. 감추어진 우울증

청소년 우울증은 좀처럼 증상을 발견하기 어려운 '감추어진 우울증'이다. 얼굴이나 행동으로 눈에 띄는 성인 우울증과 달리, 증상이 심해져도 청소년들의 얼굴에는 좀처럼 우울증의 표정이 나타나지 않기 때문이다. 얼굴이 우울해 보이거나 무기력하게 힘이 빠져 있을 때, 청소년들은 어른들보다 훨씬 심각한 상태에 있기 때문이다.

뜻밖에 다른 아이들을 폭행하거나 물건을 훔치는 품행장애를 가진 남자 청소년 중에도 그 이면에는 우울증이 있는 경우가 많다. 부모나 교사가 흔히 이런 문제 행동만 지적하고 바로잡으려다 보면, 상황을 그르치는 경우도 허다하다. 왜냐하면, 그런 청소년들 안에는 우울증이 있기 때문이다.

언제나 밝고 명랑하며, 목소리는 힘이 있고 발랄한 한 여고생이 있었다. 그 학생은 매사에 어른스러웠고, 홀로 가게를 꾸려가는 엄마에 대한 깊은 연민과 이해의 마음이 있었다. 사람들은 그 학생을 볼 때마다 "어쩜, 하는 행동이나 말이 그렇게 어른스럽니? 다 컸네!"라고 말한다. 필자도 그 학생의 정신연령이 35세는 되는 것 같다고 말한 적이 있다.

하지만, 자세히 들여다보면 그 학생에게는 '미소의 가면'smiling depression이 있다. 매사에 자신을 위한 주장이나 선택을 하지 못하고 우왕좌왕하였다. 자신이 갖고 싶은 것이나 하고 싶은 일은 우선 접었다. 그 대신 엄마의 기대에 맞추어 살아가려다 보니 좌절과 포기를 많이 하게 되었다. 그리고 성적의 실패가 겹치면서 죽음에 대한 생각도 스쳐 지나갔다.

그런 딸에게 엄마는 "남들 다 하는 건데, 너만 힘든 것 아니야."라고 말한다. 아이는 마냥 아기처럼 엄마에게 안기고 싶은데 그러지 못한다. 어릴 때부터 참아왔고, 그것이 엄마를 위한 길이기 때문이다. 하나 있는 여동생은 엄마에게 마음대로 어리광도 부리고, 고집을 부려서라도 사고 싶은 것들을 다 산다. 하지만, 언니인 이 여학생은 언제나 자신을 위한 선택을 주저한다. 그러다 보니 혼자 있을 때는 표정이 굳어지고, 우울한 기분이 자주 찾아온다. 그것은 마음에 감추어진 깊은 우울이 있었기 때문이다. 이 여학생에게는 소원이 한 가지 있었다. 엄마가 자기에게, "아이고, 우리 아기 많이 힘들지?"라고 토닥거려 주는 것이었다. 어려운 형편에 너무 일찍 철이 들었다. 이어서 동생도 태어났다. 그러다 보니 엄마에게 아기

노릇을 하지 못한 깊은 아쉬움이 남아 있는 것이었다.

일찍 철이 들수록 청소년은 우울하다. 너무나 깍듯하게 예의를 차릴수록, 홀로 고생하는 부모에 대한 마음이 지극할수록, 그래서 놀기에는 아무런 관심도 없이 공부에 더 집중할수록, 그들의 우울증 가능성은 크다. 조금 이기적으로 보여도 부모 앞에서 자기를 위한 솔직한 요구와 주장이 우울을 예방한다. 그리고 그런 아이들의 목소리와 요구를 받아줄 수 있는 건강한 환경이 반드시 필요하다.

남학생들도 사랑과 관심이 모자라면 우울하다. 중학교 2학년이 된 어떤 남학생은 아주 깔끔하고 잘 생긴 외모를 가졌다. 그는 가출과 학교 폭력의 문제로 상담실을 찾아왔다. 반 아이들에게 시비를 걸고, 주먹질을 하고, 집에서는 고등학생 형과 줄담배를 피웠다. 엄마의 마음은 찢어지고 있었다. 같이 가출한 학교 형들에게 자기 집 출입구 비밀번호를 알려주는 바람에 엄마 아빠가 아끼는 결혼예물들까지 다 빼앗겼다. 물론 자신은 그것을 알지 못했다. 그 형들은 그 돈으로 오토바이를 사고, 맛있는 음식을 사 먹으면서도 이 학생에게는 눈칫밥을 먹였다.

하지만, 상담자의 눈으로 볼 때 그 학생은 우울증의 흔적이 있었다. 아이 자체가 파괴적인 성격을 가진 것이 아니라, 엄마의 따뜻한 보살핌과 집중을 갈구하는 눈빛이었다. 그 학생이 초등학교 4학년 때, 엄마는 아이가 어느 정도 컸다고 생각하고 자신이 하던 병원 일을 다시 시작했다. 아이는 엄마의 자리를 그리워했고, 엄마가 한 번이라도 따뜻하게 안아주기를 기다렸다. 다행히 이 일을 계기로 그 엄마는 아이에게 집중하기 위해 일을 그만두었다. 그것은 그 아이를 위해 매우 바람직한 결정이었다. 아이는 다시 가정으로 돌아왔다. 아이의 우울과 폭력의 아픈 경험이 엄마와 아빠를 바꾸어 놓았다.

우울한 여자 청소년들은 복잡한 성관계나 과식으로 과체중 혹은 거식증으로 빈사 상태에 빠지기도 한다. 그런 이유 중에는 아이러니하게도 엄마와 딸의 과도한 친밀감이 원인이 되기도 한다. 우울한 엄마가 딸에게 걱정과 염려를 너무 많이 전해주기 때문이다. 이런 친밀감은 병적이다.

이혼을 하고 하루하루 식당 일을 해서 힘겹게 생활을 꾸려가는 엄마 때문에 고등학생 딸은 대학을 포기하고 말았다. 공부도 잘하고 밝게 생활했지만, 결국 대학 입학을 포기했던 이유는 엄마 때문이었다. 왜냐하면, 엄마가 아이를 볼 때마다 "네 학비 때문에 엄마는 너무 힘들어!"라는 말을 반복했기 때문이다.

이를 가리켜 전문가들은 '동반되새김'co-rumination이라는 말을 쓴다. 우울한 엄마가 청소년 딸과 지나치게 밀착되어 있으면 걱정과 염려의 대화가 반복된다. 엄마가 성인으로서 성숙하게 품어야 할 고민과 우울한 이야기들을 어린 딸들에게 거듭 반복하여 들려주면, 그들은 영향을 받아 우울한 사람이 되기 때문이다. 다행히 상담자의 권면으로 이 딸은 독학으로 대학에 입학할 수 있게 되었다. 엄마에게는 기도하면서 조금 더 수고를 하자고 다짐했다. 감사하게도 따로 사는 아버지의 직장에서 딸의 진학을 위한 등록금이 나왔다. 그 딸은 즐겁게 공부하면서 장학금까지도 받을 수 있게 되었다. 믿음의 상담을 통해 동반되새김은 새로운 감사와 찬양으로 변신하였다.

 우울한 여자 청소년들은 엄마뿐만 아니라 친구들과도 자기 몸매나 체중에 대한 고민을 되새김질한다. 그 와중에 주변의 경험이나 상황을 지나치게 부정적으로 해석하기도 한다. 친한 친구들과의 사이에서 일어나는 이런 동반되새김 역시 새로운 변화가 필요하다.

 한편, 청소년들의 가벼운 우울증 증상은 좀처럼 눈에 띄게 드러나지 않는다. 청소년 자신들도 막연한 불편의 감정을 제외하고는 아무것도 느끼지 못할 수 있다. 심각한 정도의 우울증 단계에 들어갈 때 비로소 다른 사람들이 우울증임을 알 수가 있다. 그리고 청소년이 그 정도의 우울증을 앓고 있다면 이미 일상생활에 많은 지장을 주고 있거나 자살 충동까지도 느끼고 있다고 보아야 한다.

 청소년 우울증은 오직 사랑하는 사람들의 눈에만 보인다. 사랑하는 사람들 혹은 사려 깊은 상담자들이 가까이에서 면밀하게 바라보면, 이런 청소년 우울증의 증상들은 어렵지 않게 발견된다. 그 따뜻한 사랑과 관심이 청소년들의 우울증을 고친다.

2. 청소년들이 우울할 때

 우울한 청소년들은 혼자 있을 때 비참하고 슬픈 모습을 하고 있다. 주로 음울한 시나 음악을 즐긴다. 그러다가 누군가가 자신을 보고 있음을 알게 되면 즉시 표정을 밝게 짓는다. 만일 청소년의 대화에서 위기상황이나 죽음의 이야기가 자주 등장한다면 그건 우울증이다. 나쁜 뉴스를 들으면서 "차라리 죽는 게 낫겠다."라고 혼자 중얼거린다면 심각하다. 그 청소년은 이미 우울증 중간 단계에 접어든 것이다.

우울한 청소년들은 집중력이 떨어진다. 성적이 서서히 떨어지기 시작한다. 그들은 신체적으로 피로감을 많이 느끼며, 늦은 시간까지 잠을 잔다. 신체적인 통증도 함께 있어서 두통이나 복통을 호소한다. 혼자 있는 시간이 점점 많아지고, 스마트폰에 빠져 밖으로 나오지 않을 뿐 아니라, 친구들과의 만남이 점점 줄어든다. 몸에 짐을 짊어진 것과 같이 우울증은 신체에도 고통과 부담을 주기 때문에 필요에 따라 의사의 진단과 약물 처방을 반드시 받아야 한다.

우울한 청소년들은 무슨 일을 저지르고 싶은 강한 충동을 이기지 못한다. 그럴 때에도 여전히 자신이나 주변의 사람들은 그것을 심각한 우울증이라고 생각하지 않는다. 드디어 짜증이나 반항, 가출이나 무단결석, 타인에 대한 공격적인 행동이 시작되는데, 이를 가리켜 전문가들은 "우울증적 품행장애"depressive conduct disorder라고 부른다. 속으로는 우울한데 겉으로는 다른 사람에 대한 거칠고 파괴적인 행동을 하기 때문이다.

특별히 남자 청소년들은 짜증을 내며 바깥으로 우울증을 표현한다. 하지만 이들은 자신을 우울하게 하는 상황을 우울증으로 받아들이지 않는다. 그 대신 짜증의 감정을 그 순간 눈에 띄는 타인에게 표출하는 방식으로 폭력성을 드러낸다.

미국 네바다 주의 13살 된 중학교 남학생은 자신이 다니던 학교에서 비극적으로 인생을 마감하였다. 총을 내려놓으라고 말하는 수학 선생님과 친구 두 명을 쏘고, 자신은 자살하고 말았다. 그를 잘 아는 친구의 말에 따르면, 그 아이는 착하고 밝은 성격으로 다른 아이를 즐겁게 해 주는 성격을 가진 아이였다. 하지만, 다른 친구들로부터 따돌림을 받은 것이 그로 하여금 범죄자가 되게 한 것이다.

그 사건을 목격한 다른 학생의 말에 따르면, 그 아이는 곁에 있는 다른 친구들에게 마지막으로 고통스럽게 하소연을 하였다.

"너희들, 왜 나를 보고 그렇게 비웃는 거니? 도대체 왜 그러는 거야?" Why are you laughing at me? Why are you doing that?

소심하고 우울한 아이들에게 따돌림이란 얼마나 아프고 힘든 경험인지 모른다. 남자 청소년들에게 소외와 우울이 짜증과 폭력으로 변하는 것은 일순간이다. 남자 아이의 짜증과 불편한 마음을 부모가 간과하지 말아야 한다. 따뜻한 마음으로 불러서 그의 이야기를 경청하고, 그에 따르는 조치를 취해야 한다.

물론 청소년들의 우울증이 단 하나만의 원인으로 발생하지는 않는다. 특히 부모의 양육방식과 관련하여 전문가들은 '캐스케이드cascade 효과'[32] 즉 '폭포 효과'라는 말을 사용한다. 부모의 무관심한 양육이 지지 부족이나 감정적 고갈을 일으키고, 아이의 정서적 문제, 친구관계의 문제, 학교생활의 부적응과 학업성취도 저하 등을 일으키며, 강물처럼 시간을 따라 떠내려 가다가, 당황스러운 증상들이 폭포수처럼 한꺼번에 표출되는 것이 곧 청소년 우울증이라는 것이다.

특히 최근 급속도로 확산하는 페이스북, 트위터, 인스타그램, 그 외에도 알려지지 않은 네트워크를 통한 사이버 따돌림Cyberbullying은 청소년들을 자살로 내몰고 있다. 플로리다에서 자살로 생을 마친 12살의 한 미국 소녀는 사이버 상에서 친구들로부터 지속적으로 따돌림을 받았다.

"너 아직 안 죽었어?"
"넌 죽어야 해!"
"잠깐만, 너 왜 아직도 살아있지?"
"가서 죽어버려!"

부모가 전혀 눈치 채지도 못한 상황에서, 그 여학생은 상상도 할 수 없는 이런 끔찍한 메시지를 친구들로부터 반복해서 받았다. 혼자 외롭게 신음하던 그 여학생은 결국 높은 곳에서 뛰어내림으로써 안타깝게도 그 짧은 생을 마감하였다.

청소년들은 아직 성인이 아니다. 정서적 안정을 위해 부모의 면밀한 관심이 필요한 시간이다. 아이의 마음에는 관심이 없이, 무조건 좋은 대학에만 가라고 다그치는 것은 예상치 못한 결과를 초래한다. 청소년 자녀는 그 스트레스를 견딜만한 정서적, 신체적 준비가 되어 있지 않다. "다른 아이들도 다 그렇다."라고 쉽게 생각해서는 안 된다. 똑같은 스트레스라도 아이의 상태에 따라 견딜 수 있는 힘이 다르기 때문이다.

　한국 청소년들의 우울증은 세계 어느 나라의 청소년들보다 심각하다. 미국 고등학교의 아이들 가운데 10-15%가 우울증이 있지만, 한국의 청소년 남학생 28.0%, 여학생 38.2% 그리고 고등학교 3학년 여학생들 가운데 44.2%가 일상생활에 지장을 받을 정도의 몇 주간에 걸친 우울증을 경험하고 있다.[33] 이것은 매우 절망적이고 슬픈 일이다.

　미국의 중고등학교에 가보면, 맑고 깨끗한 가을날 오후에, 잔디밭 이곳저곳에서 스포츠 활동이 이루어지고 있다. 미식축구, 여러 명이 모여서 수 킬로미터를 무리지어 달리는 크로스컨트리, 실내에서는 배구, 겨울에는 농구와 볼링, 봄에는 자전거와 트랙 등 쉴 새 없이 아이들이 땀을 흘리며 맑은 하늘 아래에서 뛰어다닌다. 한국에서는 좀처럼 보기 어려운 부러운 광경들이다.

　대학에 대한 꿈 역시 소박하다. 자신이 살고 있는 주$_{state}$를 벗어나서 명문대학을 가겠다고 공부하는 아이를 찾기가 어렵다. 우리 눈으로 보면 꿈이라고 말할 수도 없을 만큼 그저 자기 주변에서 알려진 작은 전문대학에라도 가는 것을 목표로 삼는 아이들이 많다. 이에 비해 명문대학교 진학을 목표로 어릴 때부터 악기를 배우며 준비하는 학생들은 대개 아시아에서 온 중국, 인도, 한국 출신의 아이들이 많다. 학부모들의 기대가 큰 만큼, 이런 아이들에게 스트레스와 우울증 가능성도 그만큼 크다고 할 수 있다.

3. 청소년 우울증과 영적 위기

청소년 우울증은 "정신-영적$_{psychospiritual}$인 문제이다."[34] 청소년의 우울증은 신체적이고 정신적인 문제일 뿐만 아니라 하나님과의 관계에도 영향을 미치기 때문이다. 특히 부모의 따뜻한 양육이 결핍되어 우울증의 고통을 당하는 청소년들은 갑작스러운 회심으로 기독교의 신앙을 가질 수도 있다. 왜냐하면, 기독교 안에는 자신이 지금까지 경험하지 못한 하나님의 사랑, 예수 그리스도의 사랑, 성령님의 돌보심이 기록되어 있기 때문이다. 하지만, 기독교 진리를 접하지 못하는 아이들은 이단이나 마술 혹은 사교에 빠질 위험도 크다.

한편, 부모의 강요에 의해 억지로 교회에 다니던 아이들은 청소년기에 이르러 교회 다니기를 거부할 수도 있다. 자신의 마음을 제대로 이해해 주지도 않는 부모에 대한 반항심 때문이다. 어떤 중학생 딸은 교회 집사님인 엄마에게 "종교의 자유를 달라."라며 교회 가기를 거부하였다. 또 어떤 남학생은 자신을 따뜻하게 이해하지 않는 엄마에 대한 분노와 반항심 때문에 "엄마가 가는 천국에는 절대 가지 않겠다."라고 선언하기도 한다. 아이를 나름대로 신앙으로 키운다고 자부하던 부모로서는 기가 막힐 일이 아닐 수 없다. 하지만, 아이가 청소년으로 자란 후에는 좀처럼 자신의 판단을 양보하지 않을 것이다.

물론 따뜻한 말과 세심한 관심 가운데 자녀가 자란다면, 그들은 당연히 부모가 가진 기독교의 신앙을 그대로 유지해갈 것이다. 인격적이고 깊은 신앙의 유산은 결코 외형적인 형식이나 강요로 이루어지지 않는다. 아이들이 자라면서 필요한 인격적인 사랑의 영양분과 함께 전달되는 것이다.

자신의 주장이나 목소리가 부모에게 전혀 전달되지 않을 때 청소년들은 그 어떤 대체 권력을 추구한다. 특히 여자 청소년들은 자신을 보호해주거나, 자신이 의지할 만한 비밀스런 힘을 찾는다. 미국의 여자 청소년 가운데 3명 중 1명이 18세가 되기 전 성폭행을 당한다고 한다. 이런 사회적 위험과 여타 폭력의 위험에 노출될 때, 이들은 자신을 보호해줄 수 있는 그 어떤 영적 선택을 하기도 한다.[35]

여학생들이 피부로 느끼는 억압은 남학생들과 다르다. 개인적으로 경험하는 다양한 위험뿐만 아니라, 사회적으로 주어진 여성의 선택도 제한된다. 남성의 권위에 복종해야 한다는 무언의 압력들은 결국 자신들의 목소리를 억압하는 결과를 낳는다. 그것은 영적 혼란과 우울을 가져온다.

중학교 2학년이 된 어떤 여학생은 새로운 학교로 전학을 오게 되면서부터 심한 영적 혼란과 두려움을 겪고 있었다. 같은 반 아이들이나 선배 언니들과의 관계가 흔들리면서 불안 증세를 보이기 시작했다. 그러던 중 자신의 오래된 테디베어 인형이 방 안을 뛰어다니는 꿈을 꾸었다. 꿈속에서 그 인형은 "네가 미워하는 아이들을 내가 죽여줄게."라는 제안을 받았다. "안 돼, 안 돼!" 큰 소리로 울부짖으며 잠을 깼다.

그 이후로 자신이 선생님들로부터 책망을 듣거나 혹은 친구들로부터 어려움을 당할 때, 언제나 자신만 보고 들을 수 있는 한 여성이 나타나 자신을 도와주겠다는 말을 했다. 세련된 외모의 이 여성은 사실은 살아있는 사람이 아니었다. 그 아이는 그 여성을 자신의 "책사"라고 불렀다. 다행히 부모의 집중된 돌봄과 교회의 기도와 상담으로 이 여학생은 더는 그 책사를 의지하지 않게 되었다. 그 존재를 거부하는 데 다소 용기가 필요했지만, 그 아이는 잘 순종했다. 마음이 당황이 될 때 그것을 의지하는 대신, 하나님의 이름을 부르고 기도하며 하나님을 의지하는 법을 배웠다. 그리고 부모와 좀 더 긴밀하고 긍정적인 교제와 대화를 회복하고 하나님에 대한 예배도 회복하면서 어려울 때는 책사 대신 하나님을 찾게 되었다.

청소년들에게 가족과 인간관계의 불안정은 개인의 우울을 일으킬 뿐만 아니라 영적인 혼란까지 더하게 된다. 그런 영적 혼란으로부터의 회복은 성도 한 사람 한 사람의 사정을 들어주는 교회와 신실한 목회자를 통해 가능하다. 그리고 기독교의 신앙을 참된 건강의 척도로 여기는 좋은 상담자의 도움을 얻는 것은 더욱 바람직하다.

저명한 여성학자 캐럴 길리건Carol Gilligan의 말처럼 소녀들은 자신들만의 비밀스런 영적 자리를 추구한다.[36] 자신의 가치나 목소리를 인정해주지 않는 사회일수록 더욱 그렇다. 물론 그들이 기독교 신앙을 찾는다면 더 이상 바람직한 일은 없을 것이다. 하지만, 그럴 때조차도 교회는 이들을 면밀하고 섬세하게 도와야 한다. 그들의 불안정한 영적 관심이 교회 구성원들과의 인격적인 존중의 관계로 이어지도록 도와야 한다.

우울한 청소년들의 영적 혼란은 예고된 것이다. 안타깝게도 오늘날 다정다감한 많은 청소년 딸들이 부모의 무관심과 폭력으로 위협받고 있다. 사회는 그들을 성희롱과 성폭력에 방치하고, 교회는 영적 의미와 사랑과 소망을 소통하지 못한 채 그들을 차가운 길거리로 내몰고 있다. 이들이 긍정적인 자아상과 하나님과의 관계를 회복하도록 도우려면 부모의 인격적인 태도 변화와 교회의 섬세한 경청의 사역이 필요하다. 그것이 곧 영적 회복이라는 전인적 회복으로 이어질 수 있기 때문이다.

우울한 청소년들에게는 성숙하고 따뜻한 어른들이 절대적으로 필요하다. 그들의 한숨이나 바람을 놓치지 않고 귀 기울여줄 좋은 어른 그리고 상담자가 반드시 필요하다. 이처럼 따뜻한 돌봄의 환경, 곧 그들이 안전함을 느낄 수 있는 정서적 관계의 공간을 제공해야 한다. 이를 통해 폭풍과 혼란이 지배하는 청소년 시기가 자신감 있고 의미 있는 성장기로 다시 꽃피어 오를 수 있기 때문이다.

4. 숨은 조절자 The hidden controller

우울한 여자 청소년들은 남성들과 성관계를 반복함으로써 자신의 자존감을 높이려 한다. 하지만, 결국 자신이 원하는 것을 하나도 얻지 못한 채 더 깊은 우울에 빠진다. 우울한 남자 청소년들은 좀 더 위험하고 긴장감 있는 행동, 즉 폭력이나 속도나 가택 침입 등의 긴장감 넘치는 위험한 행동들을 통해 우울감에서 벗어나려고 애쓴다. 그러나 결국 자신의 생명까지 위험하게 만드는 지경으로 접어드는 청소년들이 많다.

우울과 마약의 결합은 비극적이다. 우선 마약이 우울한 기분의 해소에 도움을 주는 듯하지만, 마약 의존은 자기 자신을 점점 세상으로부터 소외시킨다. 자신의 충동을 만족하게 하려고 가족을 떠나 중독자들의 무리에 참여하는 횟수가 점점 늘어난다. 시간이 갈수록 더 많은 마약을 써야 처음의 해소 경험을 유지할 수 있다. 우울을 달래려는 마약은 결국 청소년의 미래를 앗아간다.

더구나 한국과 같은 성적 지상주의 사회에서 청소년 자살은 절망의 절정이다. 성적이 하락할 때마다 부모나 학교가 그들에게 보여주는 태도는 마치 인생의 실패자를 대하는 듯하다.

"왜 아빠는 제가 실패하는 걸 못 봐 주세요?"

아이들은 지금도 자신의 생존을 위해 부모들 앞에서 통곡하고 있다. 성공이 아니라 자신을 있는 그대로 사랑해 달라는 울부짖음이다. 우울하고 절망하는 아이들에게 위로와 격려는 너무 화려한 바람일까? 하지만, 고질적인 성적 우선주의는 성적 때문에 자녀마저 잃는 불행을 가져올 수도 있다.

에이미Amy는 15살의 미국 중학생이었다. 모든 과목에서 A를 받을 만큼 에이미는 성실하고 똑똑한 아이였다. 그런데 한 번은 그 중 하나를 B를 받게 되었다. 부모는 심각할 정도로 에이미를 야단쳤다. 생명을 끊기 전, 에이미는 마지막으로 엄마 아빠에게 유서를 남겼다. "제가 공부에 실패하면, 제 인생에 실패한 인간이 되고 마는 군요 If I fail in what I do, fail in what I am."37)

사랑하는 아이가 어떤 이유로든 자기 방으로 숨기 시작하면 부모는 신속하게 반응해야 한다. 가족이나 친구들과의 관계조차 멀리하기 시작하면 부모는 그것을 구조 신호로 받아 신속히 응급조치를 취해야 한다. 학교나 온라인에서도 아이가 친구들로부터 상처받아 고립되고 있지 않은지 부모는 살펴보아야 한다.

더구나 여자 청소년들은 작지만 잦은 상처가 치명적일 수도 있다. 그들이 일상의 작은 비극들에 대해 침묵을 깨뜨릴 때까지, 부모나 상담자들은 인내심을 가지고 그들 곁에 있어 주어야 한다. 그리고 어떤 사정이든 당황하지 않고 따뜻한 마음으로 아이의 이야기를 들어 줄 준비를 해야 한다. 고등학생이라 하더라도 아직 판단은 성숙하지 못하다. 그들도 작은 상처를 크게 해석하여 자칫 잘못된 선택을 할 수도 있다. 부모는 이들의 비이성적인 생각을 따뜻한 태도로 바로잡아주어야 한다.

부모의 따뜻하고 면밀한 관심이 우울한 아이들을 살린다. 저녁 식사시간이든, 잠자기 전 몇 분이든, 자녀와 함께할 시간이 없다면, 이런 따뜻한 관계는 불가능하다. 요식행위가 아니라, 학교 친구나 선생님, 그리고 그날에 있었던 아이의 일상적인 일들이 자유롭게 공유되는 시간이어야 한다. 물론 부모와 청소년 자녀가 함께 있다가 보면 대화보다 논쟁이 많아지기도 한다. 서로 의견이 부딪쳐서 부모가 난처해지거나 체면이 서지 않는 갈등 상황도 얼마든지 생길 수 있다. 하지만, 그렇다고 거기에서 물러나서는 안 된다.

가벼운 이야깃거리로 웃음꽃이 피기까지, 가족들이 식사 자리에서 서로 자기가 먼저 이야기하겠다고 목소리들이 커지기까지, 아이들이 아빠 엄마를 농담으로 놀릴 수 있을 때까지, 또 그것을 들은 부모가 허허 웃으며 함께 농담할 수 있을 때까지, 부모가 청소년 자녀의 친구가 되기까지, 부모는 청소년기의 최전방을 함께 지켜주어야 한다. 특히 딸들이 부정적인 이야기들을 거듭 곱씹어 되뇌지 않도록 부모는 따뜻한 훼방을 놓아야 한다. 세상을 어둡게만 볼 것이 아니라, 좀 더 밝고 아름다운 모습들을 볼 수 있도록 또 다른 시각을 주어야 한다. 단점이 아닌 장점, 절망이 아닌 가능성을 보도록 도와주어야 한다. 그런 의미에서 아직 어린 아들 딸들을 조기유학을 보내는 것은 아이를 버리는 것과 같이 위험한 일이다.

엄마 아빠의 과도한 간섭은 아이들의 숨을 멎게 한다. 일어나도, 앉아도 쏟아지는 날카로운 잔소리는 그나마 꿋꿋하게 살아가려는 아이들의 외로운 노력을 일시에 무너지게 한다. 그러므로 부모는 잔소리의 '모라토리엄'moratorium, 즉 잔소리 '일시 정지' 기간을 반드시 두어야 한다. 무슨 일이든 하고 싶은 간섭을 잠시 멈추고 조용히 먼저 생각하라는 것이다. 간섭하는 부모는 아이에 대한 관심이고 염려의 표시라고 주장하지만, 아이는 숨 막혀 죽을 지경이기 때문이다.

아이가 정말 부모의 기대와 가치관을 따라 자라기를 원한다면 부모는 아이를 사랑해야 한다. 그리고 사랑하는 마음을 표현해야 한다. 아이가 느낄 수 있을 만큼 사랑과 배려를 하지 않는다면 그것은 사랑하지 않는 것이다. 자기 방식대로가 아니라, 아이가 원하고 기뻐하는 방식대로 사랑해야 한다.

"아비들아 너희 자녀를 노엽게 하지 말지니 낙심할까 함이라"
_골 3:21.

부모의 관심이 좀 모자라도 아이들은 최선을 다해서 자란다. 하지만, 지나치게 모자라면 아이는 고아처럼 자기 혼자 자라게 된다. 지나치게 넘치면 아이들은 이상해지고 질식하게 된다. 부모와 지속적인 대화가 이루어지고, 아이들의 목소리가 부모에게 들려지고, 부모가 변하고, 아이들에게 부모의 뜻과 가치관이 따뜻하게 전달되면, 거기서 다른 어떤 유산보다 중요한 믿음이 다음 세대로 이어지게 된다.

아이에게 일어나는 조그만 변화라도 부모는 따뜻하고 자상하게 인식하고, 언제든지 그것에 대해 대화를 시작할 수 있어야 한다. 그러면 그 아이는 변덕스런 세상 속에서도 꿋꿋이 설 수 있다. 이야기할 누군가가 있기 때문이다. 그제야 비로소 부모는 자신이 가진 가장 귀중한 보화, 즉 그리스도에 대한 믿음의 가치를 아이들에게 전할 수 있게 되는 것이다.

그렇게 자란 아이들은 장차 지구 반대쪽에 가서 살아도, 이 시기에 부모와 함께 나눈 믿음의 기준을 따라 살게 된다. 부모가 눈에 보이지 않아도 마치 부모가 함께 있는 것처럼 결정하고 행동하게 되는 것이다. 그것이 곧 부모가 세상을 떠나서조차 자녀의 인생에 남아 있을 수 있는 "보이지 않는 조절자"가 되는 것이다.

청소년 우울증은 개인이나 가정의 비극적인 종말을 위해 있는 것이 아니다. 청소년 우울증도 결국은 하나님의 선물이다. 자녀의 외로움과 고통을 함께 느끼면서 부모가 변하는 시간이기 때문이다. 부모가 자녀에 대하여 더 따뜻하게 변하게 된다면 그것은 부모의 성장이며 성숙이다. 모든 결정을 부모 뜻대로 하던 어린아이 때를 잊어버리고, 자녀를 대화의 상대로 삼아 새롭게 관계를 만들어 가는 시간이다.

"가지 않은 길"The Road Not Taken 이라는 시로 한국에서도 유명한 미국 시인 로버트 프로스트Robert Frost 가 "비가 바람에"The Rain to the Wind 라는 시를 남겼다.

> 비가 바람에 말했다.
> '넌 밀어, 난 퍼부을 테니'
> 그렇게 그들은 정원을 내리쳤다.
> 그래서 꽃들은 사실상 무릎을 꿇었다.
> 그리고 죽지는 않았지만
> 쓰러져 바닥에 박혔다.
> 그 꽃들의 마음이 어땠을지
> 나는 이해한다.

아마도 프로스트 자신도, 마구 밀어붙이고 심하게 퍼붓는 주변 사람들로부터 고통을 당했던 것은 아닐까? 그래서인지 이제 그는, 비바람에 밀려 쓰러진 채 말없이 땅에 박혀 있는 꽃들을 생각 없이 그냥 지나치지 못한다. 그 대신 조용히 멈추어 서서, 바닥에 얼굴을 박고 흙이 묻은 채 쓰러진 꽃들을 안쓰럽게 바라본다. 그리고 그 꽃들의 마음을 이해하며 시인의 펜을 든다.

부모는 청소년 자녀의 마음에 관심을 둬야 한다. 내가 하고 싶은 말만 쏟아내지 말아야 한다. 아이가 비바람에 쓰러지며 얼마나 마음이 상했을까 생각하며 안타까워해야 한다. 자녀들에게 부모가 가장 필요한 시간은 그들이 쓰러지고 실패할 때이다. 다른 친구들에게 밀려 넘어졌을 때이다. 다른 집 자식보다 못났다고 꾸중할 시간이 아니라, 마음으로 혼자 눈물 흘리는 아이의 곁에 남아 주어야 한다. 그것은 회개하고 변해야 할 죄다. 그래야 아이들이 산다.

자신이 실패했다는 사실보다 부모의 조급한 판단이 아이들을 더 힘들게 한다. 기대에 미치지 못하는 아이에 대한 부모의 차가운 외면이 아이들을 더 아프게 한다. 과도한 기대는 실패했을 때를 위한 여유를 앗아가버린다. 이것은 아이들을 노엽게 하고, 낙심하게 하고, 우울하게 한다.

사랑하는 딸과 아들이 실패했을 때 부모는 그들에게 낯선 사람이 되어서는 안 된다. 차갑고 냉정하게 외면해서는 안 된다. 물론 부모라고 기분이 좋을 리는 없다. 하지만, 그럴수록 부모다워야 한다. 외려 자신의 마음속에 있는 실망의 감정을 누르고, 실패한 아이의 마음과 하나가 되어야 한다. 실패한 후의 한 시간, 하루, 한 주간의 마음 지도를 살피면서 따뜻하게 한 걸음 더 가까이 다가서야 한다. 만일 자신의 느낌만으로 충분하지 않을 때는 정중히 아이에게 물어보아야한다.

기분이 좀 어떠냐고…….
좀 쉬었느냐고…….
힘든 일 겪느라 정말 고생 많았다고…….

적어도 부모는 자신의 기분대로 말하거나 행동해서는 안 된다. 자기 기분은 상해도 아이는 보호해야 한다. 아이가 낙심하는 때라면 적어도 자기분노는 혼자 삭여야 한다. 부부는 함께 분노와 실망의 독을 우선 삼켜야 한다. 그리고 아이에게는 따뜻한 진심으로 물어 주어야 한다.

많이 힘들지는 않으냐고…….
어떻게, 이제는 좀 견딜 만하냐고…….

혼자서 그 힘든 시간을 겪으며 견디어 가는 아이에게 격려와 칭찬을 아끼지 말아야 한다. 실패는 아프지만, 끝은 아니라고 말해 주어야 한다. 그 실패 때문에 가장 마음이 아픈 아이를 가족들 안에서 소외시키거나, 비교하거나, 편애하지 말아야 한다. 실패의 쓴맛을 경험할 때는 아이가 예민할 수도 있다. 버릇도 없어 보이고, 부모의 권위를 무시하는 것처럼 보이기도 한다. 하지만, 차라리 그렇게 솔직하게 자신의 실망을 표현하는 것이 우울하여 침묵에 빠지는 것보다 백배 낫다.

부모 앞에서 버릇없다고 꾸중하기 전에, "네가 많이 힘들었구나? 얼마나 힘들면 그러겠니?"라고 말하며 한 번쯤 넘어가 주는 너그러운 여유가 얼마나 따뜻한가? 침묵하며 혼자만의 세계에 빠져드는 것보다, 자신의 불쾌한 기분을 불쑥 드러내면서, 부모 앞에서 자신의 감정을 편안하게 표현하는 것이 자녀로서는 더 건강한 것이다. 그러므로 부모는 그 불편함을 함께 견뎌야 한다.

물론 부모에 대한 예의라는 선을 지나치게 넘어가는 것은 때로 엄하게 경고하고, 지혜롭게 막아야 한다. 하지만, 부모가 아이의 실패를 따뜻하게 받아 주면, 그렇게 버릇없어 보이는 시간은 잠깐 후에 지나가버린다. 어떤 때든 아이들이 안전하고 편안하게 호흡하고 쉴 수 있는 가족 공간을 만드는 것이야말로, 청소년 우울증의 예방과 치료를 위해 부모가 해야 할 가장 중요한 일이다.

- 청소년 우울증은 눈에 좀처럼 띄지 않는다. 평소에 밝은 얼굴을 하고 있지만 돌아서면 급격하게 우울해지는 그들의 변화가 사랑하는 사람에게는 한눈에 보인다.

- 청소년 자녀가 "차라리 죽는 게 낫지!"라고 말한다면 우울증 중간 단계에 와 있다. 빨리 도움을 요청해야 한다.

- 우울한 남자 청소년들은 겉으로는 거친 행동을 하며 구조를 요청한다.

- 우울한 청소년들에게 따뜻한 돌봄의 공동체를 제공하는 것은 그들을 영적 안정으로 이끌어주는 길이다.

- 청소년 자녀에 대한 부모의 면밀한 사랑은 그들 평생에 살아갈 가치의 기준을 준다. 가정 안에서 잔소리는 멈추고, 친구처럼 서로 신나는 대화를 이어갈 수 있도록 분위기를 열어주는 부모의 노력이 필요하다.

- 아이의 실패를 따뜻하게 받아줄 수 있는가?

- 아이들이 귀가했을 때 집에서 편안히 큰 호흡을 내쉬고 있는가? 다른 어떤 곳보다도 우리 집이 가장 좋다고 말하는가?

제6장

우울증의 보편성과 그 함정

1. 우울증은 평등하다

우울증은 평등한 질병이다. 빈부귀천의 차이가 없이 우울증은 찾아온다. 집 안에 현금 보유액만 60억이 넘는 어느 여성은 평생 아이들을 가르치는 교사로 살았고, 아들들은 모두 일류 대학을 졸업한 전문가로 키웠다. 하지만, 우울증은 어김없이 찾아와서 그녀의 생명을 가져갔다. 어떻게 그런 비극이 왔을까?

우울증은 그리스도인에게도 전염된다. 신실한 믿음을 가진 사람이라 해도 우울증은 예외를 두지 않는다. 믿음이 없어서가 아니다. 하나님께서 진노하신 것도 아니고, 잘못이 커서 벌을 받는 것도 아니다. 하지만, 믿음의 사람도 쉽게 우울해지고, 자살의 충동을 느끼고, 마음이 늘 슬퍼진다. 왜 신실한 그리스도인에게까지 우울증은 찾아오는 것일까?

　우울증은 모두에게 평등한 아픔이다. 나이를 가리지도 않는다. 어린 아이들도 우울하고, 청소년들도 우울하다. 부모가 별거하거나 이혼하여 버림을 받았을 때 아이들은 말로 형언할 수 없는 슬픔으로 우울해진다. 갑작스러운 이사나 환경의 변화에 제대로 적응하지 못할 때 우울해진다. 친구들로부터 따돌림과 학대를 받거나 성적이 떨어질 때 아이들은 슬픈 아픔을 느낀다. 이들은 좌절 속에서 깊은 외로움을 느낀다. 겉으로 보여주는 미소 뒤에는 침울한 현실이 머리를 떨어뜨리게 한다. 그들의 얼굴은 아름답게 피어나는 대신 조용히 일그러진다. 더구나 대한민국 청소년들은 우울증에 취약하다. 높은 흡연율, 자살률, 가장 낮은 행복률이 그들의 우울증을 보여주는 지표들이다. 이 땅의 아이들이 불쌍하다. 그리고 그들에게 참 미안하다.

　앞서 언급한 그 여교사는 성공한 부부교사로서, 남편은 장학사와 교장 출신이었다. 그리고 누구나 부러워할 자녀의 부모가 되었다. 하지만, 성공한 남편이 자신을 뒷바라지해 준 아내에 대한 감사한 마음이 없었다. 아내 자신은 점점 나이가 들어 '추해져' 가는데, 새로 들어온 젊은 여교사들은 대학원 교육도 받고, 활기차고 똑똑하게 아이들을 잘 지도하였다. 많은 열등감이 마음을 눌렀다.

　교장인 남편은 그런 젊은 여교사들에게 둘러싸여 있었다. 아내로서는 남편이 그런 여성들에게 마음을 뺏기지나 않을까 하여 조바심을 낸 것이 한두 번이 아니었다. 남편 출세를 위해 뒷바라지하느라 자신은 늦게 달려오고, 저만큼 뒤떨어져 있었다. 하지만, 남편은 앞으로 잘만 나가고, 교사로서의 자신의 모습은 초라하기만 하였다. 그런 우울감을 그녀는 더는 견딜 수 없었던 것이다.

2005년, 미국 필라델피아에서 열린 미국종교학회the American Academy of Religion의 한 분과에서 필자가 논문 발표를 마쳤을 때, 어느 미국인 교수가 질문했다. 가난한 사람들뿐만 아니라 부자 여성들 가운데서도 우울증이 많은 이유가 무엇인가 하는 것이었다. 그것은 소유의 여부를 떠나, 함께 살아가는 남편과의 관계가 얼마나 편안하며, 그로부터 따뜻한 인정을 받고 있는가의 문제이다.

정말로 우울증은 빈부를 가리지 않는다. 부유하고 안정된 생활을 하는 여성들도 가족 안팎에서 존중과 사랑을 받지 못하면 우울해진다. 삶의 따뜻한 의미와 보람 대신, 자기 혼자만의 무거운 의무만 수행하며 산다면 얼마든지 우울해질 수 있다. 아내에 대한 남편의 인정과 사랑은 결정적이다. 자신은 남편을 위해 사랑으로 섬기고 희생하는 데 비해, 남편은 무관심하고, 감사하지도 않고, 아내를 따뜻하게 사랑하지도 않는다면 여성의 우울증은 급속도로 진행된다.

우울증은 평등하게 기회를 주지 않을 때 생기는 장애이다. 세상이 자신에게 공평하지 않다고 느껴질 때 생긴다. 어떤 계층, 배경, 인종, 성 혹은 나이에 상관이 없이 누구에게나 영향을 미칠 수 있다. 우울증은 모든 사람을 평등하게 찾아간다. 가장 위대하거나 가장 초라한 사람 간의 차별도 없이 고통과 공허감과 우울증으로 몰아넣는다.[38]

2. 우울증은 전염되고 대물림 된다

우울증은 가까운 사람들, 특히 사랑하는 가족들에게 전염된다.

우울한 아내 곁에 있는 남편은 그로 말미암아 무기력해지고 짜증이 난다. 힘이 빠지고 삶이 재미가 없다. 왜냐하면, 아내가 우울할수록 아내는 남편에게 날카로운 비난의 화살을 날리기 때문이다. 남편이 상처 입을 말을 정확히 골라서 저격수처럼 심장을 맞힌다. 아내의 우울증은 남편과 함께 살아가는 가족의 공간을 매우 무겁고 부정적인 공기로 가득 채운다. 우울은 가까운 사람들을 무겁게 전염시킨다.

우울한 남편 곁에 있는 아내도 역시 우울해진다. 가장의 우울증에 대한 걱정과 더불어, 모든 것을 조심하고 참아야만 하는 아내는 숨이 막힐 수밖에 없다. '이것이 사람 사는 것인가?' 하는 근본적인 회의와 절망이 지금껏 명랑했던 아내를 짓누르기 때문이다. 자신의 인생에서 남편의 역할은 너무나 중요한데, 그 남편이 우울하게 풀이 죽고 미래에 대해 절망할 때, 아내는 마치 자신의 인생에 절망이 찾아온 것 같은 더 큰 무거움을 느낀다.

우울한 남편의 아내들은 쉽게 풀이 죽는다. 젊은 시절의 밝고 긍정적이고 즐거웠던 생명력이 차가운 물에 젖어 축 처져 버린다. 그리고는 망연자실, 낙담, 분노, 응어리 그리고 속 깊은 한이 남는다. 이렇게 남편의 우울증은 아내의 남은 생기마저 빼앗아 간다.

우울증은 대를 이어 전파된다. 30세가 된 어느 여성은 자신의 이마에 대해 매우 강한 불만을 품고 있었다. 상담자가 보기에는 전혀 이상한 것이 없는데도 자신은 만족하지 않았고 성형도 마다하지 않았다. 그 이유를 찾기는 그리 어렵지 않았다. 어릴 때부터 언니만 사랑하고 자신을 싫어했던 엄마가, 외할머니와 하나가 되어 늘 했던 말이 있었기 때문이다.

"쟤 이마는 왜 저렇게 못생겼어? 꼭 자기 외할아버지를 닮았네!"

그렇다면 정작 문제는 이 여성의 이마가 아니었다. 이 여성의 이마보다 먼저 외할아버지에 대한 엄마와 외할머니의 미움이 원죄였다. 외할아버지의 이마를 싫어하시는 외할머니, 그리고 외할머니와 동맹을 맺고 자신의 딸을 심리적으로 공격하는 엄마, 그것이 삼대에 걸쳐 성인이 된 어린 영혼의 마음속에 깊은 상처를 남겨 준 것이다. 아마도 외할아버지 때문에 속상하고 힘들었던 외할머니는 자신의 딸에게, 그리고 그 딸인 엄마는 다시 자신의 우울하고 힘든 일들을 아무런 잘못도 없는 자신의 딸에게 물려준 것이다. 외할머니와 엄마는 그런 비난을 하며 자신들의 스트레스와 한을 풀었겠지만, 이 여성은 상담실에서 쏟아지는 눈물로 어린 시절부터 힘겹게 지고 온 짐을 조금씩 풀었던 것이다.

여성의 우울증은 자신이 양육하는 자녀들에게 영향을 미친다. 엄마의 우울증은 청소년 자녀, 특히 딸들에게 깊은 상처를 남긴다. 아이가 엄마를 불쌍하게 생각하고 엄마와 하나가 될수록, 아이 속의 불안이나 우울증은 더 풀기 어려운 실타래처럼 꼬이게 된다. 우울하고 힘든 엄마를 보며 딸들은 정서적으로 엄마에게 더 매이게 된다. 우울한 엄마에 대한 미안함과 죄책감과 무거운 책임감을 공유하면서, 심지어 엄마를 위해 자신이 죽어야겠다는 결심까지 한다. 그런 우울증은 대를 거쳐 손자와 손녀들에게까지도 영향을 미친다.[39]

물론 우울한 엄마도 아이들에게 좋은 엄마가 되려고 절박하게 노력을 기울인다. 하지만, 그들이 생각하는 좋은 엄마는 건강한 사람들이 생각하는 모습과는 사뭇 다르다. 그녀가 자녀와 따뜻한 인격적인 관계를 갖기 어렵다. 그 이유는 자기 속에 깊이 심겨진 "짜증, 무감각, 집중력의 결핍과 같은 우울증 증상의 직접적인 결과" 들 때문이다.[40] 자신의 소원과 달리 자기 안에 깊이 자리 잡은 우울한 요소들이 자녀와의 관계에 근본적인 영향을 미치기 때문이다. 게다가 좀처럼 변하지 않는 가정의 부정적인 분위기는 자녀들에게 큰 영향을 미친다. 재정적 어려움에 대한 과도한 염려나 가족들 간의 비인격적 대우나 폭력이 지속된다면, 우울증은 매우 강하게 자녀들에게 전염될 것이다.

일란성 쌍둥이들의 우울증 일치율은 50%이다. 그리고 이란성 쌍둥이는 20%이다. 이것이 말해주는 것은 유전적 요소가 중요하긴 하지만 100%가 아니므로, 우울증이 유전에 의해 결정된다고 말하기 어렵다는 것이다. 우울증은 유전적 요인과 더불어 한 사람이 자라 온 돌봄의 환경, 즉 중요한 가족의 관계에 의해 더 많은 영향을 받는 것이다.

아들이나 딸은 어린 시기에 엄마의 말과 표정에 의해 깊은 영향을 받는다. 우울증으로 홀로 서기조차 어려운 엄마의 아픈 말과 표정과 행동은 아이의 평생에 깊이 각인된다. "엄마의 우울증은 아이의 우울증을 일으키는 위험요소로 작용하기" 때문이다. 결국, 엄마의 우울증이 아들이나 딸에게 전달되는 것은 너무나 흔한 일이다. 그러므로 "우울증을 겪는 아이를 치료하면서 핵심적인 측면은 가족들 가운데 우울한 다른 사람들을 '함께' 치료하는 것이다."[41] 이는 한 개인에 대한 약 처방만으로는 우울증을 가진 개인을 바르게 치료하기 어렵다는 것을 보여준다.

딸 일곱을 낳고 우울증으로 40대에 세상을 마감한 한 엄마의 딸이 있었다. 그 딸은 지금 어느덧 50대가 되었다. 하지만, 지금껏 그녀의 삶은 어두운 밤의 인생 그 자체였다. 그녀는 어릴 때, 자기 엄마에게서 들은 가슴 아픈 저주, 즉 "너, 차라리 죽어버리지 않고 뭐해?"라는 말을 반복해서 들었다. 그런 자신의 삶에서 차라리 죽어버리는 것만큼 간절한 소원은 없었다. 지금도 남편이 폭언하며 횡포를 부리거나, 어려운 동생들과 늙은 아버지를 뒷바라지해야 하는 자신의 처지를 생각하면, 차라리 덤프트럭에 치여 죽었으면 하는 마음이 문득문득 스쳐 지나간다.

다행히 상담을 이어가면서 그녀는 자신의 고통과 아픔을 풀어놓았고 그렇게 전염성 강한 우울증에서 독성을 조금씩 빼낼 수 있었다. 고통을 주었던 사람들의 모습을 되돌아보고, 그렇게도 무거운 짐을 혼자 져야 했던 기억들을 다독거리며, 하나님 앞에서 자신이 얼마나 소중한 사람이었는지 다시 발견하게 되었기 때문이다. 아팠던 과거는 과거대로 보내주고, 지금 겪어 가야 하는 일들은 지금 풀어야 할 일로 구별하여, 남은 신앙과 삶의 자원으로 상담자와 더불어 어려움을 다루어가고 있기 때문이다.

우울한 사람이든, 다른 가족을 돌보느라 우울을 감추는 사람이든 간에 먼저 자기 자신을 따뜻하게 돌보아야 한다. 자신의 필요를 인식하고 우선 돌볼 줄 알아야 한다. 가족들에게 정직하게 자기의 고통을 표현하고, 가족들로부터 인정과 위로를 우선 받아야 한다. 가족들만 돌보느라 자신의 삶을 모조리 희생할 것이 아니라, 서로의 양보를 통해 건강관리와 친구들과의 만남, 쉼과 기도의 시간을 반드시 확보해야 한다.

우울할수록 일상적인 판단력은 떨어지고, 자신이 입은 피해에 대한 상처는 더 아프게 느껴진다. 피해를 준 사람에 대한 미운 생각이 깊어지고, 자신에 대한 연민도 커진다. 그럴수록 곁에 있는 사람들에 대한 표현도 날카로워진다. 그러므로 우울한 이들은, 할 수만 있다면 자신이 우울할 때 얼마나 날카롭고 예민하게 다른 사람을 힘들게 하는지를 자각하는 연습을 해야 한다. 곁에 있는 가족들이 힘들다는 것을 예상하는 것은 건강한 일이다. 옳고 그름에 대한 판단력은 급격히 떨어지는 순간을 멈출 수 있어야 한다. 자신이 극도로 예민해지는 순간을 포착하고, 그 예민함이 곁에 있는 가족들을 전염시키지 않도록 '사격중지'를 연습해야 한다. 현실이 아닌 일들까지 상상하며 불평하면, 가족들은 모두 그 곁에 머무르고 싶지 않기 때문이다. 무조건 피하려 하면서도 그 예민함은 닮아가는 것이다.

우울해지면 곁에 있는 사람들에 대해 쉽게 부정적인 판단을 내린다. 불평이나 항의를 잘한다. 모두 잠자는 시간에 혼자 쉬지 않고 어두운 생각에 몰입하거나, 깨어서 악성 댓글들을 단다restless. 눈이 빨갛게 충혈될 정도로 부정적인 에너지로 동요되어 있다agitated. 그렇다고 삶에 열의가 있거나listless 기민성이 있는 것도 아닌데도lethargic, 유독 다른 사람의 약점을 잡고 비판하는 데는 더할 수 없이 날카롭다. 이대로 내버려둬서는 가족들과 행복하게 하루를 지내기가 어렵다.

그렇다고 가족을 힘들게 한다며 자기 자신을 더 냉혹하게 비난하거나 책임지라는 말은 결코 아니다. 우울증은 자기가 혼자 책임질 병이 아니다.

우울증의 강한 전염의 고리를 끊어야 한다. 그렇지 않으면 사랑하는 자녀까지 무너진다. 현재의 가정뿐만 아니라 대를 이어 나타나는 우울증의 고리를 반드시 멈춰 세워야 한다. 이를 위해 당신이 일어나야 한다. 당신이 쓰러지면 모두가 힘들어진다. 하지만, 당신 자신의 건강은 가족 모두의 미소로 피어날 것이다. 이를 위해 당신 자신을 먼저 돌보는 일은 이기적인 것이 아니라, 가장 이타적인 행동이다. 스트레스와 우울로 자신이 탈진하지 않도록 자기를 돕는 것이 곧 가족과 이웃을 돕는 일이기 때문이다.

3. 우울증은 귀신들림이 아니다 No Demonizing

사람들은 자기와 생각이나 사상이 다른

사람을 만나면 낯설어서 피한다. 그리고 곧장 잊어버린다. 하지만, 그리스도인들은 자신과 생각이 조금만 다르면 그들을 사탄이라고 부른다. 그리고 잊을만하면 그것을 다시 떠올린다. 이것은 정말 무시무시한 정죄가 아닐 수 없다.

자기 교회당 건축에 대해 비판하는 사람들을 가리켜 사탄이라고 부르는 사람들도 있었다. 그 교회당의 신축 과정에 다른 그리스도인들에게 얼마나 많은 영적 부담과 거부감을 주었는지는 전혀 생각하지 못하였기 때문이다. 자신의 거짓과 불의를 드러내는 소수의 성도를 가리켜 '사탄의 무리'라고 정죄하는 목회자들도 있다.

"주여, 저 사탄의 세력을 물리쳐 주시옵소서!"

안타깝게도 그런 사람들은 정작 자기들 속에 있는 사탄을 보지 못한다. 우울한 사람들은 결코 사탄이 아니다. 외려 그들을 이해하지 못하고, 그들을 가리켜 믿음이 없다고 비난하며 낙심하게 하는 것이야말로 사탄적인 일이다. 우울하고 연약하여 상한 마음을 가진 사람들을 향해 버럭 고함을 지르는 것은 무지하고 무모한 일이다. 마음이 무겁고 답답하여 한나처럼 울부짖는 성도를 향해 "포도주를 끊어라."라며 맞지도 않는 말을 거칠게 하는 것이 사탄적이다.

"기차 화통을 잡수셨는지? 질질 짜면서 기도하는 것보다, 조용히 웃으면서 기도해도 하나님은 다 알아들으시잖아요?"

그 목회자는 우울하여 울부짖는 성도의 눈물을 닦아주지는 못할망정, 다시는 소리 높여 기도하지도 못하도록 그 입과 눈물조차 막아버렸다. 이것은 무시무시한 사탄질이다. 물론 우울한 사람으로 말미암아 가정의 분위기가 다소 무거워지거나, 공동체의 분위기가 가라앉을 수도 있다. 그들의 우울이 사람을 당황하게 하기도 하고, 몇몇 사람들에게 상처를 줄 수도 있다. 어떻게 해야 할지 몰라 허둥지둥 혼란을 일으킬 수도 있다. 하지만, 그들은 아픈 사람들이지, 악한 사람들이 아니다. 기도의 입을 틀어막아야 할 만큼 틀린 사람들이 아니다.

우울하여 고통당하는 형제나 자매를 사탄 보듯 이상하게 보고 소외시키는 사람들이야말로 자기 속에 사탄이 기웃거리고 있음을 알아야 한다. 행동이나 습관이 다르다고 사탄이라 부르는 것은 악한 일이다. 우울한 사람들은 절대로 사탄이 아니다. 누구 보기에 좋으라고 교회에 올 때마다 활짝 웃으면서 기도해야 하는가? "하나님께서 구하시는 제사는 상한 심령이라." 하였다. 하나님은 단 한 번도 "상하고 통회하는 마음을…… 멸시하지 아니하"셨다 시 51:17. 자신의 부족함 때문에 우울하고 무거운 표정을 가졌다고 하나님이 막으시는가? 그런데 어떻게 우리가 사람들의 상한 마음들을 보면서 함부로 멸시할 수 있을까?

우울증의 많은 사례는 구조적인 힘의 불평등과 인격에 대한 일방적인 폭력에 의해 발생한다. 남편에게 폭행당하는 아내, 사회에서 무능과 수치심을 느끼는 남편, 부모에게 위협과 폭언, 성폭력까지 당하는 아이들에게 우울증은 그림자처럼 찾아와 기숙한다. 그리고 그 모든 불의와 부정, 탐욕과 폭력이라는 인간악의 구조 뒤에는 다른 사람을 힘으로 지배하고 약탈하려는 사탄적인 욕구가 숨어 있다. 연약한 이들의 영혼을 쥐어짜는 그 불의한 사회적 구조와 힘의 불균형, 한 영혼에 대한 억누름이 곧 사탄적인 것들이다.

어린 여성들을 성폭행 혹은 성매매함으로써 한 영혼의 삶의 안전감을 파괴하는 것은 사탄적이다. 그 어리고 다정다감한 여성들의 현재와 미래에 심각한 우울증을 일으키는 것은 사탄적이다. 성폭행을 당한 여자 아이들이 성인이 되어 우울증을 경험할 확률이 52%에 이른다. 성폭행의 경험이 없는 여자 아이들은 그 절반 정도인 27%에 머문다. 그리고 신체적인 폭력을 경험한 여성들은 48%가 우울증을 경험하게 된다.[42]

사탄은 따로 있다. 우울증을 앓는 사람이 아니라, 다른 사람을 우울하게 만드는 사람들이다. 우울증은 지금까지의 삶이 너무나 아팠고 아직도 아프다는 외침이다. 우리는 그들의 외침에 주목해야 한다. 우울한 사람들은 귀신들린 것이 아니다. 하나님이 없는 상태에서 우울이 심해질 수는 있다. 장기간 우울증에 방치되면 영적 혼란과 귀신들림으로 귀결되는 수는 있다. 하지만, 우울한 사람들이 귀신에게 사로잡힌 것은 결코 아니다. 우울한 사람을 두고 귀신을 쫓아낸다며 축귀를 하는 것은 잘못된 것이다.

그들에게 필요한 것은 푸닥거리가 아니다. 사랑의 인내가 필요할 뿐이다. 만일 가족이나 배우자가 우울하다면 곁에 있는 사람들은 인내하고 견디며, 끝까지 그와 함께 가야 한다. 그리고 좋은 병원과 따뜻한 상담 전문가를 만나도록 인도하고 위로해주는 것이 우울증에 대한 바른 돌봄이다.

4. 우울증은 게을러서 생긴 꾀병이 아니다 No Moralizing

오래전 기독교 수도사들에게 우울증은 이해할 수 없는 게으름과 느림의 상징이었다. 그것은 영혼의 병으로 비쳤다. 그들은 우울증이 악마 중에서도 사람을 가장 무기력하게 만들고 억압하는 '정오의 악마'의 소행이라고 생각했다.[43]

그 당시 수도사들은 엄격한 규칙으로 하루하루 살아가고 있었다. 단조로운 사막 한가운데 세워진 수도원에서, 사랑하는 가족들과 헤어져서 생활하다 보니 수도사들 가운데 일부는 정해진 규칙을 따라 생활하지 못하는 사람들도 있었다. 행동이 둔해지거나, 수도를 위한 침묵을 견디지 못해 대화하려고 여기저기 기웃거리는 사람들이 생겼다. 엄격한 수도원 안에서는 이런 행동들이 수도원의 규율을 위협하는 심각한 게으름으로 비쳤다. 생각해 보면 그런 환경에서는 누구든지 그렇게 행동할 수 있었을 것이다. 그러다 보니 따뜻한 이해와 세심한 돌봄이 필요한 우울증을 뜯어고쳐야 할 게으름과 죄로 여기게 된 것이다.

우울증을 게으름의 죄로 여긴 전통은 그만큼 오래되었다. 오늘날도 교회 모임에서 우울로 말미암아 행동이 느린 사람을 볼 때 답답해하는 것은 비슷하다. 그것을 이해해주기보다는 꾀병 혹은 다른 사람을 이용하려고 요령 부리는 것으로 보는 것은 흔한 일이다.

평소에 부지런히 잘하던 요리나 청소 혹은 자신이 맡은 당번 일조차 제대로 해내지 못할 때, 그것은 곁에 있는 친구들을 피곤하게 하거나 눈살을 찌푸리게 하는 것은 분명하다.

하지만, 우울증은 응급상황이며 일시적인 상황이다. 속도와 협력이 필요한 공동체 안에서는 우울한 사람이 나무늘보처럼 느리다고 눈총을 받을 수 있겠지만, 그러한 도덕적 판단을 내리기 전에 다시 한 번 생각하고 배려할 필요가 있다. 우울증은 응급상황이기 때문에 보통 사람들과 같이 바라보는 날카롭고 차가운 판단을 보류해야 한다. 왜냐하면, 우울증은 아무런 조건 없이 먼저 사람을 이해하고 수용해야 하는 문제이기 때문이다. 좀 더 인내하며 우울한 사람을 이해하려 하지 않고, 외려 사람을 쉽게 판단해버리는 행동이야말로 더 큰 게으름인 것을 알아야 한다.

누군가가 우울증의 증상과 느린 행동을 보이면 아무리 급히 가던 걸음도 우선 멈추어서야 한다. 마치 경찰차나 소방차가 사이렌을 울리면 길에서 운행하는 다른 모든 차는 무조건 멈추어야 하는 것과 같기 때문이다. 불필요한 비난과 뒷이야기는 멈추어야 한다. 그 대신, 힘들어하는 사람의 행동과 표정을 진지하게 살피고, 언어와 손짓에 주의를 기울이고, 모든 행동의 의미를 묻고, 더불어 탐색해 갈 수 있어야 한다.

더구나 악한 마음은 금물이다. "저 사람 때문에 우리 구역이 안 돼!" "왜 갑자기 꾀병을 부리는 거야! 자기만 일하기 싫어?"라고 쉽게 말한다면, 그것은 그 영혼을 두 번 죽이는 일이다. 차라리, 어떻게 하면 그 사람을 도와줄 수 있을지를 생각하며 안타까운 마음으로 발을 동동 구르는 것이 더 바람직하다. 우선 마음으로 조용히 기도하며 우울한 사람의 말을 경청해야 한다. 좋은 사람들로부터 따뜻한 관심을 경험한 사람은 잠시 우울하다가도 머지않아 다시 원래의 자리로 돌아오게 되기 때문이다.

우울증을 경험해보지 못한 사람들은 우울증으로 아파서 활동이 적은 사람들을 게으르다고 말하기 쉽다. 그리고 단번에 그 문제를 해결하기 위해 운동을 강요한다. 사람이 두렵고 활동이 싫은 이에게 자꾸만 나가서 운동할 것을 요구한다. 사람이 두려워서 밖에 나가기 어렵다는데도 자꾸만 시장 구경을 가라고 충고 혹은 강요한다.

근면과 성실의 미덕을 강요함으로써 우울증을 퇴치할 수는 없다. 그것은 마음의 소리를 듣기 싫어하는 사람들의 일방적인 응급 처방에 불과하다. 우울증은 마음과 영혼의 병이다. 마음을 진단하고 보듬으려면 가던 길을 멈추어서야 한다. 아무리 급한 일도 멈추고서 잠시 천천히 가면서 힘들어하는 사람의 말에 귀를 기울여야 한다. 그럴 때 우리는 비로소 우울한 사람의 마음의 외침을 들을 수 있기 때문이다. 지금 운동하지 못한다고 게으른 사람이 아니다. 지금 혼자 시장에 가지 못한다고 의지와 믿음과 성실성이 없는 사람이 결코 아니다. 억지로 강요한다고 해서 우울한 사람이 씩씩하게 뛰어다닐 수는 없는 일이다. 하지만, 잠잠히 기다리면 하나님께서 치료하시고 일하시는 것이 보일 것이다. 우리는 그때까지 목소리를 낮추고 우울한 한 영혼의 소리에 조용히 귀를 기울여야 할 것이다.

5. 교회는 우울증을 가진 이들을 실제로 도울 수 있다

우울증은 위로를 받을 힘조차 없는 병이다. 물론 다른 정신적 어려움을 가진 사람들에 비해서 우울증 환자들은 따뜻한 돌봄에 대해 반응도 잘하고, 상담의 결과도 좋다. 하지만, 동시에 자기 자신에 대한 부정적인 점들에만 집중하고 있기 때문에 다른 사람의 도움을 요청할 힘이 없다.

그래서 우울한 사람들은 때로 교회를 절망하게 한다. 교회가 우울한 이들을 위해 베풀어 줄 수 있는 사랑과 섬김을 냉정하게 거절할 때도 있기 때문이다. 교회의 상담에 대해 불편해하고, 성도들의 도움에 대해 손사래를 치기 때문이다. 사실 교회가 우울증 환자에게 해 줄 수 있는 일은 너무나 막연하기도 하다. 그리고 도움을 제안하는 것 자체가 그들에게 불편을 줄 수도 있다. 왜냐하면, 우울한 성도들은 자기 자신에 대해 부정적인 이미지를 가지고 있기 때문에 다른 사람의 접근이나 도움을 쉽게 받아들이지 않을 수도 있다. 그들이 교회에 도움을 요청하고, 교회가 그들에게 손을 내밀면 서로에게 유익할 것 같지만, 우울증을 앓는 성도들은 그렇게 단순하게 반응하지 않는다. 자신에 대해 부정적일수록 교회의 도움의 손길이 부담스러울 수 있다.

우울한 사람이 관심도 없는 사람들에게, "나는 우울증이 있어요. 저에게는 이런 도움이 필요해요!"라고 말하는 것은 매우 어려운 일이다. 자신의 우울증을 다른 사람에게 알리는 것 자체가 매우 어려운 일이기 때문이다. 심지어 상담자가 그들을 만나서 그들이 가진 가능성과 장점, 하나님이 그들을 얼마나 사랑하는지 격려를 해주어도 그들의 반응은 냉담할 수 있다. 도와주려고 해도 자신들은 그런 것으로 도움이 되지 않는다고 직설화법을 구사한다. 도와주려고 하는 사람들의 인내심을 시험할 때도 있을 것이다. 팀을 만들어 우울한 사람들을 나름대로 도울 준비를 하는 교회와 성도들에게 이런 거절은 상처가 될 수도 있다.

심지어 자살 충동을 느끼고서 죽을 곳을 찾아다니는 사람이라고 해도 교회의 다른 성도들이 걱정해주며 자주 전화나 문자를 해주는 것을 싫어할 수 있다. 자신이 우울증을 앓는다고 해서, 다른 사람들이 요란하고 성대하게 대접해주며 다가오는 손길이 모두 그렇게 반갑지 않은 것이다.

하지만, 이들의 이야기를 자세히 듣고, 그들의 필요를 알고, 오래 참는 것은 그리스도의 사랑을 실천하는 것이다. 그들에게 우선 가장 중요한 것은 그들이 따뜻함을 느낄 수 있는 가족 같은 손길이다. 장황하지 않더라도, 자신을 따뜻하게 이해해주는 구역 혹은 소그룹의 너그러운 권사님 한두 분이면 충분하다.

교회 안에서 상담을 공부한 전문가의 섬세한 권면이 있다면 더욱 바람직할 것이다. 그래서 훈련된 몇 사람의 리더들을 통해 우울증과 같이 특별한 필요를 가진 성도들을 위한 작은 '지지 모임'{support group}을 구성할 수도 있다. 비밀과 안전이 보장된 작은 모임에 서로 헌신하도록 동기를 부여하고, 이 모임들을 통해 그들의 필요를 더 깊이 알아가려는 것이다.

우울한 사람들은 집에서 음식을 준비하거나 청소할 힘조차 없을 때도 있다. 혹시 우울증을 가진 성도들이나 이웃들이 혼자 하기 어려워 도움을 요청하는 집안일들이 있다면, 도울 여력이 있는 사람들이 서로 힘을 모아 도와줄 수도 있다. 운동이 필요한 사람을 위해 비슷한 나이의 동성 친구들이 외출이나 등산 혹은 독서 모임 등에 조용히 초대할 수도 있다. 부드럽지만 약간의 고집을 부려서라도 그들을 건강한 활동으로 끌어낼 필요가 있다.

물론 교회가 도움을 준비하는 모든 과정은 전적으로 도움을 받는 사람의 동의 아래 이루어져야 한다. 이들을 돕는 것은 섬세하고 조심스럽게 이루어져야 한다. 우울증으로 자존심이 상한 사람들이 많겠지만, 그들의 품위를 세워주면서 교회가 그들의 치료 과정에 의지할만한 상대임을 조용히 설득해가야 한다. 무엇보다 이들을 위한 교회의 사역은 인내를 요구하는 장기적인 사역이어야 한다. 교회가 작은 호의를 베풀었다고 병이 금방 낫지는 않는다. 물론 빨리 회복하는 사람도 있겠지만, 생각보다 시간이 더 걸리는 사람들이 많다. 비현실적으로 성급한 치료의 목표를 세우는 것보다, 좀 더 현실적으로 장기적이고 인내가 필요한 사역임을 기억하는 것이 더욱 바람직하다.

이런 사역의 실행을 위해서는 한 단계 한 단계 성령님의 도우심이 필요하다. 성령 안에서 인내와 사랑이 필요하다. 성령님의 지혜를 구하며, 우울증을 경험했거나 이해하는 소수의 따뜻한 사람들을 모집해야 한다. 무척이나 조심스러운 사역을 위해 집중이 필요하다. 영적으로 집중하고, 여기저기 소문내지 않고, 사적이고 집중된 배려를 하는 것이 핵심이다. 성령님의 인격을 닮은 조용한 환경을 만들고, 리더 모임을 통해 사역의 내용을 면밀하게 관찰해야 한다. 서로 마음의 거리를 조정하면서 면밀하고 따뜻하게 관찰하되, 돕는 이들이 예상치 못하게 받을 상처와 거절에 대해서도 기도 가운데 나누고 위로할 준비가 필요하다.

교회는 우울한 사람들을 위한 피난처가 되어야 한다. 이들을 마음에 품는 선한 사업에 낙심해서는 안 된다. 우울증 환자의 거절이나 예민한 말들을 개인적으로 받아들이며 기분 나쁘게 여기지 않아야 한다. 좀처럼 진척이 없을 때에도 마음 내키는 대로 함부로 내쳐서는 안 된다. 사람 때문에 아파 본 그들의 숨고 싶어 하는 본능을 또다시 이해하고, 그들에게 쉽게 실망의 빛을 내비치기보다는 변함없이 그 자리에 있어 주는 교회가 되어야 한다. 그리고 돌보는 사람들이 하나의 팀을 이루어, 서로 격려하며, 지치지 않도록 팀원들끼리 서로 돌보아 줄 필요가 있다.

부상당한 짐승이 굴러가는 낙엽에도 소스라치게 놀라며 경계하듯이 우울의 상처를 품은 이들은 작은 일에도 매우 놀란다. 교회는 그것을 너그럽게 이해하고 끝까지 희망의 손을 놓지 말아야 한다. 그것이 주님께서 교회를 세상에 세우신 이유이기 때문이다. 두려움을 이기는 유일한 무기는 희망이다. 그리고 우울한 이들을 위해 참된 희망을 뿜어 올리는 유일한 생명의 샘은 그리스도를 믿는 교회 공동체이다.

우울증으로 아픈 사람들의 절망을 따뜻하게 보듬는 것이 교회의 사명이다. 병을 고치겠다고 성급하게 덤벼들거나 위협하지 말고 편안한 거리를 유지해야 한다. 나를 섭섭하게 대한다고 우울한 사람을 떠나지 말고 나에게 차갑다고 나마저 차갑게 대하지 않고 오려려 더 따뜻하게 대해야 한다. 그들이 나를 아프게 한다고 호의를 멈추지 않고, 마음으로 언제 요청할지도 모를 도움을 준비하며 그 뒷모습까지 지켜봐 주는 따뜻함, 그런 그리스도의 마음을 가진 것이 교회이며, 그것이 결국 우울을 치료한다. 그리스도의 교회는 우울을 치료할 수 있고, 이길 수 있고, 최후의 승자가 될 것이다.

다른 어떤 정신적 어려움이나 장애보다 우울증의 치료는 큰 성과를 거둘 수 있다. 시간의 차이는 있겠지만 적절하게 도움을 받으면 열 명 가운데 거의 아홉 명 정도는 우울증에서 자유로워질 수가 있다. 예를 들어 오늘날 상담자들이 익숙한 인지치료 상담도 좋은 효과를 가져온다. 인지치료는 우울증이라는 고통스러운 현실을 바꾸려 하기보다는 환자의 부정적인 사고방식을 바꾸도록 돕는 것이다. 부정적인 자기 이해나 자기 해석을 좀 더 현실적이고 긍정적으로 해석하도록 돕는다. 머릿속의 부정적인 자기 인식 혹은 현상의 인식은 부정적인 감정을 일으킨다. 부정적인 감정은 삶에서 일어나는 사건과 기억조차 부정적으로 왜곡시킨다. 많은 우울증 환자들은 생각의 왜곡과 거기서 오는 부정적인 감정으로 고통당한다.

인지치료는 부정적인 이해와 감정을 현실적이고 더욱 중립적인 생각을 하도록 돕는다. 환자로 하여금 자신과 주변 환경에 대해 보다 긍정적이고 적극적인 시각을 갖도록 돕는 것이다. 특히 "자기 자신의 가치worth와 능력competence에 대한 〔긍정적인〕 인식"으로 우울한 생각들을 대항하는 것이 핵심이다.[44] 사고가 긍정적으로 바뀌면 자신을 부정적으로 보던 우울증 증상이 상당히 완화될 수 있다.

치료를 위한 이런 사고방식의 변화는 그리스도의 복음과 부딪치는 것이 아니다. 사고가 바뀐다고 삶이 본질적으로 바뀌는 것은 아니지만, 우울하여 자기 생명까지 위협하는 이들을 그리스도 안에서 자신의 존재 가치와 삶의 긍정적인 기억을 되살리도록 돕는 것은 성경적이다. 종교개혁가 루터도 우울한 사람들이 자신의 생각이 아닌 사탄이 준 정죄와 참소로 고통당하고 있다고 믿었다. 우리가 즐거운 생각을 하는 것을 사탄은 견딜 수 없어 한다. 따라서 우울한 그리스도인들은 그리스도의 사랑을 기억하고, 성경말씀과 신령한 노래를 즐기고, 금식 대신 음식을 먹고, 결코 혼자 있지 말기를 권면하였다.

성경의 약속은 분명히 인간으로 하여금 자신의 존재를 사랑하고 긍정하게 한다. 우울한 사람이 성령의 도우심으로 기도할 때, 하나님께서는 그가 얼마나 하나님의 사랑을 받는 존재인지 생각나게 해 주신다. 지금까지 그의 삶이 얼마나 특별한 사랑을 받은 것이었는지 기억하게 하신다.

우울한 사람들은 "자기에게 부정적인 메시지만 수집하는 수집가"와 같다. 하지만, 성령님은 "생명의 영이시며, 좌절의 늪에 빠진 어느 한 영혼도 빼앗기지 않으시는 능력의 영"이시다.[45] 교회는 그 성령님의 사자들이다. 우울에 싸여 몇몇 사람의 화난 얼굴이 클로즈업되고, 그것이 자기의 가치를 평가하는 전부인 것처럼 느껴질 때, 성령님은 사랑의 기억들을 통해 그런 부정적인 자기상을 교정하신다. 부모님이 주신 특별한 사랑의 기억들은 물론이고, 주변의 친구들과 선생님과 교회 성도들로부터 받은 칭찬과 격려, 나를 향한 가족의 기대와 사랑과 같은 객관적인 자신의 본질을 보게 하신다.

그런데 사탄은 인간 사고의 습하고 부정적인 것들을 좋아한다. 그래서 그 우울의 덫에 걸리면 우리가 스스로 무너질 때까지 우리의 가치를 깎아내리며 조롱한다. 거짓된 죄책감과 정죄로 우울한 영혼들을 고문하며, 암담한 우울의 늪에 걸려 허우적거리게 한다. 루터는 그리스도인들이 우울할수록 자신들에게 사랑과 존중의 마음으로 더욱 가까이 다가오시는 그리스도를 믿을 것을 강조하였다. 성경의 약속과 성령의 역사는, 다른 어떤 인지치료보다도 중요한 특효약이다. 그리스도 안에서 하나님의 형상을 온전히 회복시키는 작업은 성령님의 특허이다.

- 우울증은 빈부를 가리지 않는다. 남편으로부터 따뜻한 존중과 사랑이 없으면 경제적으로 부유한 여성들도 우울증에 쉽게 노출된다.

- 우울한 가족을 돌보는 사람들은 자신을 돌보지 못해 우울해진다. 가족을 돌보아야 하는 짐이 무거울수록 자신이 숨을 쉴 수 있는 공간이나 친구가 반드시 있어야 한다.

- 쉽게 우울해지는 당신 자신을 우선 돌보는 것이야말로 가장 이타적인 행동이다. 다른 사람을 돌보기 전에 먼저 당신 자신에게 무엇이 필요한지 알고 챙기는 것은 결코 이기적인 것이 아니다.

- 우울한 사람은 사탄이 아니다.

- 우울증은 응급 상황이지만 또한 일시적인 상황이다. 모든 무지한 평가와 판단을 보류해야 한다.

- 교회는 우울증을 가진 사람들을 위한 피난처가 되어야 한다. 그들의 품위를 존중하고, 섬세하게 그들의 음성에 귀를 기울이고, 인내하면서, 그들을 밝은 모임과 습관으로 이끌어주어야 한다.

제7장
우울한 이들에게

1. 절대로 '아무한테나' 알려서는 안 된다!

마음 깊은 우울을 가진 한 성도가 필자에게 전화하여 울면서 하소연을 하였다.

"목사님, 교회 상담실을 찾아갈 수도 없어서 이렇게 전화를 드려요. 사람들이 볼까 봐 두려워요. 내가 우울증 약을 먹는다는 것을 다른 사람들이 알면 나를 어떻게 생각할까 무서워서, 사람들 눈에 띌까 봐, 목사님 가서 뵙고 싶어도 정말 못 가겠어요."

우울한 사람들의 경계심은 정말 크다. 많은 사람에게 상처를 받아 그들은 우울해졌다. 그런데 자신의 약하고 우울한 모습이 알려지면 얼마나 더 많은 수군거림과 따돌림으로 상처받아야 할까 하는 염려가 죽을 만큼 무섭기 때문이다. 하지만, 누군가와는 반드시 마음을 터놓고 얘기를 해야 한다. 우울한 사람은 자신의 경험을 그 누군가와는 솔직하게 이야기할 수 있어야 한다. 그래야 우울은 치료된다. 하지만, 절대 '아무에게나' 연약함을 알려서는 안 된다! 자신을 이해하지 못하는 사람들에게 자신의 우울함에 대하여 쉽게 이야기하는 것은 스스로 위험에 빠뜨리는 행위이기 때문이다.

친한 친구 혹은 사랑하는 가족이라 하더라도 우울한 마음을 제대로 이해해주는 것은 아니다. 대다수의 평범한 사람들은 우울한 사람을 이해하거나 인내할 줄 모른다. 조금이나마 애정을 가진 사람이라면 그저 사실이 아니기를 바라고, 한여름 소나기처럼 빨리 지나가기만을 기다릴 것이다. 물론 정말 사랑하는 몇몇 사람들은 참 많이 같이 아파하며 안타까워할 것이다. 그들은 때로 안타까운 나의 처지를 보며 어쩔 줄 몰라 하며 할 말을 잃는다. 하지만, 거기서 끝나지 않기 때문에, 우리의 우울증을 아무에게나 말할 수 없다.

"믿는 사람이 우울증은 무슨…… 쯧쯧쯧."
"그렇게 약해서 어떡하니?"
"아니, 네가 뭐가 모자라서 우울해? 멀쩡한 남편 있겠다, 자식들 잘 컸겠다, 든든한 재산 있겠다, 도대체 네가 뭐가 아쉬워서 그래?"
"아이고, 가족들이 불쌍하다!"

세상에는 참 이해할 줄도 모르고, 말할 줄도 모르는 단순한 사람들이 많다. 교회라고 다르지 않다. 마음의 이야기를 들을 줄도 모른다. 우울한 마음은 고사하고, 분명한 말도 제대로 못 알아듣는다. 필요한 말이 무엇인지는 고사하고, 어쩌면 그렇게도 정확하게 해로운 말들만 골라서 한다. 차라리 이런 사람들은 주위의 누가 우울증을 겪고 있다는 것을 모르는 게 더 낫다. 그만큼 말할 줄 모른다. 교회의 리더라고 해서 모두 다 이해를 해 주는 것은 아니다. 기도 제목을 핑계 대면서 자칫 동네방네 "이 사람 우울증 환자래!"라며 소문내는 방송국이 될 수도 있기 때문이다.

하지만, 사랑하는 가족들을 포함해서 조금 더 나은 사람들도 많다. 그들은 그나마 따뜻한 위로의 마음을 전해준다.

"좋은 생각하고 바람 좀 쐬면 나아질 거야."
"힘든데 내가 좀 해 줄 일은 없어?"
"네가 많이 힘들었구나! 기도할게!"

동네에서 가게를 운영하는 사람이 우울증으로 신경정신과를 찾아간다면 그 사업을 접어야 할 수도 있다. 사람들이 그를 정신이 온전하지 못하다고 여길 것이기 때문이다. 우울증은 그만큼 자존심 상하는 병이다. 자신의 우울증을 아무에게나 말하는 것은 너무나 위험한 일이다.

2. 하지만, 어떻게든 알려야 한다

우울증 환자에게 붙은 사회적인 '스티그마'stigma, 즉 '낙인'은 파괴적이다. 우울증은 정신병psychosis이 아님에도, 무지한 사람들은 우울증을 그 이상으로 생각하며 업신여긴다. 그래서 우울증 환자들이 정직하기는 더 어렵다. 물론 안전한 상담자를 만나기도 쉬운 일은 아니다.

하지만, 그럴수록 우울증을 가진 사람은 누군가를 찾아 이야기를 나누어야 한다. 편안하지 않은 나의 무기력과 절망을 전부 말할 수 있는 사람을 찾아야 한다. 자신의 절망을 읽어주고 받아줄 수 있는 사람을 찾아야 한다. 부끄럽다고 숨기지 말고, 현실에서 도망하여 숨지도 말고, 자신의 경험을 빠짐없이 말할 수 있는 안전한 사람과 이야기할 기회를 찾아야 한다. 그것이 살아남는 길이다. 나를 이해해주는 사람이 없다고 입을 다무는 것은 우울을 더 깊게 할 뿐이다.

그렇다면, 가장 안전한 자기 고백 혹은 독백부터 시작하자. 내 인생의 절망과 한계에 대하여 자신의 말로 풀어내는 것이 반드시 필요하다. 사실 당신은 그 말이 실어낼 수 있는 의미보다 더 깊은 인생의 쓰라림을 맛보고 있을 것이다. 말이나 글로 실어내는 순간 벌써 자기 아픔의 크기가 평가 절하된다는 느낌이 있을 것이다. 그래도 얼굴 찡그리며 최선의 단어를 선별하여 자신의 우울의 고통을 그려보는 과정이 반드시 필요하다.

당신은 입으로 말을 해야 한다. 손에 펜을 쥐고 글을 써야 한다. 그리고 자판기를 두드려 마음을 기록해야 한다. 왜냐하면, 미국의 알코올중독자 치유그룹AA에서 흔히 사용하는 표현처럼, "당신은 꼭 당신이 가진 비밀의 크기만큼 아프기You are only as sick as your secrets" 때문이다. 말하지 못할 비밀이 클수록 마음의 아픔은 클 수밖에 없다. 그러나 표현하기 시작하면서, 아픔은 조금씩 줄어든다.

우울한 사람이 말을 하지 못하는 이유 중 하나는 수치심 때문이다. 이들은 다른 사람들이 자신의 연약한 모습을 보게 될까 봐 두려워한다. 망가진 자기 인생에 대해 자존심도 상하고, 또한 자신의 처지를 말했을 때 돌아올 사람들의 시선을 부담스러워한다. 다른 사람들이 자신을 못난 사람 혹은 나쁜 사람으로 볼 것이기 때문이다. 입을 연다는 것 자체가 얼마나 끔찍한가?

그래서 여기에 지혜가 필요하다. 누구에게 말을 해야 하고, 또 언제, 어디서 이야기를 함께 나눌지 선택을 해야 한다. 길을 지나가는 낯선 사람을 붙들어 놓고 내 우울한 사정들을 말할 수는 없는 노릇이기 때문이다. 나의 일그러진 언어들을 있는 그대로 받아 줄 수 있는 사람들이 많지 않을 것이다. 누구에게 가기 전, 아직 사람을 대면하기 전에 우선 하나님을 만나서 말씀드리는 것은 어떨까? 가장 안전하고 확실한 상담자는 하나님이시기 때문이다. 시편 43편에 나오는 말씀대로, 내가 지금 느끼는 그대로를 '언어화'하여 하나님께 독백을 풀어놓아도 괜찮다.

"내 인생은 왜 마치 버림받은 것처럼 보일까?"
"왜 내 인생에는 은총의 햇빛이 거두어진 것 같은가?"

우리 하나님은 분명히 당신의 언어를 돋보기로 자세히 읽어 보신다. 힘이 없어서 비뚤어지고 꼬리가 흐려지는 당신의 글들을 자세히 살펴보신다.

신실한 목회자 혹은 교회의 신실한 상담자를 찾는 것은 우울증 치료의 지름길이다. 때로 적절한 약 처방을 위해 정신 질병을 다루는 전문의들의 도움도 반드시 필요하다. 하지만, 의료서비스 구조상 그들이 우울한 사람의 이야기를 오랫동안 경청할 시간이 많지 않은 것은 안타까운 일이다. 우울한 사람은 누군가에게 반드시 이야기를 해야 한다. 어떤 형태로든 자신의 어려움과 힘든 처지에 대해 표현을 해야만 한다. 어렵고 힘든 안팎의 형편을 누군가에게는 반드시 이야기해야 한다. 만일 누군가와 함께 나의 깊은 이야기를 나눌 수만 있다면 그것은 치료에 한 발짝 다가서는 일이다.

우울증이 겹쳐서 술이나 도박이나 인터넷 중독에 빠진 사람들도 비밀의 침묵에서 벗어나야 한다. 침묵을 깨뜨리고 자신의 이야기를 전함으로써 실제적인 도움에 한 걸음 다가서는 것이다. 별것 아니라고 생각하고는 혼자서도 얼마든지, 또 언제든지 해결할 수 있다고 굳게 믿는 한 치료는 멀어질 뿐이다. 무슨 이유로든 우울한 사람의 말은 꺾이지 않아야 한다. 마음에 담긴 해묵은 이야기들이 연이어 풀어져 나와야 한다. 때로 그것이 날카로운 잔소리처럼 느껴지고, 심각한 비난을 담고 있어도 우울한 사람의 이야기는 꺾임 없이 마음의 교도소에서 풀려나야 한다. 물론 그것을 견디는 사람에게는 인내와 분별력이 있어야 한다.

자신의 어려움에 대해 말을 하는 것은 짐을 나누어지는 것이다.

그러다 보면 불필요한 짐들을 떨쳐버릴 수도 있다. 여자들보다 남자들이 덜 우울한 이유 가운데 하나는 우울한 감정을 다양하게 표출하기 때문이다. 여성들은 우울한 일과 감정에 몰입하는 경향이 있는 데 반해, 남성들은 일을 통해서 혹은 취미나 외향적인 활동을 통해서 그것을 흘려 내보낸다.

한편 남성들이 폭언이나 폭력으로 표출하면 온 가족들이 고통을 당한다. 우울증에 남성들과 같은 산만함이 필요한 이유는 우울에 집중하는 에너지를 분산시킬 수 있기 때문이다. 우울하게 하는 염려나 두려움, 걱정이나 과거의 상처에 몰입하는 대신에 보다 덜 해로운 다른 생각들을 하려고 노력해야 한다. 자신이 가진 더 좋은 장점과 나를 사랑해 준 사람들, 그리고 하나님께 받은 좋은 선물들에 대한 감사함에 빠져들어야 한다. 그렇게 할때 우울이라는 깊은 우물에서 고개를 들 수 있을 것이다. 그래야 자신이 산다.

물론 우울한 사람의 이야기를 끝까지 인내하며 들어줄 수 있는 가족들도 많지 않다. 그래서 훈련받은 상담자가 필요하다. 상담 전문가를 만나는 것을 주저하거나 두려워하지 말아야 한다. 잘 훈련된 상담자는 우울한 이들에게 더 할 수 없는 치료의 상대가 될 것이다. 그래야 우울한 사람들 곁에 있는 가족도 산다.

내게 찾아온 우울증을 떨쳐버리려고만 하지 말고, 적어도 그 맛이 무엇인지는 기억해야 한다. 인생이 주는 쓸개의 맛은 즉시 떨쳐 내버려야 할 해충이 아니라, 맛보고 경험해야 할 약과 같다.

건강한 사람들의 목소리는 매우 선명하다. 우울한 사람들의 목소리는 흐릿하고 어둡다. 자기 표현을 잘하는 아이는 자신의 싫고 좋음을 분명하게 말한다. 그런 아이는 화가 날 때에도 두려워하지 않고 외친다.

"넌 이제 절교야!"
"아저씨 때문에 우리 엄마가 넘어졌잖아요! 이제 어떻게 하실 거예요?"

명랑하고 건강한 아이는 억울한 상황에서 자신을 위해 말을 할 줄 안다. 물론 그런 아이의 이야기를 받아주지는 않고, 외려 버릇없다고 침묵시키는 것은 아이의 우울을 키우는 것이다.
우울한 아이들은 억울한 상황에서도 깍듯이 예의를 갖춘다. 어이없는 일을 당해도 외려 자신의 존재를 감추고, 자신의 목소리를 숨기려고만 한다.

"저는 괜찮아요."

사실 이 말은 곧 버림받을 것만 같은 자신의 절박한 두려움을 서둘러 감추는 말이다.

"저 같은 아이는 이런 일 겪어도 돼요! 제발 저를 버리지만 말아 주세요."

가슴 아픈 자기 비판과 참회의 목소리, 가슴 저린 자학의 목소리가 우울한 아이들의 입속에 맴돈다. 그러다가 얼굴에 또 한 줄의 그늘을 남기고 이내 미끄러지듯 사라진다. 예의 바르고 정중하지만, 마음은 무겁다. 무엇보다 자기 자신을 어떻게 표현해야 할지 몰라, 다른 사람들의 소리에 불안해하고 당황한다. 마음의 두려움에 놀란 이들을 따뜻하게 품고, 눈물 젖은 이야기 보따리를 열게 해주는 사람은 영혼에 쌓인 독을 해독시켜주는 사람이다.

3. 자신처럼 우울하고 힘들었던 사람들을 생각하자

"○○○ 목사님은 왜 그렇게 우울증을 앓으셨어요?"

"그분도 저처럼 많이 우울하시고 괴로우셨나 봐요. 그러니까 사역도 그만두시고, 운전도 못 하실 만큼 아프셨겠지요?"

우울해서 힘들 때, 동병상련의 처지에 있는 다른 사람들이 있다는 것은 위로가 된다. 그들도 자기처럼 어려운 가운데 하루하루 믿음 안에서 버티어 가고 있음을 알게 되면 우울한 이들은 거기에서도 힘을 얻는다. 세상에서 우울한 사람이 자기 혼자만이 아니기 때문이다. 그러므로 우울증을 앓는 이들은 자신보다 더 힘든 환경에서 살아가는 다른 사람들의 삶을 살펴볼 필요가 있다. 이웃들 가운데, 혹은 텔레비전이나 인터넷에서 힘든 이웃들의 삶을 적극적으로 찾아볼 필요가 있다.

"같은 시대를 살아가는데, 저분들은 어떻게 저렇게 어렵게 살아갈까?"

"그렇게 힘든데도 열심히 살아가려고 애쓰고 있구나!"

자신처럼 우울하고 힘든 사람들을 찬찬히 그리고 자세히 들여다볼 수 있다면 적지 않은 위로를 받을 수 있을 것이다. '저 사람들은 어떻게 그런 우울의 고통을 견디어 왔을까? 똑같은 그리스도인인데 그들도 우울했었구나?' 이런 생각은 틀림없이 우울증을 가진 사람들에게, 마치 같은 처지의 누군가가 자신들과 나란히 함께 걷고 있다는 것에서 큰 위로가 될 것이다.

그 사람들 덕분에 우울한 사람들은 힘을 얻는다. 힘들 때 결코 자기 혼자만 이런 일을 당하는 것이 아님을 알게 해 주는 것이 이런 이웃들이기 때문이다. 우울증을 앓았던 많은 위인도 마찬가지이다. 그들에게도 우울한 일과 우울한 날들이 많다는 것은 외로움 속에 내가 결코 혼자가 아님을 얘기해준다. 또 혹시 아는가? 내가 우울하다는 사실 때문에 다른 누군가가 똑같은 위로와 힘을 얻을 수 있을지 말이다. 우울을 이기며 살려고 몸부림치는 나의 모습을 보며 세상의 그 누군가는 용기를 갖게 될지도 모르지 않는가?

하나님은 실망에 빠진 엘리야에게 그 자신처럼 바알에게 무릎 꿇지 않은 사람 칠천 명이 있음을 말씀해주셨다. 우울하고 외로운 사람들에게 자기와 똑 닮은 사람이 있음을 알게 하는 것은 극단적인 비극을 피하게 하는 중요한 처방이다. 왜냐하면, 그 이상하고 외로운 곳에 자기만 혼자 있는 것이 아님을 알게 될 때 그 무거운 아픔과 짐이 가벼워지는 것을 경험할 수 있기 때문이다.

이와 더불어 자신을 위해 기도하는 그 누군가가 있다는 것을 기억한다면 그것은 삶의 새로운 차원에 접어드는 것과 같다. 행여 그 누구도 나를 기억하지 못한다고 해도 우리의 중보자이신 예수님, 우리의 연약함을 위해 간구하시는 성령님 롬 8:26이 계신다는 것을 기억한다면, 우리는 깊은 우울의 늪에서 한 걸음 더 견고한 땅으로 나서게 될 것이다.

그래서 우리는 래니 울프 Lanny Wolfe 가 작사, 작곡한 찬양 '누군가 널 위해 기도하네' Someone is Praying for You 를 이제 따뜻하게 읊조릴 수 있게 된다.

당신이 지쳐서 기도할 수 없고
눈물이 빗물처럼 흘러내릴 때
주님은 우리 연약함을 아시고
사랑으로 인도하시네

누군가 널 위하여 누군가 기도하네
네가 홀로 외로워서 마음이 무너질 때
누군가 널 위해 기도하네
당신이 외로이 홀로 남았을 때
당신은 누구에게 위로를 얻나
주님은 우리 상한 맘을 아시고
사랑으로 인도하시네

우울증이 있었던 사람들의 이름을 말해 보라고 한다면 한 페이지로도 모자란다. 그 중 몇 명만 들어 보면, 누구나 존경해 마지않는 아브라함 링컨 Abraham Lincoln 대통령으로부터 시작하여, 영국 총리 윈스턴 처칠 Winston Churchill, 영국 작가 찰스 디킨스 Charles Dickens, 화란 화가 반 고흐 Vincent van Gogh, 덴마크 철학자 키르케고르 Søren Kierkegaard, 종교개혁자 마르틴 루터 Martin Luther, 이탈리아 화가이자 조각가 미켈란젤로 Michaelangelo, 오스트리아 작곡가 모차르트 Wolfgang Amadeus Mozart, 물리학자 아이작 뉴턴 Isaac Newton, 미국 작가 마크 트웨인 Mark Twain 과 버지니아 울프 Virginia Woolf, 캐나다 출신의 배우이자 코미디언인 짐 캐리 Jim Carrey 등의 이루 셀 수 없는 사람들이 우울증을 가지고 있었다.[46]

그 가운데 지금까지 16,000권에 가까운 책의 주인공이었던 링컨은 가족력에서 시작하여, 젊은 시절부터 깊은 우울증을 앓고 있었다. 『링컨의 우울증』 Lincoln's Melancholy 이란 책에서 저자인 조슈아 솅크 Joshua Shenk 는 링컨에게 우울증이 있었다는 것은 공적으로 이미 인정된 사실이었고, 그의 친구들이 링컨의 자살을 염려하며 경계를 하고 있었을 정도로 그의 우울증은 심각했다고 말한다. 링컨 자신도 "나는 현재 살아있는 모든 사람 중에 가장 비참한 사람"이라고 말했다. 그리고 그의 친구였던 헌던 William Herndon 에 따르면 "대부분 그의 상태는 침울과 슬픔이었다."라고 말한다.[47]

이 책의 서두에는 러시아의 문호 톨스토이의 이야기가 등장한다. 톨스토이가 당시 깊은 산 속에 살면서 문명의 혜택을 전혀 받지 못하던 코카서스 Caucasus 의 한 부족 추장을 만나, "세상에서 가장 위대한 통치자"의 이야기를 전해 주었다. 이 지방은 터키와 인접한 러시아 연방 남쪽 지역으로, 유럽과 아시아의 경계선에 있는 매우 높은 고산지대이다.

톨스토이가 추장에게 당시 문명의 발달과 산업화에 대해 이야기할 때 그는 아무런 관심도 기울이지 않았다. 하지만, 알렉산더 대왕, 프레드릭 대제, 시저, 나폴레옹 그리고 조지 워싱턴에 이르기까지 위대한 왕들의 이야기를 들려주었을 때에는 모든 가족과 이웃들을 불러서 이야기를 들었다. 추장과 가족들은 입을 다물지 못한 채로 왕들의 정복과 승리에 대한 톨스토이의 이야기에 귀를 기울였다.

톨스토이가 이야기를 마쳤을 때, 그 추장이 손을 들고 일어나 매우 진지한 표정으로 질문했다. "하지만, 당신은 세상에서 가장 위대한 장군이자 가장 위대한 세계의 통치자에 대해서는 한마디도 하지 않았습니다. 그는 영웅이었습니다. 그는 천둥과 같은 목소리로 연설하였고, 그의 웃음은 태양이 떠오르는 것과 같았습니다. 그의 행동은 바위처럼 강하고 단단하였으며, 장미의 향기처럼 감미로웠습니다. ……그의 이름은 링컨입니다."

이에 톨스토이는 다시 링컨의 가정과 어린 시절, 그의 지혜에 대해 이야기했다. 그들은 링컨의 검소한 삶에 놀랐다. 그의 죽음에 대해서까지 빠짐없이 이야기를 했을 때, 링컨에 대해 그렇게 알고 싶어 하며 여러 가지 질문을 했던 그 부족의 뜨거운 관심은 이제 만족의 눈으로 변했다. 그리고 그들은 링컨의 사진을 꼭 한 장 구할 수 있기를 바랐고, 톨스토이는 그렇게 하기로 약속을 하였다.

이튿날, 추장은 톨스토이의 이야기에 감사하여, 약속한 대로 자기 부족이 가진 말들 가운데 가장 우수한 아라비아산 말 한 마리를 선물로 주었다. 톨스토이가 떠나는 길에 다른 용사 한 사람과 이웃 마을 친구의 집에 들러 커다란 링컨의 사진 한 장을 구해 주면서 그와도 작별 인사를 했다.

  톨스토이는 그 이별의 장면을 이후에도 잊을 수가 없었다. 그 사진을 받아 든 용사의 얼굴은 마치 거룩하게 기도하는 사람처럼 진지해졌고, 손은 떨리기 시작했다. 그리고 그의 눈에는 눈물이 고였다. 이것을 목격한 톨스토이는 그 사람에게 왜 그렇게 슬퍼하는지 물었다.

> "내가 슬퍼하는 것은 그가 그런 무가치한 원흉의 손에 죽어야 했기 때문입니다. 선생님도 한 번 보십시오. 이 사진에 있는 것처럼, 그의 두 눈에는 눈물이 가득히 고였고, 그의 입술에는 비밀스러운 슬픔이 담겨 있지 않습니까?"[48]

  링컨은 우울한 사람이었다. 하지만, 그의 우울증은 그의 삶을 더욱 위대하게 만들었다. 우울증은 링컨을 재선에서 승리하게 하는데 중요한 공헌을 하였다. 남북전쟁의 시기에 그의 외로움과 우울과 고뇌를 기억하는 미국인들이 그를 더욱 사랑하고 신뢰하여 또다시 대통령으로 선택하였기 때문이다. 링컨의 우울증은 큰 고통속에서 자신의 삶을 가까스로 지탱하면서도, 그 고통이 영감이 되어 원수들까지도 품게 하였다. 그는 우울증으로 더 많은 사람을 유익하게 했던, 어쩌면 '역사상 가장 위대한' 대통령이었다.

심한 우울증에도 링컨은 남북전쟁으로 부상당한 병사들을 직접 찾아가 위로하고 축복한다. 2012년, 스티븐 스필버그Steven Spielberg가 감독한 '링컨'Lincoln이란 영화를 보면, 그는 끊임없이 병사들과 대화한다. 그들 한 명 한 명의 사정에 귀를 기울여 듣는다. 무엇보다도 노예의 해방을 위해 노심초사하며 정치가들을 설득하고 기도한다. 그 와중에도 유머를 잊지 않고, 어린 막내아들의 좋은 친구가 되어 준다.

산후 우울증을 포함한 남녀의 모든 우울증에서 "효과적인 상담 심리치료를 통한 조정은 특별히 매력적인 치료"[49]임은 이미 널리 알려졌다. 거기에 덧붙여, 자신과 닮은 또 다른 우울한 사람들, 삶과 죽음 사이를 고민하며 괴로워하던 사람들, 더구나 링컨과 같이 위대한 사람들이 있었음을 아는 것은 큰 위로가 된다. 우울증의 고통을 품고 사는 것 자체가 고통이지만 또한 얼마나 큰 가능성을 가지고 있는지 우리에게 보여주는 것이다.

4. 우울한 사람을 돌보는 이들에게(1)

1997년 8월에 갑작스러운 사고로 세상을 떠난 다이애나 황태자비, 그녀가 첫째 아들을 임신했을 때에 몹시 우울했었다. 그녀는 황실의 다양한 규율과 의무에 낯설어하고 있었고, 남편의 무관심으로 고통당하고 있었다. 한 번은 임신한 자신의 몸을 계단으로 굴려버리는 바람에 여왕이 소스라치게 놀라기도 하였다.

그녀는 절망적으로 남편에게 매달리며 눈이 빠질 만큼 울었다.
 하지만, 계속하여 힘들다고 말하는 아내의 말에 지친 찰스 황태자는 "당신은 또 '늑대가 나타났다 crying wolf.'라고 거짓말하고 있어. 난 이제 더는 듣기 싫어. 당신은 언제나 나에게 이 모양이야. 나는 이제 말을 타러 나갈 거야!"라고 외치고는 자기 혼자 나가 버렸다. 말을 타고 돌아와서도 그는 그녀에게 전혀 무관심하였다.[50] 평소 황태자의 성격 자체가 무관심하거나 무자비하지는 않았다. 가능한 한 자신의 아내를 이해하고 도우려는 성격이었다. 하지만, 아내 다이애나의 우울하고 외로운 마음을 모두 이해하기에는 한계가 있었다. 힘들어하는 아내와 함께 있지 않고 무심하게 나가버림으로써 아내는 깊은 상처를 받았던 것이다. 상처는 두 사람 모두의 몫이었다.
 이 글의 제목에 우선 관심을 둔 분이라면, 아마도 지금쯤 사랑하는 사람의 우울을 안타깝게 바라보며 기도하는 분일 것이다. 우울한 가족을 돌보는 사람은 참 아프고 힘든 길에 들어서 있다. 왜냐하면, 우울한 사람과는 가장 기본적인 사랑의 소통이 제대로 이루어지기 어렵기 때문이다. 서로 노력을 하면서도 서로 상처를 받는다. 그뿐 아니라 사소한 감정의 갈등으로 가정의 화평이 요동칠 수 있다.
 우울한 이들과 그들을 돌보는 사람 사이의 대화는 감정이 실린 평행선을 이어간다. 우울한 이들은 다른 사람에 대한 낯섦과 긴장을 계속 가지고 있다. 대인기피증이 동반되면 오랫동안 아는 사람들조차 만나거나 대화하기를 꺼린다. 전화로 대화하는 것조차도 매우 힘들어한다. 왜냐하면, 우울한 사람은 대화 한 마디, 상대방의 표정 하나, 문자 하나가 담는 감정까지도 예민하게 읽어내기 때문이다. 그들의 삶은 자신조차도 매우 피곤하게 한다.

그 결과, 건강한 가족들도 우울증의 무겁고 부정적인 대인관계에 영향을 받는다. 가족들도 점점 다른 사람들과의 만남을 피하게 되고, 어쩌다 마주쳤을 때 어색한 분위기 때문에 부담스러워한다. 연약한 가족을 돌보는 일이 자신의 가족관계나 대인관계에 또 다른 형태의 부담으로 다가오게 되기 때문이다. 이것은 돌보는 이들이 어쩔 수 없이 겪어야 할 부담이다. 우울한 이들은 대인관계에 대해 예민하고, 작은 상처도 크게 느낀다. 돌보는 이들은 사람 관계를 두려워하거나 회피하는 모습까지도 경청하며 받아주어야 한다.

어린 시절부터 우울하여 공황장애를 가진 어느 20대 여성에게는 큰 불평이 한 가지 있었다. 가까이에 살면서도 자신을 제대로 돌보아주지 않는다며, 자신의 언니와 형부에 대한 원망으로 눈물 지었다. 자신이 필요할 때 전혀 도움을 주지도 않고, 자신은 일주일 내내 혼자 방치된 느낌으로 살고 있다는 말이었다. 어릴 때부터 자신을 싫어하고 차별한 부모님과는 연락을 끊었고, 자신이 의지하는 것은 언니네 가족밖에는 없었다. 그러나 그녀는 그들의 관심 정도가 자신에게는 만족스럽지 않았다. 하지만, 정작 언니나 형부를 만나보면, 동생의 그 긴 우울의 시간 동안 주어진 형편에서 그들은 나름대로 온 힘을 다하고 있었다. 언니는 언니대로 어릴 때부터 오랫동안 우울한 여동생의 엄마 노릇을 해 오고 있었다. 우울하고 아픈 동생의 기대와 거기에 부응하는 언니 가족의 돌봄이 서로 어긋나 있으면서, 사실상 그 고통은 양쪽 모두가 받고 있었다.

앞서 언급한 것처럼, 가족 가운데 우울한 사람이 있을 때에 돌보는 사람들은 거의 여성들이다. 그리고 그런 여성들의 우울증 발생 가능성은 크다. 그만큼 많은 인내와 희생의 눈물이 요구되기 때문이다. 우울한 사람들의 가족 의존도는 매우 높다. 그만큼 대인관계가 제한되어 있기 때문이다. 세심하고 좋은 돌봄은 당연히 긍정적인 효과를 가져온다. 하지만, 동시에 인간이라면 누구라도 저지를 수 있는 사소한 실수나 작은 무관심으로 말미암아 가족들의 마음은 쓰라려진다. 우울한 사람으로부터 쏟아져 나오는 날카로운 비난이 돌보는 사람의 마음을 쓰리게 만들기 때문이다.

자신은 사랑으로 섬겼다고 생각하는데, 사랑을 받고 있다는 말보다는 외려 '전혀' 사랑받지 못하고 있다는 말을 듣게 될 것이다. 정말 서운하고 상처가 되는 말이다. 물론 그럴 때는 자신을 돌아보고, 가능한 한 우울한 가족이 원하는 방식으로 양보하는 것이 좋다. '내가 생각할 때 더 좋은 방법'이 아니라, 그녀가 원하는 대로 맞추어 가자는 것이다. 바꿀 수 없는 것들에 대해서는 솔직하게 말할 수 있어야 한다. 그것을 우리는 '한계'라고 부른다. 돌보는 사람도 인간인 이상에 자기 힘으로 바꾸기 어려운 상황이나 성향들이 있다. 비록 우울한 사람이 다 이해해 주지 못한다 하더라도 어찌할 수 없는 부분은 서로 받아들일 수밖에 없기 때문이다. 그런 부분에 대해 정직하게 설명하는 것이 돌보는 사람 자신을 보호하는 일이다.

물론 말로 할 수 없는 우울증의 고통에 대해, 따뜻한 상담자이신 성령님의 도우심을 반드시 구해야 한다. 우울증의 고통은 당사자뿐만 아니라 돌보는 사람에게도 크게 다르지 않다. 그럴 때, 우울한 사람이나 그를 돌보는 사람 모두에게 성령님의 위로와 치료가 필요하다. 우울한 사람의 격한 분노와 처절한 절망의 마음을 따뜻하게 품어주실 분도 성령님이시다. 동시에, 돌보는 사람의 절망과 억울한 원망의 마음을 따뜻하게 녹여주실 분도 성령님이시다.

그리고 여기에 우울한 사람과 그를 돌보는 이가 함께 기도해야 할 짧은 기도문 하나가 있다. 저명한 신학자 라인홀드 니버_{Karl Paul Reinhold Niebuhr}의 기도문이다.

> 하나님!
> 바꿀 수 없는 것을 받아들이는 평온과
> 바꿀 수 있는 것을 바꾸는 용기를
> 그리고 그 차이를 분별하는 지혜를 주옵소서.

5. 우울한 사람을 돌보는 이들에게(2)

혹시 우울한 사람의 상황이 점점 나빠진다면 그들을 돌보는 이들의 죄책감도 더 커진다. 자신이 미처 해주지 못한 것 혹은 잠깐이라도 자신이 주었던 상처에 대해 더 깊이 절망하며 자책할 것이다. 만일 배우자가 우울하다면, 자기 때문에 배우자가 우울해졌다는 '들리지 않는' 비난까지도 짊어질 수밖에 없다. 물론 배우자의 잘못으로 말미암아 우울증이 오게 되는 경우도 많다. 우울한 이들의 이야기를 들어 보면, 사실 배우자의 외도와 같은 결정적인 실수가 우울증을 촉발하게 되는 것도 사실이기 때문이다. 그런 잘못을 저지른 사람의 양심은 더 혹독한 형벌을 받게 될 것이다.

죄책감과 섭섭함과 분노는 늘 함께 다닌다. 아무리 우울해도 이렇게 도우려고 노력하는데 이것을 제대로 알아주지 않을 때, 곁에서 돕던 사람마저 분노로 우울해지는 것이다. 그렇게 따뜻하게 돌보며 배려하고 노력하는데, 용서나 화해는커녕 외려 자신을 무가치한 사람으로 취급할 때 섭섭하고 화가 나는 것은 당연하다. 당장에라도 모든 것을 때려치우고 싶을 만큼 절망스럽다.

하지만, 돌보는 사람은 좀 더 건강한 사람으로서 조급함과 원망을 내려놓아야 한다. 그리고 배우자의 연약함을 더 품을 수 있는 그릇이 되게 해 달라고 기도해야 한다. 자신이 한 걸음 더 물러서고, 한 번 더 참을 용기를 가져야 한다. 그리고 우울한 사람은 성령 안에서 오랜 분노를 내려놓고, 상대방의 한계를 차분히 받아들여 자신의 감정이 격해지지 않도록 기도해야 한다. 우울함으로 착색된 논쟁 속에서 감정적으로 개입하기보다는, 서로의 연약함을 이해하고 조금 더 귀 기울이는 연습을 할 수 있는 만큼 계속해야 한다.

성경의 의인 욥은 세상에서 가장 급작스럽게 우울해졌던 사람 가운데 하나이다. 처음엔 그의 소유가 다 빼앗기고, 열 명의 자녀가 한꺼번에 부모 곁을 떠났다. 그다음엔 자신의 몸이 머리끝부터 발끝까지 병들었다. 이젠 곧 죽는 것만 남은 것 같았다.

그때 아내가 와서 외친다.

> "당신이 그래도 자기의 온전함을 굳게 지키려는 거예요? 하나님을 욕하고 죽어버리세요!" _욥 2:9

만일 욥이 우울했다면, 자식을 한꺼번에 잃어버린 '어머니'였던 그의 아내는 정신병이 들었을 것이다. 물론 이 말만 두고 보면 그녀는 '악처'일지도 모른다. 하지만, 하나님은 그렇게 이해하지 않으셨다. 비록 그녀가 사탄의 의도를 그대로 발설한 죄를 지었지만, 그녀는 그 비참하고 우울한 순간 사탄의 도구였을 뿐이다. 하나님은 그녀를 통해서 다시 열 명의 자녀를 주셨기 때문이다.

사악하기까지 한 그 아내의 이야기를 들으면서, 재를 뒤집어쓰고, 질그릇 조각으로 몸을 긁던 남편 욥이 대답하였다.

> "당신의 말이 어리석은 어떤 여자가 하는 말 같네요. 우리가 하나님께 복만 받고, 불행은 받지 않겠어요?" _욥 2:10

극도로 우울한 순간이라도 곁에 있는 사람의 좀 더 담담한 응답이 필요하다. 그런 담담함은 하나님에 대한 순전한 믿음에서 온다. 처음에는 재산, 두 번째는 사랑하는 자녀를 잃고, 그리고 끝에는 신체마저 고통당하는 처참한 순간에도 욥이 이렇게 담담한 대답을 할 수 있었던 것은, 그의 영혼이 의지한 대상이 눈에 보이는 것들이 아니었다는 뜻이다. 사탄의 참소는 거짓이었고 욥의 온전함은 참이었다.

사실 돌보는 이들을 가장 두렵게 하는 말은 우울한 가족들이 차라리 죽고 싶다고 하는 말이다. 물론 우울한 사람으로서는 절박하고 강력한 메시지를 보내는 것이다. 가족들 안에서조차 그 말을 자제하기에는 우울의 고통이 너무 크기 때문이다. 그리고 그런 표현을 해버림으로써 자신의 마음은 다소간 평안을 찾게 되는 것도 사실이다.

하지만, 가족들로서 그것은 감당하기가 너무나 어려운 말이다. 무엇보다 그런 끔찍한 푸념을 반복해서 들어야 하는 가족으로서는 양심의 압박감을 느낀다. 그런 절망이 반복되면 긍정적인 변화보다는 사람이나 상황을 무조건 회피하려는 마음만 생긴다.

찰스 황태자가 그랬던 것처럼 처음에는 친절하게 이해하며 돌보던 사람들도 시간이 지날수록 짜증이 올라오는 것을 느낀다. 원망과 답답함이 찾아온다. 머리가 아프고, 숨이 막히고, 속을 답답하게 하는 우울의 마음이 이제는 돌보는 사람 안에서도 꿈틀거리기 시작한다. 그 답답함 때문에 대개 남편들은 집을 뛰쳐나가곤 한다. 도대체 어디서부터 어떻게 해야 할지도 모르겠고, 이러다가는 자신도 답답해서 미칠 것 같기 때문이다. 한 인간의 우울과 연약함이 가져오는 무게가 어쩜 이렇게 무겁고 힘든지, 곁에 있는 사람을 왜 이렇게 힘들게 하는지 모를 지경이다.

그러므로 우울한 사람을 돌보는 이들을 위한 외부의 도움의 손길은 반드시 필요하다. 혹시 비슷한 처지에 있는 다른 친구나 이웃이 있다면 함께 만나서 진지하게 서로의 경험을 나눌 필요도 있다. 돌보는 사람도 돌봄을 받아야 할 사람들이기 때문이다.

교회는 우울증 가족을 돌보는 사람들을 위한 모임과 기도회를 열어야 한다. 왜냐하면, 그들이 소진되도록 방치해서는 안 되기 때문이다. 함께 모여 서로의 사정을 나누고, 서로 격려하며, 정보를 공유할 수 있기 때문이다. 만일 교회나 주변에 상담 전문가가 있다면 더할 나위 없이 좋은 기회가 될 것이다. 이들은 돌보는 이가 영적으로 소진하지 않도록 안내해주는 좋은 가이드가 될 것이다.

아울러 힘든 순간순간 하나님을 찾아서 자신의 삶에 주어진 그 연약함의 의미에 대해 끊임없이 질문할 필요가 있다. 우울한 가족을 도와야만 하는 이런 삶의 의미가 무엇인지 묻고, 하나님의 대답이 있으면 깨닫게 해 달라고 기도해야 한다. 하나님께 치열하게 매달릴수록 우울하고 아픈 가족에 대해서는 더 여유로워질 것이다. 끝까지 가정을 벗어나지 않고, 더욱 세심하게 연약한 가족을 도울 수 있다. 마음의 따뜻함을 유지하기 위하여, 돌보는 이들은 지속적으로 자신의 영혼을 관리해야 한다. 욥은 자신의 아내를 끝까지 떠나지 않고 사랑하였다. 긴 인생에서 보면 가족의 우울은 잠시 지나가는 폭풍과 같다.

우울은 당신의 가족 관계를 자멸하게 하는 무서운 장애물이 될 수도 있지만, 하나님 안에서 당신을 더욱 거룩하게 하고 견고하게 하는 하나님의 소중한 선물일 수도 있다. 비록 가족의 우울로 친구들과의 관계가 어려워지거나 외부 사람들에게 오해를 받더라도, 당신은 끝까지 사랑하는 가족, 우울한 한 사람과 더불어 남아 있어야 한다. 사랑의 첫 번째 덕목은 언제나 오래 참는 것이다 고전 13:4. 성령께서 당신을 위로하시며 새 힘을 주실 것이다. 성령 안에서 당신은 우울한 사람에게 남은 이 땅의 마지막 소망이다.

- 우울한 나의 마음을 제대로 이해하지 못하는 사람에게 우울증에 대해 이야기하는 것은 자신을 위험에 빠뜨리는 행동이다.

- 우울증에는 다소의 '산만함'이 필요하다. 우울한 감정에 몰입하기보다 그 감정을 다소 산란하게 할 필요가 있다. 특히 감사한 여러 일을 생각하고 몰입하는 연습을 해야 한다.

- 사람들은 자기와 똑같이 우울한 처지에 있는 사람들이 애써서 이 세상을 살아가고 있음을 알게 되면 위로를 받는다. 이 세상에서 우울한 사람은 결코 자기 혼자가 아니다.

- 우울증은 잠재력이다. 지금은 너무 고통스러워 미처 다 모르겠지만, 우울증을 품고 사는 것은 여러 사람을 유익하게 할 수 있는 큰 가능성이다.

- 우울한 사람을 돌보는 가족들도 우울증에 빠질 위험이 크다. 이들이 탈진하지 않으려면 자신의 한계를 인식하고, 사람들과 더불어 소통해야 한다.

- 우울한 사람의 예민하고 공격적인 언어에 대해서는 담담한 마음이 필요하다. 그것은 오래 참는 사랑에서 온다.

- 교회가 우울한 가족들을 돌보는 사람들을 위한 별도의 모임과 기도회를 한다면 믿지 않는 이웃들에게 큰 선물이 될 것이다.

제8장
위험한 영적 반전

1. 사탄과 우울증

　　　　　　　우울증은 사탄이 일으키는 것인가? 우울하여 귀신을 보았다고 하는 사람들은 자기만의 환상에 사로잡힌 것인가? 아니면 거기에 사탄의 역사가 섞여 있는가? 우울증에서 비롯된 자살은 사탄의 소행인가? 그래서 자살로 죽은 사람은 반드시 지옥에 가는가?

　우울증 증상이 심해지면 자연스럽게 '정신병적 증상들'psychotic symptoms을 경험하게 된다. 기분이 과도하게 고양되거나 처참하게 낮아지게 되는 그 사이를 그네 타듯 통제력을 잃다 보면 상상하지 못한 일들이 벌어진다. 여기에서 말하는 정신병적 증상이란 우울한 사람이 다른 사람들이 보지 못하는 것을 보는 '환각'hallucinations과 '착란'delusions 같은 비정상적인 감각들을 경험하는 것을 일컫는다. 프로이트가 말한 바로는 일반적인 우울증의 증상은 경우에 따라 심각한 정신병적 증세로 전환될 수도 있다.

심각한 우울증을 겪는 어느 남자 대학생은 사람들에 대한 비정상적인 의심이 생겼다. 학교에서 다른 학생들이 모여서 큰 소리로 웃을 때마다 그들이 자신에 대해 비난을 하고 있다고 의심했다. 자신의 귀에 들리는 이야기를 사실로 믿고 버럭 화를 내지만, 다른 친구들은 고개를 저으며 가버린다. 자신이 들은 것과 실제로 그 친구들의 이야기는 달랐기 때문이다. 그를 욕하여 웃은 것도 아닌데 그렇게 믿고 오해하고 있었던 것이다.

또 어떤 여대생은 매일 밤 11시가 되면 누군가가 자신의 이름을 부른다며 밖으로 나가기도 한다. 밖에 나가 보면 아무도 없는데도 꼭 그 시간이 되면 기어코 혼자서 밖으로 나간다. 그녀는 오랫동안 친구들에게 소외당하여 극도의 스트레스를 받고 있었다. 어릴 때부터 "집에 불을 질러서 모든 가족을 죽여 버리겠다!"라는 무서운 아버지의 협박과 엄마의 무관심 가운데 공포스럽게 자라왔던 것이다.

이들이 들은 것은 모두 헛것이다. 다른 아무도 그들이 들은 것을 듣지 못했기 때문이다. 하지만, 그 자신들에게는 그것들이 진짜 경험이다. 왜냐하면, 극도로 우울하거나 두려워하는 사람에게 그들 내면에서 울리는 목소리가 있는가 하면 그들에게 다가가는 사탄의 은밀한 유혹과 협박도 언제나 있었기 때문이다.

거듭되는 인생의 트라우마를 겪은 사람들은 보이지 않는 대상들을 향해 헛손질하기도 한다. 협박의 두려움으로 극도로 우울에 사로잡힌 여성들 가운데는 마치 귀신 들린 듯 헛소리를 하는 사람도 있다. 혼자 중얼거리듯 누군가와 대화를 하기도 하고, 말 그대로 벌거벗은 채 길거리나 들판을 뛰어다니는 사람들도 있다. 밤새도록 '귀신과' 씨름하고서 아침에 짚단을 끌어안고 혼자 논밭에 널브러져 있는 사람들도 많았다.

일단 우울증에 대해 사탄이나 귀신이라는 말을 사용하게 된 이상 저자는 상당한 책임감을 느낀다. 왜냐하면, 사탄이나 귀신이라는 말을 사용하면서 오해 없이 자신의 의사를 전달하는 경우는 그다지 많지 않기 때문이다. 하지만, 우선 우울증과 귀신들린 것은 엄연히 다르다는 사실을 분명하게 하자. 우울한 사람은 귀신들린 사람이 아니다. 다만, 극도로 우울하여 환각이나 환청 상태에 빠지게 되면 누구나 다양한 영적인 증상들을 보일 수 있음은 염두에 두어야 한다. 우울한 사람들이 귀신을 보았다고 주장할 수 있다.

그만큼 그들이 경험하는 우울증의 정도가 심각하다. 중요한 것은 그 주장의 허실을 가리려 하기 전에 그들의 고통에 대한 이해와 사랑이 앞서야 한다. 그들의 삶을 이 지경에 이르기까지 어렵게 한 가족과 경제적 여건에 대해 깊은 이해가 있어야 한다. 무엇보다도 우울한 사람을 두고 "사탄아, 물러가라!"라며 그 사람을 공격하거나, 귀신을 쫓아내야 한다면서 부산을 떨어서는 안 된다. 그들의 신체를 학대해서는 더욱이 안 된다. 우울한 이들을 위해서는 따뜻한 가정 혹은 그와 비슷한 안전한 공간, 따뜻하고 편안한 사람과 음식 그리고 사명감을 가지고 사랑으로 섬기는 사람들이 필요할 뿐이다.

2. 귀신들의 축제

"사탄이 우리의 구원salvation을 빼앗아 갈 수 없다. 하지만, 우리의 기쁨joy과 〔삶의〕 에너지는 빼앗아갈 수 있다."

언젠가 미국의 한 기독교 방송 사회자가 들려준 말이다. 우리 그리스도인의 삶에서 언제든지 일어나는 일임이 분명하다. 사탄은 음탕하고 잔인하다. 사탄은 인간의 고난을 좋아한다. 인간을 영문 없이 고문하면서 그 괴로움을 즐긴다. 의인 욥을 참소하고, 그 고난을 당하는 것을 보며 박장대소하는 것이 사탄이다. 하지만, 사람들은 보이지 않는 사탄의 존재에 대해 별로 생각하지 않는다. 이유를 모르고 힘들어하고, 미워하고, 죽을 생각까지도 한다.

사탄은 언제 기뻐할까? 종일 축 처져 삶의 기쁨이나 기력이나 의욕 하나도 없이 그저 죽지 못해 사는 사람을 볼 때가 아닐까? 사탄은 상황을 더 악화시킬 모든 기회를 총동원한다. 헛것에 깜짝 놀라게 하고, "너는 쓸모없는 인간이야. 살아서 뭐해?"라고 속삭이며 조롱한다. 마침내 그 우울증 환자로 하여금, "귀신이나 보는 약해 빠진 내가 살아서 무엇 할까?"라는 생각마저 이르게 한다. 아우구스티누스나 루터의 우려처럼, 귀신들은 심지어 믿는 자들이라 하더라도 그들에게 악하고 부정적인 생각을 심어줌으로써 영혼을 망하게 한다. 가스가 가득한 방에 불꽃 하나만 일으키면 건물 전체가 주저앉는다. 우울한 마음으로 가득한 방에 사탄이 해로운 작은 생각 하나를 던져주면 그 사람의 인생이 한꺼번에 무너져 내릴 수도 있다. 어둡고 습한 환경에서 세균은 더욱 빠르게 세포 분열을 하는 것도 사실이다.

더구나 주요 우울증은 심신이 무기력하고 자기 손조차 들기 어려운 연약한 상태이다. 그럴 때 사탄은 더욱 기승을 부리며, 연약한 사람의 코앞에 나타나서 깜짝 놀라게 한다. 일을 하는 사람의 등 뒤에서 숨소리를 내며 차가운 냉기를 뿜기도 한다. 그러다가도 그리스도인으로서 막상 정신을 차리고 눈을 똑바로 뜨면 금방 연기같이 사라져버린다. 사탄은 하루의 긴 여정에 지쳐서 잠든 사람을 숨도 쉬지 못할 정도의 무서운 악몽으로 누르기도 한다. 외롭고 소외된 사람에게 더욱 기승을 부리면서 겁을 주고, 여기저기 자신들의 모습을 드러내기도 한다. 사람의 두 눈이 정확히 볼 수 있는 곳이 아닌 시야의 사각지대에 은근히 자신의 그림자를 비추며 놀라게 한다. 그럼에도, 너무 우울하여 저항할 힘이 없으면 점점 자신의 존재를 정면으로 드러내기 시작한다.

사람인 것처럼 나타났다가 갑자기 벽으로 사라지기도 하고, 얼굴을 보여주지 않은 채 웅크린 모습으로 사람을 놀라게 한다. 우울한 사람의 곁에 있는 어린 자녀들에게까지 나타난다. 네 살짜리 아이가 "엄마, 커튼 뒤에 어떤 할아버지가 서 있어!"라고 하는 말에 그 엄마가 기겁하며 공포에 사로잡힌 적도 있었다. 그 엄마는 부모를 일찍 여의고 어릴 때부터 동생들을 자신이 책임지고 돌보아야 했고, 여전히 무거운 책임감을 느끼며 우울을 한아름 안고 있었던 여성이었다.

남편과의 관계에서나 경제적인 궁핍, 여타 삶의 불안이 컸던 여성 중에도 집이나 일터에서 이런 것들을 자주 보는 사람들이 있다. 무서운 아버지 때문에 두려움과 공포를 느끼며 자라야 했던 젊은 여성들도 이와 비슷한 증언들을 한다. 혼자 감당하기 어려운 사건들을 계기로 이런 영적인 실체를 보는 사춘기 여학생들도 많다. 부모가 이혼하는 과정을 지켜보며 힘들었던 여학생, 갑작스러운 이사로 친구들과 헤어지고 전혀 새로운 학교에 가서 왕따를 경험하는 여학생 그리고 어릴 때부터 상습적으로 아버지로부터 심한 꾸중과 폭행을 경험한 여학생 등이 그렇다.

오직 기도와 말씀으로 이들 영적 방해자들을 당연히 물리쳐야 한다. 하지만, 우울이 심해서 자포자기한 심정으로 내버려둘 때도 있다.

"너희 마음대로 해라!"

그럴 때는 정말 그것들이 그 사람의 눈앞에서 잔치를 벌인다. 동시에 0.1초 사이에, "그렇지, 나는 죽으면 되겠다."라는 생각이 들게 한다. 어떻게 죽을까 하는 방법조차도 순식간에 눈에 들어오게 한다.

"이러다가 나 정말 죽겠네! 하나님, 저 어떻게 해요?"

놀랍게도 그 순간 하나님께서는 사랑하시는 자의 부르짖음에 신속하게 응답하신다. "기도해야지."라는 마음만 먹어도 천사들이 순식간에 호위한다. 그리고 깊은 안정과 잠을 주신다. 잠을 깼을 때는 하나님께서 "다시는 이러지 말아야 하겠다."라는 결심까지도 다시 허락하신다. 가장 가까운 가족들이라도 그런 일이 있는지조차 알지도 못한다. 하지만, 우울한 사람들에게 이런 어마어마한 일들이 일상적으로 일어난다. 분명한 것은 하나님은 외롭게 갈등하는 그 순간에도 가장 가까이에 계셔서, 사랑하는 그 연약한 생명을 지켜 주신다.

자칫 이런 이야기가 우울한 이들이나 가족들에게 공포심을 일으키지 않기를 바란다. 실제로 사탄이 우리에게 할 수 있는 일이 많지 않기 때문이다. 마음으로 공포를 주는 것 외에 사탄이 그리스도 안에 있는 우리에게 할 수 있는 일은 없다. 있다고 해도 오직 하나님의 주권 아래서 이루어질 뿐이다.

그러므로 우리를 놀라게 하고, 우리가 망하기만을 바라는 사탄에서 눈을 떼고, 나의 삶에 가장 가까이 계셔서 우리를 안보하시는 하나님, 예수님, 성령님의 사랑에 전적으로 집중하자! 삼위 하나님 안에서 사탄을 대적하면 사탄은 도망할 수밖에 없기 때문이다.

수도사들은 악마가 우울과 증오를 부추긴다고 믿었다. 루터는 우울증이 마귀의 소행이라고 생각하였다. 하지만, 모든 것을 마귀의 탓으로 돌리는 것은 신앙적으로나 공동체 생활에서 건강하지 못한 결과를 가져온다. 우울증의 원인을 우리 안에서 찾고, 치료도 우리에게 주어진 신앙과 공동체의 보배로운 자원으로 찾아가는 것이 건강한 일이다. 우울증의 발달 시점 어딘가에서 사탄은 틀림없이 자신의 파멸의 힘을 보태려고 애를 쓴다. 하지만, 우울증은 인간의 연약함에서 비롯된다. 죄로 오염된 인간관계적 환경이 정의롭지 못하여 오는 것이다. 그러므로 우울증의 치료는 결코 귀신을 쫓아냄으로써 이루어지는 것이 아니다.

그렇다고 기도가 필요 없다는 뜻이 아니다. 다만 기도로 '단번에' 우울증을 '쫓아내야' 한다고 생각하지 말라는 것이다. 그것은 사랑과 인내를 추구하는 것이 아니라, 나의 편의주의를 구하는 것이다. 우울증으로부터의 회복은 가족들이 따뜻한 관심을 회복하고, 교회와 상담자가 한 영혼의 고통스러운 사정에 귀를 기울이고, 그렇게 소외되고 버려진 삶을 따뜻하게 북돋워 줌으로써 이루어지는 것이기 때문이다.

3. 사탄의 순간 포착

사탄의 타이밍은 기가 막히고 놀라울 따름이다. 어떻게 방금 예수님은 "그리스도시오 살아계신 하나님의 아들입니다."라고 고백한 베드로를 통해서 '십자가를 절대 지지 마라.'라는 사탄 자신의 목소리를 끼워 넣어서 전달할 수 있었는지…….

예수님께서는 베드로에게 큰 칭찬을 해 주셨다. 그렇게 놀라운 신앙 고백을 어떻게 할 수 있었을까? 정말 놀라운 일이 아닐 수 없다. 하지만, 결국 그것을 "알게 한 이는 혈육이 아니요 하늘에 계신

내 아버지"셨다. 베드로는 성부 아버지께서 주신 지식의 소유자였다. 그는 성령 충만하여 신앙을 고백하였고, 예수께서는 그의 고백 위에 "이 반석 위에 내 교회를 세우리"라고 약속하셨다.[51]

그런데 바로 그다음 순간, 베드로는 곧장 사탄의 메시지를 전달하고 있었다.

> "베드로가 예수를 붙들고 항변하여 이르되 주여 그리 마옵소서 이 일이 결코 주께 미치지 아니하리이다." "예수께서 돌이키시며 베드로에게 이르시되 사탄아 내 뒤로 물러 가라 너는 나를 넘어지게 하는 자로다 네가 하나님의 일을 생각하지 아니하고 도리어 사람의 일을 생각하는도다 하시고."[52]

베드로가 십자가를 가로막고 서서는 혼자 사탄의 목소리를 내고 있었다.

그에게서 성령님이 떠나신 것도 아니다. 더구나 이 순간에 그가 귀신 들린 것은 더더욱 아니다. 그런데 그는 하나님의 뜻인 십자가를 가로막고 서서, 예수님께 사탄의 메시지로 항변하고 있었다. 결국, 그는 예수님을 넘어지게 하려는 자가 되었고, 하나님의 일이 아닌 사람의 일을 생각하고 있었다. 사탄은 우리가 가장 거룩한 은혜를 경험하는 순간에조차도 인간의 말이나 감정을 통해 자신의 생각과 메시지를 전달하게 한다. 그 명민한 기회 포착에 혀를 내두를 뿐이다. 하지만, 정신이 번쩍 드는 일이 아닐 수 없다. 그 짧은 순간 사탄에게 이용당하는 우리는 이 얼마나 연약하기 짝이 없는 존재들인가?

  예수를 믿는 가정이나 부부가 우울로 말미암아 불행해지는 이유 가운데 하나가 바로 이것이다. 은혜가 넘치는 순간에도 순식간에 찾아오는 사탄의 파괴 본능과 방해 때문이다. 조금 전까지만 해도 그렇게 화목하던 부부의 분위기를 순식간에 깨뜨리는 것은 머리를 살짝 스쳐 지나가는 서로의 악한 욕심과 탐욕 때문이다. 부부가 애써 좋은 관계를 세워 놓아도, 나쁜 욕심이 한 사람을 살짝 돌려 치면 날 선 한마디의 말이나 행동이 큰 상처를 주는 것이다.

  가장 거룩한 하나님의 말씀을 전하는 사람들이 거짓말과 탐욕을 일삼는 것도 마찬가지 원리이다. 이 땅에 사는 동안 거룩한 그리스도인들이 사탄에게 얼마나 자주, 그리고 쉽게 이용당하는지 이루 셀 수조차 없다. 불륜에 빠진 여성이 그 남성의 아내에게 문자를 보내어 저주와 악담을 퍼붓는 것은 사탄의 파괴본능에서 나오는 것이다. 그 남성이 자신을 얼마나 사랑하는지 그의 아내에게 자랑하고, 그가 아내를 얼마나 싫어하는지 말해준다. 결국, 그 아내를 자살에 이르도록 몰아가는 파괴 본능은 평범한 인간 그 이상의 악이 함께하는 것이다. 사탄은 모든 힘을 몰아 무고한 한 영혼을 무너뜨리는 것이다.

  그리스도인이라고 해서 이런 충동과 표현에서 자유로운 것은 아니다. 물론 그렇다고 귀신들린 것은 아니다. 그들은 신앙을 고백하고, 예배를 드리기도 한다. 하지만, 속에 있는 탐욕이 가장 기가 막힌 타이밍에 사탄의 충동과 하나가 되어 우울하고 연약한 영혼들을 파괴하는 상상, 말, 행동을 서슴없이 감행한다.

그리스도인 남성들이 가진 성적인 상상이나 충동도 마찬가지이다. 아름다운 이성을 칭찬하는 것으로 끝내는 것이 아닌 순식간에 자신의 성적인 상상 세계를 펼쳐간다. 워낙 순식간에 일어나는 일이라 자동이라고 해도 과언이 아니다. 그것을 신속하게 멈추지 않을 때, 그런 기회를 상상하고, 충동에 자신을 맡기고, 더 나아가서는 상대에게 해를 끼치는 범죄를 저지르기까지 한다.

아우구스티누스나 루터의 우려대로 사탄은 인간에게 악한 생각을 주입시킴으로써 자신의 뜻을 이루어간다. 육체도 없고 인간에 대한 해를 끼칠 능력도 없는 사탄이 인간을 파괴하는 방법은 동료 인간들을 이용하는 것이다. 그들에게 파괴적 충동을 일으키고, 악을 위해 빠르게 계산하게 돕고, 무시무시한 힘까지 더해서 기어코 파괴하게 한다.

물론 사탄이 진공 상태에서 인간의 파괴를 시작하지는 않는다. 언제나 미움과 파괴의 씨앗을 잉태하는 것은 인간의 탐욕이다. 가룟 유다가 우연히 예수를 배반한 것이 아니었다. 유다 자신이 마음에 탐욕을 키우고 있었다. 사탄이 본격적으로 그에게 들어간 것은 요 13:27 은 삼십을 받고 예수를 넘겨 줄 기회를 찾기 시작한 그 이후였다 마 26:14-16. 그는 돈 궤를 맡은 자로서 '자기 자신'의 탐욕을 스스로 제어하지 않았던 것이다.

유다 내면의 탐욕이 일정하게 자랐을 때, 드디어 사탄이 활동할 수 있는 최적의 환경이 되었다. 사탄은 그에게 들어가 예수를 팔도록 결정적인 파괴력을 일으킨 것이다. 사탄을 틈타게 하고, 힘을 강하게 만든 것은 인간의 책임이다. 자신의 마음에서 생성된 탐욕을 멈추지 않았기 때문이다. 그러므로 그 범죄의 결과와 책임은 인간의 몫이다. 사탄은 인간 자신이 탐욕으로 만든 공간에 작은 힘을 보탰을 뿐이다.

부모의 탐욕으로 청소년 자녀를 압박하고, 인격적으로 무시하고, 공부와 성공만을 요구한다면, 그 파괴의 본능은 결국 그들을 우울과 자살로 내몰게 된다. 이 아름다운 아이들을 먼저 사랑하고 안아주지 않게 된다. 따뜻하게 받아 주지도 않게 된다. 공부를 못하면 내 자식이 아닌 듯, 실패하면 살 가치도 없는 듯이 내 품에서 냉정하게 밀어내게 된다.

이런 비극은 인간과 사탄의 기막힌 합작품이다. 인간의 탐욕과 사탄의 파괴 작업이 기가 막히게 만나서 나쁜 조화를 이룬 까닭이다. 이런 악한 일들은 청소년 자녀를 더욱 불안하고 우울하게 만든다. 심지어 자신의 목숨까지도 호시탐탐 노리는 병든 아이들로 만드는 것이다.

힘을 가진 남성 상사들이 힘없는 젊은 여직원들을 협박하거나, 돈과 힘으로 유혹하여 잘못된 관계에 빠져드는 일도 흔하다. 그것은 그 여성과 자신의 아내, 가정 그리고 자기 자신을 통째로 파괴하는 행위이다. 그런 행위가 여러 사람을 우울의 고통 속으로 빠지게 하는 것을 안다면, 멈추지 않는 자신의 충동에 대해 다시 한 번 생각해야 할 것이다. 잠깐의 환상적인 유혹이 눈앞에 다가올 때, 믿음의 남성이라면 자신의 머리를 흔들며 급히 깨어나야 한다. 다급히 성령의 간섭과 도우심을 구하고 죄의 길에서 멈추어야 한다. 사랑하는 아내, 피해자가 될 여성, 슬퍼하며 평생 상처를 입을 자녀, 이 모든 사람이 받을 상처와 비극을 머릿속에 급히 소집해야 한다.
 하지만, 죄에 취약한 인간은 그렇게 신속하게 행동하는 대신에 야릇한 몽환에 젖어서 자신의 마음 밭에 탐욕을 고이고이 배양하여 키운다. 그러고는 기어코 파괴적 행동에 접어들기까지 스스로 아무런 조치도 취하지 않은 채, 마치 자신은 아무 책임이 없다는 듯이 자신의 탐욕을 내버려둔다.

 "나야 주어진 상황에 따라간 것뿐인데 책임은 무슨……."

 사실은 처음 유혹이 올 때부터 인간은 치밀하게 생각해왔다. 이 모든 상황을 '완벽하게' 기획하며 탐욕을 키워왔다. 멈추어야 할 때 멈추지 않고 맥없이, 아니 더 적극적으로 따라간 것이다. 아무도 모르게 죄를 실행하려고 여러 가지 선택을 하면서 그때그때 상황을 묘하게 이끌어온 것이다. 흘러가는 상황에 약간의 힘만 덧붙여, 자신이 침범할 것들과 약간 물러서서 내버려둘 것들을 기가 막히게 조종한다. 그리고 아무 일 없는 것처럼 표정과 행동을 관리한다.
 나쁜 상황을 허용하는 것도 죄다. 이처럼 죄악에 단련된 인간 마음의 세밀한 활동들을 사탄은 기특하게 바라보며 주시한다. 그리고 정확한 타이밍에 인간을 돕는다. 죄를 지을 용기와 담력을 준다. 스스로 탐욕으로 방향을 정하고 나아가는 인간의 앞길에 남아 있는 장애물들을 제거해 준다. 양심의 가책을 제거하고, 죄책감을 없애준다. 만일 추진력이 필요하다면 사탄은 더 큰 욕망과 탐욕으로 '설탕 코팅'sugar coating을 한다. 그 후 더 크고 비밀스런 쾌락들을 약속할 것이다. 눈앞에서 곧 잡을 수 있을 것만 같은 큰 보상의 약속 앞에 인간은, 그 뒤에 있는 날카롭고 무시무시한 함정을 보지 못한 채로 낚시 달린 먹잇감을 꿀꺽 삼킨다.

하지만, 사탄은 거기까지만 동행한다. 사탄은 이제 시한폭탄의 스위치를 눌러놓고, 째깍째깍 폭탄이 터지기만을 학수고대하는 것이다. '환상적인 쾌락의 만족'이라는 큰 기대 가운데, 악을 행한 남성 자신이 부끄러움과 비통함을 느끼며 파탄되기만을 기다리는 것이다. 마침내 남성 자신은 무너지고, 아내와 자녀는 마음이 살점처럼 찢어져 나가는 상처를 입고, 우울해지고, 바닥도 없는 절망과 좌절과 자살의 드라마가 펼쳐질 때, 사탄은 박장대소하며 웃음을 터뜨릴 것이다. 잔인한 붉은 잔들을 터뜨리면서 자신의 승리를 자축할 것이다.

그 파괴와 우울의 책임은 남성 자신에게 있다. 왜냐하면, 탐욕으로 사랑하는 가족들을 위험에 빠트린 장본인은 바로 남성 자신이기 때문이다. 사탄은 그 남성의 마음, 곧 탐욕의 기름과 쾌락의 가스가 가득한 방에 "펑"하고 불꽃을 일으켰을 뿐이다. 그리고 돌담장 사이로 들어가 버리는 뱀처럼 흔적도 없이 사라진다. 그제야 인간은 땅을 치며 통곡하지만, 그저 원인에 맞게 결과를 당할 뿐이다.

베드로가 예수님의 십자가를 가로막으며 말리고 있을 때, 그는 정말 아무런 생각도 없었다. 자신이 사탄이 되고 싶은 생각도 없었고, 사탄을 좋아하지도 않았다. 아니 사탄이 곁에 있다는 생각이나 상상도 하지 않았다. 사탄은 인간의 망각과 무관심 가운데 자신을 위한 결정적인 기회를 놓치지 않는다. 그저 예수님이 고난을 당하지 않았으면 좋겠다는 베드로의 단순한 마음, 사랑하는 하나님의 아들이 예루살렘에서 바리새인들과 제사장들에게 억울하게 잡혀 죽지는 말아야 한다는 의리, 그것밖에는 없었다. 그런데 베드로는 그 순간 사탄 짓을 하고 말았다. 기가 막힌 찰나에 사탄은 그 덩치 큰 베드로를 뒤집어 넘어뜨렸다.

우리 마음속에 그까짓 것 별것 아니라고 여기는 작은 탐욕 하나를 키울 때 우울은 찾아온다. '별것 아닌 그것'을 바로 던져버리지 않고 비밀스럽게 간직하며 싹을 틔울 때 인간의 파괴와 우울의 비극이 초래된다. 그 순간 우리 인간은 사탄이 그렇게도 기뻐하는 파탄과 훼방을 우리가 저지르는 것이다.

물론 그런 실수를 저질렀다고 해서 멸망의 자식이 되지는 않지만, 하나님의 자녀인 우리가 억울하고 원통하게도 순식간에 사탄의 도구가 되는 것이다. 진리를 배반하거나 가족의 화평을 잃게 되는 아픈 경험을 하게 되는 것이다. 물론 다시 회복은 되겠지만, 그 결과는 상처투성이가 될 뿐이다.

4. 맛있는 음식으로 사탄을 이긴다

우리가 감기에 걸리면, '아마 누구에게서 옮겨와 감기에 걸린 것 같다.'라고 친구들에게 쉽게 이야기한다.

하지만, 내가 우울하다는 것을 말하기는 어렵다. 왜냐하면, 우울증은 '실패자의 질병'이며, '나 자신이나 가족들에게 책임과 불명예가 돌아갈 수도 있다.'라는 두려움 때문이다. 책임감이 무거워질수록 우울증은 심각한 지경으로 치닫는다. 결국, 우울한 사람들은 자기 자신을 비난한다.

"나는 이렇게 무시당하고 우울해도 돼!"
"나 같은 건 죽어도 괜찮아!"

처음에는 그것이 멀리서 들리는 바람소리같이 다가오지만, 시간이 갈수록 그 실패자의 목소리는 점점 자신의 귀에 크게, 반복해서 들리는 환청이 된다. 그것이 오래 반복될 때, 이제 그 목소리가 자기 자신의 실체라고 확신하면서 털썩 무릎 꿇게 된다. 실제로 심각하게 우울하거나 환청을 듣는 사람들이 한결같이 듣는 메시지가 이렇게 부정적이고 파괴적이라는 것은 실로 놀라운 일이다. 사탄은 연약한 자들의 약한 부분을 가장 정확히 알고, 그것을 이용하여 한 영혼을 파괴하려 한다. 그만큼 심한 우울증으로 환청과 환각을 가진 이들의 싸움은 외롭고 힘겹다.

그래서 종교개혁자 루터는 우울한 가운데 사탄과 싸우는 사람들을 위한 영적인 비상조치들을 제안하였다.[53] 놀랍게도 그는 우선 영적인 의심이나 회의로 괴로워하는 사람들을 위해 먹고 마실 음식을 주도록 하였다. 그리고 음식을 먹음으로써 오는 즐거움을 마음껏 누리라고 하였다.

사라 로젠탈Sara Rosenthal은 그녀의 책 『약 없이 우울증과 싸우는 50가지 방법』50ways to fight depression without drugs 에서 "17. 맛있게 먹어라, 37. 잘 먹어라, 41. 충분히 잠을 자라."고 권면하고 있다.

물론 우울증에 대한 현대의 처방이 새로운 것만은 아니다. 이미 열왕기상 19장에서 선지자 엘리야가 우울하고 무기력하여 죽기를 소원하던 때에, 하나님께서는 그에게 잠과 음식을 주셨다. 그래서 그는 "일어나 먹고 마시고, 그 음식물의 힘을 의지하여 사십 주 사십 야를 가서 하나님의 산 호렙에" 도착할 수 있었던 것이다.[54]

루터는 우울증melancholy을 앓고 있던 마티아스Matthias라는 오르간 연주자를 위해서, 그가 자신의 음악적 재능을 사용하여 마음의 즐거움을 회복하도록 요청하였다. 왜냐하면, 사탄이 가장 싫어하는 것은 하나님의 백성의 마음에 있는 기쁨이기 때문이다. 무엇보다 하나님으로 말미암아 기뻐하는 마음은 사탄이 가장 싫어하고 두려워하는 것이라고 루터는 확신하였다.

그 외에도 루터는 목회자로서 오늘날 상담자들이 줄 수 있는 다양한 실제적 처방들을 성도들에게 제시하였다. 예를 들면, 우울증을 앓는 어느 남자의 아내에게 편지를 쓰면서, 절대 남편을 혼자 두어서 사탄으로 하여금 그를 파멸로 이끌게 하지 말고, 시시한 농담을 통해서라도 그로 하여금 웃음을 유지하도록 권면한다. 루터는 우울한 사람의 주변 환경이 너무 조용하도록 내버려두지 말아야 한다고 했다. 그 이유는 그것이 기독교적 경건에 치명적인 해가 된다고 여겼기 때문이다. 이것은 중세기 수도원의 경건 개념과 두드러지게 대조되는 모습이다. 루터에게 외려 이 땅에서의 즐거움

을 일으키는 "카드놀이, 음악, 친구는 하나님의 선물"이었다.[55]

물론 사탄은 그리스도의 이름을 부르는 하나님의 자녀를 혐오한다. 그러므로 그리스도인들은 언제나 하나님과 그리스도의 이름을 즐겨 부르며 기도하고, 그 말씀을 묵상해야 한다고 루터는 말한다. 성도들은 하나님의 말씀을 지킴으로 생기는 고난을 잠잠히 겪어야 한다. 그렇지만, 자신의 마음속에 속삭이며 우울하게 하는 사탄에 대해서는, "사탄아, 물러가라. 나는 지금 그리스도 우리 주님께 찬양해야 한다!"라고 외치도록 그는 권면하였다.

루터의 시대가 사탄에 대한 강력한 두려움을 가진 시대이다 보니 그의 표현에서 사탄에 대한 많은 비중을 두는 것을 부인할 수 없다. 하지만, 우울증을 사탄에게서 온 것이라고 명료하게 단정 지은 루터의 영적 판단이 모두 옳다고 할 수는 없다. 우울증의 성격상, 사탄과의 영적인 싸움 이전에 인간으로서 해결해야 할 다양한 원인과 치료해야 할 관계들이 있기 때문이다.

그럼에도, 루터는 우울증이 영적인 싸움의 전쟁터라고 말한다. 그러므로 우울증 환자들도 스스로 영적인 무기를 가지고 보이지 않는 적들과 싸워야 한다. 놀랍게도 영적인 싸움과 우울증의 치료를 위한 그의 제안들은 영적인 갈등을 가진 사람들에게 매우 실제적이며 손에 잡히는 것들이다. 사실 우리 인간들에게 음식이란 것의 본질은 맛이나 배부름보다도 거기에 담긴 따뜻한 돌봄과 사랑이다. 우울과 그 사자인 사탄을 이기는 우리만의 비법은 살아있는 우리가 사랑으로 하나가 되는 것이다. 그 사랑과 관심이 실체로 드러나는 수단이 음식과 즐거움이다.

우울할수록 혼자 있지 말고, 음식이나 일반적인 사회 뉴스에도 관심을 두고, 자신이 할 수 있는 활동을 찾아가야 한다. 물론 다른 친구들이 놀러 가자고 할 때 무조건 "그래!" 하기보다, "나 할 일 있어서 바빠서 이번에는 못 가! 다음에 갈게."라고 말할만한 자신만의 일거리를 만들어 보자.

조심스럽겠지만 바깥 세상으로 나가 보면 내가 몰랐던 일도 정말 많고, 또 나 같은 사람이 할 수 있는 일이 꼭 있다. 이 땅에서 내가 바쁜 스케줄을 갖고 사는 것은 우울을 밀쳐내는 또 하나의 힘이 될 수 있다. 그것은 정말 우울했던 사람을 즐겁게 하는 일이다. 루터의 권면대로 우울할 때 가능하면 혼자 있지 말고, 우울한 사람을 위해 맛있는 음식을 나누며, 이 땅에 사는 기쁨을 공유하도록 애써야 한다.

물론 오늘날에는 그 외에도 일정한 운동, 침술 혹은 빛에의 노출 등이 일부 우울증 환자들에게 유용한 면도 있지만, 그것들이 우울한 사람들에게 모두 유익하지는 않다. 더구나 요가가 우울증 치료에 유익하다는 말을 과신하면 그리스도인들이 자칫 요가로 말미암아 영적 혼란에 빠질 수도 있으므로 주의해야 한다. 왜냐하면, 요가는 단순한 명상이나 고상한 운동이 아니라 힌두교에 뿌리를 둔 영적인 도구일 수도 있기 때문이다.

음식은 따뜻한 섬김이다. 누군가가 따뜻한 음식을 준비해 줄 때, 그것은 위로가 되고 치료가 된다. 또한, 음식은 따뜻한 관심이다. 그것은 우울한 사람이라도 왜 이 땅에 살아야 하는지에 관한 즐거움을 맛보게 해 주는 가장 확실한 치료제 가운데 하나이다.

5. 머리 깨어진 짐승

사탄은 이미 그리스도에 의해 패배하였다. 그러므로 그리스도를 의지하는 그의 백성은 승리를 보장받은 사람들이다. 사탄은 안 보이는 존재이기에 두렵지만, 동시에 하나님의 허락 안에서만 움직이는 극히 제한된 존재이다. 그러므로 그리스도를 믿는 우리는 인간으로서 장점을 최대한 살려서 담대하게 사탄을 이겨야 한다. 그러려면 나의 우울함을 부끄러워하지 말고, 하나님 앞에 우울한 기분을 솔직하게 고백하고 솔직한 심정을 이야기해야 한다. 누군가가 무지하여 "믿음이 좋다는 그리스도인이 어떻게 우울할 수 있나요?"라고 물으면, "저는 그리스도인이지만 얼마든지 우울할 수도 있습니다!"라고 말해야 한다.

우울증을 수치스러운 것으로 너무 질병화시켰다면 그것은 잘못이다. 누구나 자신의 우울을 인식하고 인정할 때 우울을 대항할 힘도 생긴다. 하나님을 의지하며 사탄을 대항할 의지도 생긴다. 우울로 말미암아 풀 죽고 숨 죽은 자신의 의지를 일으켜서, 비록 우울하지만, 자신을 향해 미소 지을 수 있어야 한다. 우울을 기회로 자신에게 다가서는 사탄을 담대히 대항하여 맞서야 한다. 하나님을 의지하여 사탄의 제안을 담대히 거부해야 한다.

우울한 사람일수록 사탄의 유혹과 위협은 직설적이다. 사탄은 겁에 질려 살아가는 가련한 사람들에게 자신의 섬뜩하고 혐오스러운 모습을 슬쩍 비춰주며 깜짝 놀라게 한다. 취약할수록 더욱 신이 난다. 심각할 정도로 우울한 사람의 주변을 더 분주하게 서성거린다. 마치 암사자들이 힘들게 사냥한 사냥감을 향해 탐욕스럽게 달려드는 수사자처럼, 사탄은 흥분된 기대로 으르렁거리며 우울한 사람들을 위협한다.

사탄은 영리하다. 그리고 그의 메시지는 단순하다. 자신은 인간의 육신에 손을 댈 수 없기에 마음과 영혼에 깊은 상처를 입고 무가치함을 느끼는 인간이 스스로 자기 생명을 파괴하도록 부추긴다. 하나님과 정반대의 말을 하면서 마치 하나님이 하시는 것처럼 속이며 쉴 새 없이 귓속에 지껄인다.

"그래, 너는 살 가치도 없고, 아무도 너를 생각해주는 사람은 없어! 도대체 네가 살아야 할 이유란 게 있기나 해? 차라리 죽어버려!"

그 가련한 사람들이 처음에는 "아냐, 난 아냐! 하나님은 정말 나를 사랑하셔! 나는 하나님의 딸이야!"라며 저항한다. 하지만, 눈에 보이는 사람들 하나, 둘이 정말 자기에게 등을 돌리거나 무례하게 대하는 것을 보게 되면, 힘없이 마음부터 축 늘어지면서 절망으로 마음을 바꾸어버린다.

"정말 그럴지도 몰라!"
"아니, 정말 그런 것 같아. 역시 난 살 가치가 없어!"

하나님은 분명히 나를 즐거워하시는데, 기뻐하시며 어쩔 줄 몰라 하시는데, 사탄은 그런 하나님의 말씀을 뒤집는 데 자주 성공한다. 우울한 사람들의 자신감을 떨어뜨리고, 자신을 하찮고 아무렇게나 살아도 되는 존재로 생각하게 한다. 하지만, 이제 우리가 반격할 때다. 원수의 흉악한 짓을 알면서도 가만히 앉아서 방치할 수만은 없다. 우울하여 기력이 없을 때라도, 절대로 끝까지 밀려가서는 안 된다. 마지막 한 발자국도 물러서지 말고, 당당히 서서 사탄을 밀쳐 내야 한다. 사탄의 머리는 예수께서 벌써 밟고 지나가셔서 깨어진 뱀 대가리일 뿐이다.

최면이나 마술에 잘 걸리는 취약한 사람들이 있다. 아니면 스스로 최면에 걸려들기를 기대하는 사람도 있다. 우울하거나 불안정한 사람일수록 그런 기대에 대해 열려 있다.

캐나다의 어느 기독교 대학의 축제에서 한 대학생이 최면 시범을 보였다. 그의 최면에 걸려 보겠다고 뛰어든 자원자는 아프리카에서 온 여학생이었다. 그 여학생은 매우 명랑하게 무대에 뛰어올랐다. 그리고 그 학생이 시키는 대로 다음의 말을 반복하며 최면에 빠져들었다.

"대단해요, 대단해요!……It is great, It is great,……"

무사히 최면 시범이 끝난 그날 저녁, 그 여학생의 기숙사에서는 한바탕 소동이 벌어졌다. 취침시간에 그 여학생이 갑자기 사라진 것이었다. 아무도 그녀를 본 사람이 없었다. 소방관들이 도착하여 함께 사람을 찾기 시작했다. 그 시각, 그 여학생은 학교에 인접한 숲 입구에서 숲을 향해 혼자 서 있었다. 자정이 되어가는 캄캄한 밤에 그녀는 아무런 말없이 서 있었다. 몇 시간이 지났는지 모를 정도로 그녀는 말없이 숲을 향해 서 있었다.
이윽고, 그녀는 입을 열어 한마디 말을 외치고는, 자신을 발견한 사람들과 돌아왔다.

"아냐, 그건 대단하지 않아! No, it's NOT great!"

최면의 경험을 통해 그 여학생은 심각한 영적 위기를 경험하고 있었다. 맑은 의지로 넘지 말아야 할 선을 그녀는 넘어갔던 것이다. 최면은 단순히 마술이나 순진한 놀이가 아니다. 그것은 영적인 경험의 선을 넘나들 수도 있는 위험한 장난이다. 최면을 통해서 마음 문을 열기 시작하면 악한 영들은 그 사람을 먹잇감으로 생각하고 치근거리며 스토킹한다. 심각한 위기를 느끼며 힘들어하던 그 여학생은 마침내 믿음으로 최면을 부정하면서 가까스로 그 위험한 유혹에서 빠져나온 것이다.
우울한 사람에게 다가오는 목소리 - 곁에 있는 사람들을 통해서든, 자신의 상상을 통해서든, 아니면 영적인 사탄의 목소리든 - 를 과감히 멈출 수 있어야 한다. 사탄의 그 강력한 유혹과 침입에 대해 우리는 자신의 목소리로 담대히 외칠 수 있어야 한다.

"아냐! 그건 별것 아니야!"

- 우울증은 귀신들림이 아니다. 그렇지만, 극도로 우울한 사람들은 어두운 영적 경험들을 함께 경험하는 경우가 많다.

- 우울한 사람에게 귀신이 있다 혹은 없다를 논쟁하기 전에, 한 사람이 그 정도로 깊은 고통을 당했다는 사실만으로도 우리는 그들을 불쌍히 여겨야 한다. 축사하려 덤비지 말고, 그들을 우선 따뜻하게 품어야 한다.

- 사탄이 우리의 구원을 빼앗아 갈 수는 없지만, 기쁨과 삶의 기운은 빼앗아갈 수 있다.

- 사탄은 반사회적 성격장애를 가지고 있다. 연약하고 우울한 사람들을 놀라게 하려고 불쑥불쑥 험한 모습을 드러내기도 한다.

- 사탄은 베드로가 잠깐 방심한 틈까지 놓치지 않았다. 사탄은 자신의 의지를 성취하기 위해 믿음의 사람들이 가장 은혜를 누리는 순간에도 찾아온다.

- 사탄은 나쁜 생각들을 주입하지만, 인간은 탐욕을 기른다. 가장의 힘과 탐욕의 결합은 아내와 자녀를 우울하게 한다. 사탄의 개입은 연약한 영혼들을 파괴한다.

- 사탄은 우울증을 이용하여 사랑스러운 영혼들을 무가치한 존재로 몰아간다.

- 우울하여 스스로 무가치하다고 여기는 이들에게 따뜻하고 맛있는 음식은 위로와 힘을 준다. 따뜻한 음식은 사랑이며, 우울한 사람을 살리는 구급약이다.

- 외롭고 우울한 그리스도인들이 음악, 유머, 드라마, 애완견들을 통해 조금이라도 우울한 기분을 잊는 것은 하나님의 선물이다.

- 우울한 사람은 거울에 비친 자신의 모습을 보며 웃음 짓는 연습을 해야 한다. 우울할 때 얼굴의 근육이 그렇게 무거울 수밖에 없지만, 살려면 반드시 이 노력을 해야 한다. '너는 가치 없는 인간'이라는 사탄의 메시지에 저항하여, "그리스도 안에서 나는 대단한 사람이다!"라고 외쳐야 한다.

제9장

이젠 새로워져야 한다

1. 하나님께 벌 받는 것이 아니다

우울증은 과연 하나님의 벌인가?

알코올에 지독하게 찌들어 중독에 빠진 한 젊은 백인 여성이 병원 치료를 받으면서 나에게 물었다. "하나님은 벌주시는 분인가요?" 그 여성은 술에서 깨어 있을 때에도 자기 몸조차 제대로 가누기 어려운 상태였다. 자신의 불행하고 흔들리는 인생이 하나님께 혹시 벌을 받아서 그런지 알고 싶었던 것이다. 그러나 인간의 질병과 형벌은 예수 그리스도께서 이미 담당하셨다. 그리스도 안에 있는 사람은 비록 우울증이나 중독을 앓는다 하더라도, 벌을 받는 것이 아니라 은혜와 회복의 소망을 받은 사람이다.

하나님을 알지 못하는 사람들조차도 우울하고 힘든 것은 신의 분노라고 여기며 절망한다. 인간의 분노는 화해할 길이 있지만, 신의 분노는 어찌할 길이 없는 궁극적인 절망의 상태이기 때문이다. 그만큼 우울한 이들은 자기 자신이 처한 우울을 뼈아프게 자각하고 있다. 슬픔이 깊고, 가책과 고뇌에 사무쳐 있다.

우울증을 가진 사람들은 자주 묻는다.

"어릴 때 거짓말한 것 때문에 하나님은 아직도 화가 나셨는지, 실수한 어떤 일 때문에 아직도 벌을 주고 계시는지?"

이것은 중요한 질문이며 또 당연한 질문이다. 그리고 매우 신중한 답을 요구한다. 하나님은 심판하시는 분이라고 대답하기 전에, 교회는 이들이 왜 그런 질문을 하는지 물어야 한다. 마음에 어떤 신앙적인 혹은 신학적인 갈등이 있는지 진지하게 물어보아야 한다.

우울증은 자신의 죄를 생각나게 한다. 참 많은 죄를 떠오르게 한다. 자신의 잘못이 생각날수록 더욱 우울해진다. 그리고 마침내 스스로 결론짓기를, "이 병은 내가 지은 죗값이다! 그래서 하나님은 지금 나에게 벌주시는 것이다."라는 것이다. 하지만, 우리의 죗값은 예수께서 십자가 위에서 다 갚으셨다. 심지어 우리가 받아야 할 저주까지도 모두 담당하셨다. 왜냐하면, 회개한 우리에게 아브라함의 복과 성령의 약속을 주시기 위해서이다.

"그리스도께서 우리를 위하여 저주를 받은 바 되사 율법의 저주에서 우리를 속량하셨으니 기록된 바 나무에 달린 자마다 저주 아래에 있는 자라 하였음이라. 이는 그리스도 예수 안에서 아브라함의 복이 이방인에게 미치게 하고 또 우리로 하여금 믿음으로 말미암아 성령의 약속을 받게 하려 함이라"_갈 3:13-14.

그런데 우울증이 생기면 하나님께서 책임을 물으시는 것 같다. 아무리 생각해 보아도 열심히 주일 예배에 참석하고, 주일학교를 섬기고 그리고 약한 사람들을 돌보아준 것밖에 생각나지 않는데, 하나님은 내가 잠깐 한눈팔았던 것, 잠시 스쳐 지나간 나쁜 생각 혹은 우연한 욕심까지 책임을 물으시는 것처럼 보인다.

아니다. 하나님은 결코 그런 하나님이 아니시다. 회개하는 우리의 죄의 값을 십자가에 달린 당신의 아들로부터 이미 받으셨다. 이제 하나님께서 우리를 기억하실 때는 우리의 "젊은 시절의 죄와 허물을 기억"하시는 것이 아니라, "주의 인자하심사랑을 따라 [우리를] 기억하시"는 것이다시 25:7. 우리를 향한 주의 생각은 우리 눈에 참으로 보배롭다. 그리고 그 수는 우리가 이루 헤아릴 수 없이 많다시 139:17-18.

만일 이 상황에서 새롭게 생각나는 죄가 있다면 바로 회개하자. 그리스도의 십자가를 의지하여 모든 것을 고백하자. 그리고 사죄의 능력을 믿자. "만일 우리가 우리 죄를 자백하면 그는 미쁘시고 의로우사 우리 죄를 사하시며 우리를 모든 불의에서 깨끗하게 하실 것"이다요일 1:9. 우리들의 죄는 이렇게 깨끗이 정리되는 것이다. 우울증은 어떤 죄가 있어서 받는 벌이 아니다. 외려 우울증은 분명히 시각장애인이었던 거지와 같이 "이 사람이나 그 부모의 죄로 인한 것이 아니라, 그에게서 하나님이 하시는 일을 나타내고자"요 9:3 함이다.

2. 우울증은 실패자의 병이 아니다

저명한 상담학자 제이 아담스 Jay Adams 는 "우울증이란 자기 조절 self-control 과 자기 훈련 self-discipline 의 실패의 결과로 오는 것"이라는 단순한 정의를 내렸다.[56] 이것은 인간의 연약함과 질병을 인간이 회개해야 할 죄와 동일시하는 그릇된 설명이다. 게다가 그는 우울에 머물러 있지 말고 죄를 회개하고, 하나님과 다른 사람을 기쁘게 하려고 하던 일을 계속하라고 말한다. 주부는 다시 청소하고, 가족들을 위해 음식을 다시 만들라고 한다. 심지어, 아담스는 남편으로 말미암아 심각한 스트레스를 받은 한 여성이 그에게 와서 도움을 요청할 때, 왜 먼저 남편에게 직접 도움을 요청하지 않았느냐며 책망한다.

우울증을 조금만 자세히 들여다보면, 우울증이란 것이 결코 개개인의 자기 조절이나 훈련 실패로 발생하는 것이 아님을 쉽게 발견할 수 있다. 게다가 아직 움직일 기력이 없는 사람을 흔들어 깨워서 다시 일하게 하면 우울증이 해결된다고 생각하는 것은 건강한 사람이 우울증을 일방적으로 정의한 것에 불과하다. 이런 편협한 태도는 우울한 사람들의 무기력과 죄책감을 부추겨서 외려 상황을 악화시킬 수도 있다.

> 죄는 용서를 받아야 하지만, 연약함은 치료를 받아야 한다. 왜곡되고 상처 입은 자기 존중은 긍휼과 자비로 치료되어야 할 부분이지, 결코 죄와 함께 쓸어버려야 할 부분이 아니다.[57]

모든 질병과 죽음은 인간의 타락에서 왔지만, 우울증은 자신의 죄 때문에 받는 벌이 아니다. 그것은 가족과 교회의 변화를 요청하는 신호등이고, 크게 이야기하자면 그토록 초라하고 연약한 사람을 들어 특별하게 쓰시고자 하는 하나님의 놀라운 계획이다.

우울한 이들은 마치 요한복음 9장에 등장하는 시각장애인과 같다. 예수님에 따르면, 그가 시각장애인 된 것은 부모나 자신의 죄 때문이 아니라 하나님의 능력과 그 하시는 일을 나타내기 위해서였다. 9장 전체를 보면, 과연 그는 하나님의 목적에 따라 담대한 그리스도의 증인과 변호자로 쓰임 받은 것을 볼 수 있다.

그렇지 않아도 우울한 사람들은 자신의 행위가 남편이나 아내 혹은 하나님 앞에서 늘 부족하다고 생각한다. 그들의 신학은 '행위의 신학'이다. 자신이 부지런하고 무능하지 않다는 것을 보여주어야 남편이 자신을 사랑하리라 생각한다. 자신이 완벽하게 모든 것을 뒷받침해 줘야 아내가 자신을 무시하지 않으리라 생각한다. 동시에 '이렇게 나 자신이 부서질 만큼 섬겨 주어야만 겨우 나를 봐줄 것 같은' 짜증과 비참 그리고 불안 속에 살아간다.

그러나 하나님도 그렇고, 사랑하는 가족들도 그렇고, 내가 완벽해서 나를 사랑하는 것이 결코 아니다. 우리가 받은 사랑은 행위에 의한 사랑이 아닌 언약, 곧 약속에 의해 무조건 받은 사랑들이다. 나의 부족함과 실패에도 불구하고 여전히 나를 사랑해주시는 하나님과 여전히 나를 사랑하고 받아주는 가족들의 인격적인 신뢰 때문에 우리는 사랑받고, 구원받는 것이다.

우울증은 나의 부족함을 꾸짖으시는 하나님의 형벌이 아니다. 우울할 때의 감정적 느낌과는 달리, 자신이 무능하고 부족한 만큼만 가까스로 사랑받는 것이 결코 아니다. 오히려 우울하여 자신에 대한 절망이 깊을수록 그런 사람에 대한 하나님의 사랑과 연민은 더욱 깊어진다. 건강한 가족이라면 우울한 사람을 두고 더 깊이 하나님께 매달리게 될 것이다.

그러므로 이제 사랑의 자격은 하나님 안에서 바뀌어야 한다. 하나님은 결코 우리가 완전하거나 장점이 많아서 사랑하시는 것이 아니다. 우리의 자격과 행위로 그 사랑을 얻는 것이 아니다. 그리스도 안에 있기에 우리를 무조건 받아 주시는 것이다.

우리가 잠시 겪는 우울의 경험은 하나님의 은혜의 약속을 더욱 선명하게 확인해 줄 기회가 될 뿐이다. 하나님은 우리의 연약함과 무능함에도 불구하고 더 따뜻하게 끌어안으시는 분이다. 그 위대하신 하나님의 능력으로 우리가 "약한 데서 온전하여"진다 고후 12:9. 우리가 비참을 느낄수록 하나님의 능력이 나타날 기회는 커진다. 그래서 우울은 특별한 사람들에게 주신 하나님의 선물이다.

3. 네 손을 늘어뜨리지 말라

심한 우울증 환자에게 "죽고 싶다!"라는 충동은 너무나 달콤하고 그 환상은 너무나 안락하다. 비틀거리며 희망을 잃고 살아가는데, 죽음이라는 선택이 있다는 것이 얼마나 큰 위로가 되는지 모른다. 그것만 통과하면 나를 괴롭히는 사람들, 나를 밤낮으로 조롱하고, 악한 댓글을 달고, 온라인에서 나를 따돌리는 사람들이 더는 나를 어떻게 할 수 없을 것이라고 기대한다. 그런 고민은 그 상황 속에 있어본 사람이 아니면 절대 이해하지 못할 것이다. 그래서 죽으려는 사람들은 친구들을 모으기도 한다. 혼자 가기 두려워서 친구들을 모으고, 우리 삶이 얼마나 우리를 힘들게 하는지 함께 이야기한다.

그리고 답은 오직 하나, 세상을 등지는 것이다.

이처럼 일사천리로 달리는 죽음의 전차를 멈추어야 한다. 그러려면 자기 자신의 손을 늘어뜨리지 말아야 한다. 식사하는 수저가 무거울 만큼 힘이 빠지는 것이 사실이지만, 그 손에 다시 힘을 주어야 한다. 우울하더라도 그 기분에 중독되어 머물러 있지 말자. 많이 우울하더라도 남아있는 기력 5%는 있다. 그 기력으로 박차고 일어나야 한다. 죽음의 충동을 이겨야 한다. 망설여야 한다. 그리고 사랑하는 아이들, 사랑하는 사람들을 생각해야 한다. 나를 무시하는 사람들을 지나쳐야 한다. 핑계를 대며 나를 돌보지 않는 사람들을 간과해야 한다. 죽고 싶은 충동은 폭풍처럼 강하게 몰려오지만 결국 빨리 포기하고, 그 환상에서 나와야 한다.

아이를 가진 엄마라면 아이들에게 내가 얼마나 소중한지, 내가 떠났을 때 사랑하는 가족들이 얼마나 고통스럽고 힘들지 생각해야 한다. 행여 절망될 때 나를 흉내 내면 어떨지 생각해야 한다. 깊은 마음의 닻이 있어야 한다. 그리고 말씀을 의지하자. 내가 살아야 할 이유는 분명히 있다. 그리고 나는 성령 안에서 반드시 의미 있게, 더 깊게 살아갈 수 있다.

"내가 그리스도와 함께 십자가에 못 박혔나니 그런즉 이제는 내가 산 것이 아니요 오직 내 안에 그리스도께서 사시는 것이라 이제 내가 육체 가운데 사는 것은 나를 사랑하사 나를 위하여 자기 자신을 버리신 하나님의 아들을 믿는 믿음 안에서 사는 것이라"_갈 2:20.

비록 문맥은 다소 다르지만, 우리가 그리스도를 믿으면서부터 우리 삶의 의미는 완전히 달라진다. 우리는 더는 내 자존심과 야망과 탐욕을 채우려고 살지 않는다. 심지어 가정 안에서 가장으로서, 안주인으로서, 부모로서, 내 편안함과 만족을 위해서도 살지 않는다.

그렇다면 이제 우리 그리스도인들은 절망과 우울 속에 나 자신을 방치하지 않을 수 있다. 세상의 절망이 와도 이제는 내가 아니라 그리스도께서 사시기 때문이다. 그분이 나를 건져주실 것이기 때문이다. 우리는 우울의 중독에 머물러서는 안 된다.

혼자 있을 때 갑자기 심장마비가 오면 남은 힘으로 반드시 몇 초 안에 큰기침을 여러 번 하라고 한다. 당황하지 말고, 남은 기력을 모아 잠깐이라도 센 기침을 뱉어 내야 산다. 그래야 아이들 엄마로, 아빠로, 세상에 좀 더 남아 있을 수 있다.

마찬가지로 사탄은 끊임없이 우리를 충동질하여, 금방이라도 죽고 싶은 마음을 수도 없이 일으키겠지만, 무기력하게 손 놓고 있지 말자. 남은 힘으로 기침하여 나쁜 절망의 공기를 뱉어내고, 그리스도 안에서 다시 일어나야 산다.

남성의 우울도 순식간에 영혼을 잠식한다. 성공한 다른 친구와 비교할 때, 그들의 아내와 자녀를 비교할 때, 원망과 불평은 순식간에 그를 우울로 꺾어 넣는다. 지금의 삶에 갑작스러운 불만을 품게 하고, 비참과 우울을 느끼게 하고, 지금까지 살아온 삶의 가치를 산산조각 내며 무너뜨리려 한다.

하지만, 이제는 승리하는 아내와 남편이 되어야 한다. 하나님과 더 가까워지고, 자신의 조용한 시간을 통하여 하나님과 더욱 친밀해져야 한다. 그 영적인 부흥과 각성으로, 무엇보다 사탄이 하는 일들을 분별해 내야 한다. 순간순간 사탄이 하는 짓들을 주시하면서, 결국 성령의 인도하심에 다시 마음을 열어야 한다. 그 결과 마음을 넓혀 부족한 남편, 아내, 자녀 그리고 나의 형편을 감사함으로 잠잠히 받아들여야 한다. 마음을 넓히고, 손을 늘어뜨리지 말아야 한다. 그 이유는 스바냐 3장에서 선명하게 이야기하고 있다.

> "그날에 사람이 예루살렘에 이르기를 두려워하지 말라. 시온아 네 손을 늘어뜨리지 말라. 너의 하나님 여호와가 너의 가운데에 계시니 그는 구원을 베푸실 전능자이시라. 그가 너로 말미암아 기쁨을 이기지 못하시며 너를 잠잠히 사랑하시며 너로 말미암아 즐거이 부르며 기뻐하시리라 하리라"_습 3:16-17.

4. 천국에서 온 편지

"당신의 천국은 아직 준비되지 않았습니다."

우울한 당신에게 방금 도착한 하늘나라의 문자이다. 물론, 이 땅은 우리의 땅이 아니다. 이 땅의 소유는 영원한 당신의 소유가 아니다. 우리가 영원히 소유할 것은 없다. 한국이 내 나라가 아니며, 미국도 내 나라가 아니다. 정말, 우리에게는 가야 할 영원한 본향이 있다. 얼마나 아름답고 가고 싶은 본향인지…….

우리는 이 땅에서 마지막 순간까지 나그네이다. 이루고 싶고, 성취하고 싶고, 남기고 싶고, 끝까지 기대고 싶지만, 우리는 이 땅에 모든 것을 두고 떠날 것이다. 모든 것을 남겨두고……. 천국은 하나님이 우리를 받아 주시는 곳이다. 나의 착한 모습, 못된 모습, 기특한 모습, 비겁한 모습, 성실한 모습 그리고 나의 늘어진 모습…….

하지만, 아직은 하나님께서 당신을 위한 준비를 마치지 않으셨다. 당신이 우울하고 힘든 지금, 당신의 떠남에 대해 하나님께서는 여전히 때가 이르다고 말씀하신다.

아직 요단 강이 멈추어 서지 않았다. 당신 힘으로 억지로 건너갈 수 있는 강이 아니다. 여리고로 건너가는 이스라엘 백성을 위해 하나님께서 넘치는 요단 강을 멈추셨지만, 아직 당신이 건너갈 요단 강은 물이 넘실거리고 있다. 아직은 때가 아니다.

당신을 데려갈 천사들은, 연수가 충분히 찬 다른 영혼들을 돌보느라 바쁘다. 당신이 죽어 천사들에게 받들려 아브라함의 품에 들어가야 하는데 눅 16:22, 당신을 위해서는 아직 천사가 대기하지 않고 있다. 당신 차례가 오려면 아직 많은 세월이 더 남았다.

급한 마음으로 서두를 때 하나님의 천사들이 혼란스러워하며 안타까워한다. 아직 때가 아닌데……. 아마도 우리가 천사들에게 받들려 천국에 도착했을 때, 우리는 아브라함의 품에서 기념 사진을 찍을 것이다. 그는 당신의 믿음의 아버지이다.

그런데 지금 그의 품에는 다른 사람들이 안긴다. 천국에 영광스럽게 도착한 사람들이 아마도 줄을 서서 기다릴 것이다. 끝이 보이지 않는다. 당신의 차례를 찾아보니 수십 년은 넘게 기다려야 한다. 거기에 지름길로 달려오는 사람들은 그렇게 줄 서서 기다리는 사람들에게 민망하고 부끄러운 새치기가 될지도 모른다.

당신을 위한 면류관도 아직 준비 중이다. 멋지고 근사하며 명예로운 왕관을 써야 할 텐데, 그리고 우리는 감격하여 그 면류관을 사랑하는 구주 예수님에게 다시 돌려드릴 텐데, 당신의 면류관은 아직 계획 중이다. 급히 가면 당신은 무엇을 쓰게 될 것인가?

천국에서 내가 받을 면류관을 위해, 당신은 반드시 하나님이 주신 이 땅에서 더 오래 살아야 한다. 기력을 회복하면, 잔치를 베풀어 "가난한 자들과 몸 불편한 자들과 저는 자들과 맹인들을 청하"여 식사 한번 제대로 대접해야 한다. "부활 시에 갚음을 받을" 상이 있어야 하지 않겠는가?_눅 14:13-14_ 내가 친절을 베풀어도 나에게 갚아줄 수 없는 사람들을 위해 나는 좀 더 오래 살아야 하지 않겠는가? 하나님은 여전히 우울한 우리가 이 땅에서 하루라도 더 오래 살았으면 하고 바라신다. 우리가 할 수 있는 일이 그리 많지 않아도, 하나님은 내가 오늘 하루 숨을 쉬며 살아 있는 것만으로도 매우 기뻐하신다.

자살을 시도했다가 살아난 사람의 말을 들어 보면, 살아난 것이 참 부끄러웠다고 한다. 차라리 죽어버렸으면 끝났을 텐데……. 하지만, 하나님의 음성은 다르다. "아이고, 내가 잠시 한눈파는 사이에 이런 일이 벌어지다니 큰일이 날 뻔했다. 다시는 너를 놓지 않으마!" 물론 하나님은 잠시라도 한눈파시는 분이 아니다. 하나님은 졸거나 주무시지도 않고, 눈동자와 같이 가까이에서 세밀하게 사랑하는 자들을 지키신다. 살아 있는 사람에게는 살아 있어야만 하는 이유와 의미가 있다. 그것은 신적인 의미이다. 그것은 하나님의 목적이다.

탁류에 휩쓸려 순식간에 떠내려가는 아무런 힘없는 아이를 큰 손으로 퍼내어 건너편에 던져 놓으신 하나님, 그것이 보이는 구원이었다면, 하나님은 지금도 죽음의 문턱을 서성거리는 당신을 손으로 퍼서, 그 강한 팔로 생명의 언덕 위에 올려놓으실 것이다. 당신은 분명히, 그리고 반드시 살아야 할 신적인 이유와 가치를 가진 사람이다.

5. 우울 구덩이

행여 지옥이라도 여기보다 낫겠다는 마음으로 죽고 싶지는 않은가? 하지만, 그것은 결코 당신 자신의 진정한 마음이 아니다. 당신을 충동하는 자들의 거짓된 마음일 뿐이다. 그런 자들은 당신의 외로움과 괴로움을 일으키는 자들이다. 그리고 그들이 당신을 데려가려고 하는 곳은 지금 당신의 괴로움이 최악의 상태에 이른 곳이다.

지옥에는 안식이 없다. 거기서는 쉼이 없고, 잠도 없다. 지금은 잠이라도 자면 그래도 좀 나을 때가 있다. 하지만, 거기에서는 사탄이 잠도 재우지 않고 괴롭히는 곳이다. 죽는 것이 달콤하다고 속삭여도 절대 속지 말라. 사탄은 달콤한 미끼를 던져놓고 덥석 물면 당신의 영혼을 낚아채는 무자비한 낚시꾼이다.

사탄은 무시무시한 활을 설치해 놓고, 가짜 암컷 칠면조 인형을 만들어놓고 기다리는 칠면조 사냥꾼이다. 암컷의 소리를 만들어 내면서, 잘 자란 칠면조 수컷을 유인하여 나타나면 영락없이 활을 쏘아 쓰러뜨리는 칠면조 사냥꾼이다.

당신이 좋아하지 않아도 약하면 찾아온다. 달콤한 것이 통하지 않으면 겁주고 협박한다. 욕설을 하고 저주를 한다. 혼자 있을 때는 말도 안 되는 일들을 벌인다. 사탄은 비겁하고, 비열하고, 비정하다. 당신 주변에 사람이 없을 때는 더욱 활개를 친다. 무시무시하도록 무섭게 하고, 소스라치게 놀라게 하고, 그렇게도 간절히 죽고 싶을 만큼 두렵게 한다.

하지만, 실제로는 아무것도 없다. 사랑스럽고 고귀한 당신이 왜 그 더러운 것들의 밥이 되어야 하는가? 그들이 땅을 치며 좋아하고, 팔짝팔짝 뛰면서 춤을 추게 할 이유가 무엇인가? 희생자가 되지 말고 승리자가 되자. 당신의 등을 떠밀 때 밀려가지 말라. 견고한 다리로 버티고, 매서운 얼굴로 저항하라.

그나마 천천히 찾아보면 나를 생각해 주는 사람 한 명이 있는 곳이 이곳이다. 살다 보면 나에게 물 한 잔 주는 사람이 한 명은 있다. 하지만, 지옥에는 없다. 한 명도 없다. 나를 생각해 주는 존재는 아무도 없다. 물 한 방울을 주는 사람은 고사하고, 내게 줄 물 한 방울조차도 없다. 메마르고, 뜨겁고, 짜증이 끝까지 치밀어도 기괴한 웃음과 비웃음뿐, 끝없는 소외, 따돌림, 원망과 두려움, 욕설과 모독만 가득하여 기회 잃은 땅이 지옥이다.

지금도 사탄은 늦은 밤에 조용히 당신만 집 밖으로 불러낼 수도 있다. 마음의 귀에 속삭이며 그 암흑 속에 마치 대단한 위로나 약속이 있는 것처럼 당신을 유인할 수도 있다.

하지만, 이제 자신을 흔들어 깨우자. 그리스도의 이름을 외치자. 당신을 위해 보혈의 피를 흘리신 예수님을 부르자. 그 속삭임이 사라져서 다시는 들리지 않을 때까지 말이다. 그 치명적으로 달콤한 목소리가 당신에게 아무런 느낌 없이 흘러 지나칠 때까지, 잠잠히 성령의 음성을 듣기까지 말이다.

"혼자서도 싸우고, 믿음의 사람들과 합하여 함께 싸우자."
"힘을 내자."

그리스도 안에서 당신은 정말 특별한 하나님의 사람이다.

- 우울증은 죗값으로 받는 것이 아니다. 우리의 모든 죗값은 예수께서 십자가에서 다 치르셨다. 우울증은 오직 하나님이 하시는 위대한 일을 나타내려고 우리에게 있는 것이다.

- 우울증은 자기 조절에 실패한 사람들의 병이 아니다. 부족함을 꾸짖으시는 하나님의 형벌도 아니다. 우울한 사람에 대한 하나님의 얼굴은 분노한 얼굴이 아니라, 우리를 따뜻하게 품으시는 사랑의 얼굴이다.

- 반드시 죽음의 전차를 멈추어야 한다. 강렬하게 몰려오는 죽음의 충동과 환상을 떨쳐버려야 한다. 나를 사랑하는 사람들을 다시 한 번 생각해야 한다.

- 당신의 천국, 아직 준비 중이다. 하나님은 당신이 이 땅에서 하루라도 더 살기를 원하신다.

- 사탄은 생명을 사냥하는 비열한 사냥꾼이다. 하나님의 사람들 모두에게는 이런 사냥꾼을 따돌리고 이길 하나님의 특별한 사랑이 있다.

제10장

네 이웃을 네 몸같이

1. 더 연약한 성도들을 우울하게 하지 말라

"사자가 자기의 굴에 엎드림 같이 그가 은밀한 곳에 엎드려 가련한 자를 잡으려고 기다리며 자기 그물을 끌어당겨 가련한 자를 잡나이다. 그가 구푸려 엎드리니 그의 포악으로 말미암아 가련한 자들이 넘어지나이다"_시 10:9-10.

        청소년들과 여성들이 우울해지는 것은 주로 인간관계에서 비롯된다. 이들을 우울하게 하는 것은 같은 청소년과 여성들이다. 이들은 무리를 지어 다니며 자기편을 만들고, 가련하거나 연약한 친구들을 이용하거나 소외시켜 절망하게 한다.
        세 사람이 모여 이야기를 하면서도 한 사람과만 눈을 맞추어 이야기한다면 그것은 다른 한 사람을 소외시키는 일이다. 한 사람과 친밀함을 과시함으로써 남은 한 사람에게 자신의 '힘'을 과시하는 것이다. 자신의 존재감이나 친밀감을 보여줌으로써 또 다른 한 사람을 대화의 구경꾼으로 만드는 것이다.

 세 사람이 모인 바로 그곳에도 서로에 대한 따뜻한 배려가 있어야 한다. 대화를 할 때는 눈빛을 골고루 나누며, 어느 한 사람도 소외되지 않도록 온 힘을 다해야 한다. 소외당하는 사람은 언제나 우울해지기 때문이다.

 남을 소외시키는 사람은 말 그대로 나쁜 사람이다. 소외당하여 상처 입는 사람의 마음을 거들떠보지도 않기 때문이다. 따돌리는 사람들은 기회가 있는 대로 입을 열어 자신의 힘을 보여주려 한다. 그리고 마음에 염두를 두는 상대의 기를 죽이는 데서 쾌감을 느낀다. 하지만, 사람을 죽이는 것과 마찬가지로 가련한 한 사람의 기를 죽이는 것은 살인죄와 같다. 그것은 남을 실족하게 하는 무서운 죄다. '실족하게 하는 일이 없을 수는 없으나, 실족하게 하는 그 사람에게는 화가 있는 것이다.'[58)]

 "본 반주자가 없으니까, 오늘은 피아노가 약해도 조금만 참으세요."

 어느 교회 성가대 지휘자가 성가연습을 시키면서 성가대원들에게 했던 말이었다. 이 말에 누가 가장 상처를 받았겠는가? 본 반주자를 대신해서 일부러 와서 피아노 앞에 앉아 있는 그 사람 아니겠는가? 그 성가대의 반주자는 피아노를 전공했던 지휘자 자신의 딸이었다. 마침 자신의 딸에게 사정이 생겨서 그날은 다른 반주자가 와서 대신 성가대를 위해 피아노를 치는 자리였다. 그것도 한 주간 전에 원래 반주자가 이 다른 반주자에게 엉뚱한 악보를 주는 바람에, 당사자가 몹시 당황하고 있었던 상황이었다.

일부러 와서 수고해주는 반주자에게 사실은 감사해야 할 일이 아니겠는가? 하지만, 현실은 그뿐만이 아니었다. 성가대 연습을 마칠 때, 그 지휘자와 절친한 어느 권사가 성가대를 위한 기도를 했다. 하지만, 그 자리에 없는 본래 반주자를 위해서만 간절히 기도하고 기도를 마쳐버렸다. 그 자리에 있던 반주자의 존재감은 전혀 찾아볼 수 없었다. 이것은 서로 깊이 생각해 주는 두 사람(지휘자와 권사)이 아주 자연스럽게 마음을 '합하여' 그날 자신들을 위해 수고한 한 사람의 존재를 지워버린 사건이었다.

그 두 사람은 서로 미리 약속할 필요도 없을 만큼 서로의 마음을 너무나 잘 알아서 '조화롭게' 하루 일정을 마무리하였다. 하지만, 그들은 마음을 합하여 그 자리에서 자신의 목소리를 전혀 낼 수도 없는 가련한 한 사람을 멋지게 따돌려버렸다. 지휘자의 '권력'과 기도자의 '권력'을 가지고 가련한 사람을 배척할 뿐, 전혀 배려하거나 치료하거나 감사하지도 않았던 것이다.

지나친 밀착은 더 연약한 사람을 우울의 구덩이로 빠뜨릴 수 있다. 자리를 비운 자기 딸에 대한 애착에 매여서, 절친한 친구의 우정을 끌어당겨 서로 짠 듯이 호흡을 맞추어, 오직 그 자신들만을 위한 교회 공간을 만들어 낸 것이다. 심지어 하나님께 순전하게 드려야 할 기도에서조차도 지독한 편애를 드러냄으로써 다른 반주자에게 상처를 주고 말았던 것이다. 가련한 한 사람을 따돌리거나 투명인간 취급하는 것은 아주 못된 짓이다. 그리고 힘든 사정이 있는 사람을 두고 수군거리는 것은 가련한 사람을 더욱 우울하게 하는 악한 짓이다.

안타깝게도 서로 밀착되어 있었던 지휘자와 그 권사 역시 매우 우울할 일이 많은 사람이었다. 자기 자신들이 이미 피곤한 일상과 자녀의 이혼 등으로 서로에게 의지할 수밖에 없는 외로운 사람들이었다. 어쩌면 그들 자신도 우울증을 가진 사람들이었을 것이다. 하지만, 교회 안에서 우울한 그들이 우정과 연대감으로 힘이 생겼을 때, 그들은 힘없는 한 사람을 따돌리며 고통을 주는 잘못을 범했다. 그들은 상처받은 자이면서 동시에 다른 사람에게 지독한 상처를 주는 사람들이었다.

자기 삶의 우울함 때문에 다른 사람들에게 상처를 주어 우울에 밀어 넣는 것은 악한 죄이다. 불만족스럽고 짜증나는 자신의 삶을 보상받으려고 명품으로 치장하고, 자신처럼 명품을 사용하지 않거나 값이 비싸서 엄두도 내지 못하는 사람들을 마음으로 업신여기며 따돌리는 것은 과히 사탄적이다. 만일 교회에서, 잠시 스쳐가는 생각으로라도 자신보다 약하거나 초라하게 보이는 사람을 업신여겼다면, 그것은 하나님 앞에서 회개해야 할 죄이다.

물론 자신을 위해 명품을 소비할 수도 있다. 자신의 목소리도 제대로 내지 못한 채 남편에게 눌려 살던 여성 가운데, 너무나도 자신을 무시하는 남편에 대한 분노와 보상의 표시로 자신을 위해 수백만 원어치의 옷가지를 사는 일도 있다. 교회에서도 부엌 봉사를 하다가 앞치마를 두르고 잠시 밖에 나오면서까지 품에 안고 나오는 가방을 보면, '아 저게 명품 가방이로구나.'라고 알게 된다. 그런 명품과 소비가 자기 살림에 큰 손해가 되지 않고 우울한 가족의 마음에 위로가 된다면, 또 한두 번의 일과성에 그친다면 그것에 큰 문제가 되지는 않을 것이다. 하지만, 자신의 짜증과 우울을 친한 누군가와 마음으로 연대하여 교회 안에 있는 더 연약하고 힘없는 사람에게 아픔의 소나기로 쏟아붓는 것은 죄이다.

자신의 늙은 부모를 염려하며 기도해 달라고 부탁하는 사람을 두고 피식거리며 웃고 핀잔을 주는 교인들도 있다. "부모님이 늙었다고 다 아픈 건 아니죠. 우리 부모님은 연세 드셨어도 얼마나 건강한데요?"라며, 곁에 있는 다른 사람과 눈을 맞추는 것은 옳지 않은 일이다. 차마 하고 싶은 말을 다 못하는 가련한 사람을 넘어뜨리고 실족하게 하는 나쁜 행동이다. 불행하게도, 그들은 교회 안에서도 말씀으로 자신을 성찰하지 않고, 못된 자연인의 흔적들을 그대로 가지고 다른 사람을 실족하게 한다. 따뜻한 수용의 마음이 없다면 기도 제목을 나누는 것조차 시험거리가 된다.

"자신의 자존감을 위해 다른 사람들을 의지하는 이들은 종종 사랑에 대한 과도한 확약을 요청한다."[59] 이런 사람들은 주변에 있는 사람들이 자신이 원하는 만큼 관심이나 인정을 보여주지 않을 때 쉽게 우울감과 소외감에 빠진다. 그리고 자기보다 약한 사람들을 누름으로써 자존감을 확인하려는 병적인 모습을 보이기도 한다.

물론 이런 이들은 가능하면 전문 상담자를 만나는 것이 바람직하다. 하지만, 자기 자신도 자신의 우울증이 잘못된 방향으로 흘러

가지 않도록 깨어 있을 필요가 있다. 그리고 주변의 친구들은 그 사람에게 휘둘리지 말고 잘한 것은 칭찬하되 옳지 않은 것은 틀렸다고 말해줄 수 있어야 한다. 그래야 그 사람도 살고, 공동체가 건강하게 설 수 있기 때문이다.

전통적인 한국 가정에서, 새로 들어온 며느리에 대해 시댁의 여성들이 함께 모여 과연 칭찬과 환영을 하는가? 서로 친밀하지 않던 가족들조차도, 새로운 '먹잇감'을 두고 서로 급속히 바람직하지 않은 연대를 이루는 것은 흔한 일이다. 결혼식 과정에 대해, 혼수품에 대해, 서투른 음식 솜씨에 대해, 심지어 인간의 가치에 대해서까지도 무리를 이루어 빈정대기를 마지않는다. 이런 빈정거림이 연약한 여성들을 소외시키고 우울의 고통에 빠지게 한다.

여성을 가장 우울하게 하는 것은 여성들 사이에서의 관계의 소외이다. 이것은 같은 여성들이 더 잘 안다. 그렇다면 같은 여성들의 포용과 이해가 우울증 치료에 결정적이라는 것도 잘 알 것이다. 비록 자신에게 여유가 없다 하더라도 남을 유익하게 할 수 없다면 적어도 피해는 주지 않아야 한다. 그러므로 가련한 한 여성을 눈빛으로 소외시키거나, 말로 따돌리거나, 등을 돌려 외면하는 것은 나쁜 악을 행하는 것이다. 자신이 그런 경험을 겪었던 사람일수록 그 아픔을 이해하도록 노력해야 한다. 그것이 우리가 한 걸음씩 따라가야 할 그리스도의 고난의 발자취이다.

> "욕을 당하시되 맞대어 욕하지 아니하시고 고난을 당하시되 위협하지 아니하시고……" _벧전 2:23

이런 그리스도를 본받아 사도 바울은 새로운 삶을 선택했다.

> "모욕을 당한즉 축복하고 박해를 받은즉 참고 비방을 받은즉 권면하니……"_고전 4:12-13

바울의 선택이 이제 우리의 선택이 되어야 한다. 그리스도인의 가정과 교회의 소그룹 공동체는 이제 달라져야 한다. 그리스도께서 생명을 내려놓을 만큼 우리를 사랑하셨다면 이제 우리도 사랑의 인격으로 상처를 위로로, 아픔을 치유로 바꾸며 살아야 한다.

"언제까지 술에 취해 살 거야? 포도주를 끊어!"

성급하게 판단은 하면서도 정작 개인의 사정에 무관심했던 엘리 제사장이 한나에게 쏟아부었던 독설이다. 알지도 못하면서 아는 것처럼 큰소리치며 가르치려 들기 전에, 잠시라도 마음을 열고 따뜻하게 사정이 무엇인지 물어보면 어떨까?

"혹시 무슨 일이 있으신가요? 요즘 많이 힘들어 보이시네요."

언뜻 보기에 연약하고 무가치하게 보이는 한 사람을 이제는 하나님 앞에서 가치 있고 소중한 한 사람으로 인식해야 한다. 보이지 않는 사람에 대한 뒷이야기를 멈추고, 날카로운 비판과 판단을 보류해야 한다. 차가운 비판이나 냉소 대신에 가련한 한 사람을 '위한' 따뜻한 말을 하도록 깨어 있어야 한다.

이제 더는 '교회 안에서' 우울한 사람을 만들어 내거나 내버려둬서는 안 된다. 하나님께서 피로 값 주고 사신 한 영혼을 마음으로나 말로 함부로 상처를 주어서는 안 된다. 교회는 연약한 성도들의 우울증을 부끄러워하지 않고, 인내하면서 기꺼이 있는 모습 그대로 이해하고 받아 주는 따뜻한 위로와 치료의 장소가 되어야 한다.

2. 어린 자녀를 우울하게 하지 말라

우울한 엄마들은 자신의 남편과 자녀까지 우울하게 만든다. 예민한 감정에서 나오는 말이 남편의 마음을 찌르고, 아이들을 과도하게 '불쌍한 내 새끼'라 여기며 자신과 동일시함으로써 외려 아이들 마음에 우울증을 심는다. 우울한 아빠들은 그 지독한 우울증을 그 아내와 아들에게 전염시킨다. 그 깊고 무거운 침묵으로 사랑하는 아내를 답답하여 질식하게 만들고, 거친 말과 폭력적인 횡포로 자녀의 삶의 의욕을 무너뜨린다.

어느 청년은 지금도 몸에 숱한 칼자국들을 가지고 있다. 그가 초등학생 때 우울증으로 스스로 목숨을 끊으신 엄마가 남긴 자국들이다. 물론 엄마는 그 아들을 무지 사랑했을 것이다. 목숨을 끊으려니 그 아들이 계속 눈에 밟혔을 것이고, 그럴 바에야 차라리 함께 죽는 것이 낫겠다고 생각했을 것이다.

하지만, 이제 막 피어오르는 생명인 그 아들에게 그것은 기억하기도 싫은 공포 그 자체였다. 그래서 그는 놀랍게도 5학년 이전의 일들에 대한 기억을 하나도 하지 못한다. 너무나도 고통스러운 그 기억들에 대해 마음의 칸막이를 치고서 지금껏 아무렇지도 않은 것처럼 살아왔던 것이다.

우울증은 골짜기 아래로 흘러내리는 쓴 물과 같다. 가정이든, 직장이든, 교회든, 자신의 영향력 아래 있는 사람들에게 그 쓰디쓴 우울의 맛을 보게 한다. 어쩔 줄 몰라 당황하는 가련한 아이들에게 같이 우울하자고 사정하는 것이다.

지금도 자살 충동을 느끼는 어느 여성을 보면 엄마로부터 물려받은 우울의 흔적이 역력하다. 딸만 낳아 우울했던 그 엄마가 자식에게 그렇게 바랐던 것은 더는 자라지 않고 일찍 죽는 것이었다. 그래야 딸 가진 수치를 면하고, 아들 하나라도 낳을 공간이 생기기 때문이었다. 그런 엄마의 소원을 정말 들어주고 싶었는데, 자신은 죽지 않고 자라기만 하였다. 아이들이 우울한 엄마를 사랑하고 순종하면 할수록 아이들 역시 더욱 깊이 우울해진다.

우울한 엄마들은 반드시 성숙한 상담자를 찾아야 한다. 물론 그럴 힘도 없다 하더라도 마지막 기운을 다해 도움을 요청해야 한다. 도움을 청하는 것은 결코 부끄러운 일이 아니다. 자신이 살아야 가족과 어린아이들이 살 수 있기 때문이다. 나이 어린 자녀를 붙들고 같이 죽자고 하는 것은 자살보다 큰 죄를 짓는 것이다. 마음으로 아이를 떼어 놓는 것은 참 외로운 일이지만, 우선 아이를 안전하게 보호할 수 있도록 떼어놓고, 아직 조금이라도 판단력이 남아 있을 때 주변의 좋은 병원, 교회 혹은 상담자를 찾아가야 한다.

어린아이들에게 우울한 사정을 하소연하면 할수록 아이들도 똑같은 마음의 병을 평생 안고 살아가게 된다. 커서도 죄책감과 자살 충동에 시달리게 된다. 부디 그 짐을 아이들에게 지우지 말고, 그 용기로 좋은 상담자를 찾아 하소연해야 한다. 돈이 좀 들어도 엄마가 먼저 살아야 한다. 그것이 집에만 앉아 순진한 아이들에게 자신의 병을 나누어주는 것보다 낫다. 이 무겁고 힘겨운 짐을 연약하고 부서지기 쉬운 아이들의 어깨에까지 얹을 이유가 있을까? 부디 내 걱정을 아이들에게 물려주지 말자. 아이들에게는 예쁘고, 밝고, 사랑스럽고, 따뜻한 마음만 전해 주도록 조심하자.

아기를 키울 때 분유에 이물질을 섞어준 적이 있는가? 절대 그러지 않았을 것이다. 그렇다면 아이들의 마음에 우울의 찌꺼기를 섞어줄 수 있겠는가? 말도 되지 않는다. 어떻게 낳은 아이이고, 어떻게 키운 아이인가? 이것은 엄마로서의 자존심이며 결단이다. 비록 내가 우울해서 우울증과 한바탕 싸움을 벌이는 한이 있어도, 도움이 필요하여 자존심을 접고 전문 상담자에게 손을 내밀어 도움을 구하는 한이 있어도 내 아이에게는 절대 우울의 찌꺼기를 먹일 수 없다. 그렇게 아끼며 내 몸 안에 품고 키운 내 새끼를 오직 밝은 햇빛, 신선한 공기 그리고 정수기로 거르고 걸러서 깨끗해진 맑고 건강한 물로만 키워야 한다.

그 사랑하는 아이들을 평생 지켜 줄 든든한 둑이 되려고, 엄마는 다시 우울증과 맞서 싸워야 한다. 우울증이 없다고 다 좋은 엄마가 되는 것이 아니라, 우울한 일이 있어도 아이들을 지키며 꿋꿋이 일어서는 엄마가 참 좋은 엄마이다.

3. 당신의 아내를 너는 우울하게 하지 말라

여성이 한평생을 살면서 우울해질 이유는 너무나 많다. 우선 남성들이 주도하는 세상에서는 남성으로 태어나지 않은 것이 가장 큰 이유 가운데 하나이다. 역사상 우리가 나라를 잃었을 때, 나라를 지키느라 생명을 잃는 것은 소수의 남성이었지만, 잃어버린 나라에 살아남아서 그 값을 치러야 하는 것은 다수의 여성이었다.

아프리카의 어느 부족은 여성들이 집안의 일뿐만 아니라 집 밖의 모든 일을 해야 한다. 심지어 뜨거운 낮에 밭에 나가서 땅을 가꾸고 수확을 하는 것도 여성들의 몫이었다. 그렇다면 남편들은 그 시간에 무엇을 하고 있을까? 그들은 그늘에 앉아 어린아이들과 놀고 있었다. 그것을 보고 누가 물었다.

"왜 아내를 도와주지 않으세요?"
"아유, 그런 일을 어떻게 해요? 창피하게……."

그랬다. 그 부족 내에서는 아내를 도와 일을 하는 것이 남성들의 체면을 구기는 창피한 일이었다.

일을 하는 여성에게 다가가 물었다.

"가장 큰 소원이 무엇인가요?"

그 여성이 땀을 닦으면서 대답하였다.

"다음에 세상에 태어난다면 남자로 태어나고 싶어요!"

아마도 이 땅의 많은 여성은, 만일 다시 태어난다면 다시는 여자로 태어나고 싶지 않다고 말할 것이다. 그뿐 아니라 지금 남편을 다시는 만나지도 않을 것이다. 남편에게 받은 상처와 아쉬움과 서러움이 크기 때문이다. 다행히 천국에서는 우리가 모두 천사와 같아 남자와 여자가 따로 없다고 한다.

에베소서에서 사도 바울은 남편과 아내의 관계를 그리스도와 교회의 영적인 관계에 비추어 설명한다. 정말 심오하고 깊은 관계이면서, 오늘날 여성들의 우울증의 원인을 밝혀주는 말씀이다. 대개 여성주의자들이나 보수주의자들이 다투는 것은 "아내들도 범사에 자기 남편에게 복종"하라는 엡 5:24 말씀에 대한 것이다. 그래서 복종하라는 이 말씀이 오류가 있고 시대착오적이라고 주장하는가 하면, 여자는 남자에게 입도 벙긋할 수 없는 이유가 이 말씀 때문이라고 고집하기도 한다.

우선, 남편과 아내의 관계를 규정하는 복종의 문제는 에베소서 5:21에서 이미 전체적으로 방향을 잡고 있다. "그리스도를 경외함으로 피차 복종하라!" 그것은 이어서 나오는 자녀와 부모, 종과 상전의 관계까지도 지배하는 일반적인 선언이다.

여성 우울증의 대부분은 가족 때문이다. 자신을 방치하고 버린 어릴 때의 가족이나 사랑과 관심 대신 소외와 미움을 반복적으로 일으키는, 결혼 이후에 생긴 가족 때문이다. 특히 한국 문화에서는 까다롭고 부정적인 시댁 부모나 아내를 제대로 지켜주지 못하는 남편이 큰 영향을 준다.

아내들이 남편을 귀찮아하고 부담스러워하는 가장 큰 이유를 들라면 그가 아내에게 제대로 말은 하지 않으면서, 그저 인상만 쓰거나 화를 내며 가정 분위기를 무겁게 만들기 때문일 것이다. 뭘 모른다며 아내를 무시하거나, 툭 하면 부정적이고 비판적인 말을 쏟아내는 남편의 독설을 아내들은 정말 힘들어한다. 그중에서도 결혼한 여성들을 직접적으로 가장 우울하게 하는 것은 남편이 아내를 사랑하지 않는 것이다. 물론 누가 사랑하지 않고 결혼할 수 있겠는가? 사랑의 본질은 에베소서의 말씀과 같이 남편이 깨끗하고 거룩하게 오직 아내에게만 자신을 주는 것이다.

하지만, 많은 남성은 결혼하고 나서도 너무나 산만하다. 결혼하면 자신은 이제 안심하고, 아내로부터 많은 봉사를 받을 것만 기대한다. 아내를 너무 쉽게, 그리고 당연하게 생각하고 다른 인간관계에만 더욱 공을 들인다. 결혼하기 전과 마찬가지로, 일터나 교회의 매력적인 여성들로부터 인기를 지키려고 하지만, 그것을 먼발치서 바라보는 어린 아내가 얼마나 아픈지 생각하지 못한다. 다른 여성들에게는 더 잘 보이려 하고, 그들 앞에서 체면관리를 하지만 자기 아내의 섭섭한 마음은 전혀 알려고 하지 않는다. '어장관리'를 하며 산만하기만 할 뿐, 거룩하고 구별되게 아내에게 집중하거나 헌신하려 하지 않는다.

결국, 이런 남편들은 그리스도께서 교회를 사랑하시고 자신을 주신 것처럼 살지 않는다. 자신을 아내에게 온전히 주지도 않고, 마음을 다른 곳에 빼앗긴다. 미모를 가진 여성이나 자신에게 배려해주는 이성에게 여전히 마음을 빼앗기고, 아내와 비교하며, 아내가 그렇게 배려해주지 않는 것에 대하여 불만을 품는다.

다른 여성과는 농담도 잘하고 언제나 활짝 웃어주는 남편들이지만, 자신의 약점을 찌르거나 잔소리를 자주 하는 아내에게는 눈길조차 주지 않는 것은 옹졸하다. 바깥에서 새롭고 참신한 여성을 만나면 가슴이 두근거리면서도, 정작 근심 어린 눈으로 자신을 순전하게 바라보는 아내를 부담스러워하는 것이 아내를 불안하게 하고 우울하게 하는 큰 원인이 된다. 그런 남편들은 물로 씻지 않아 깨끗하지 않은 사람들이다. 거룩하지도 않을 뿐만 아니라, 그 대신 티나 주름 잡힌 것이나 흠이 너무 많은 사람이다. 그래서 아내들은 더욱 우울하다. 남편에게 깨끗한 마음과 거룩한 분별력이 없으면 이 땅의 아내들은 우울할 수밖에 없다.

다른 여성들을 가까이하지 말라. 남편의 외도는 아내에 대한 영적 살인과 같다. 아내의 마음을 심각하게 무너뜨릴 뿐 아니라, 자신을 무가치한 여자로 여기며 우울하게 만드는 결정적인 역할을 한다. 그렇게 음행하는 자는 하나님 나라의 기업을 받지 못한다.

하지만, 많은 남성은 자기 문제의 심각성을 전혀 깨닫지 못한 채 자신의 편안함과 순간의 쾌락을 추구하는 본능을 따라 산다. 그러면서도 마음으로부터 솔직한 대화를 원하는 아내에게, 마치 자신은 혼자 사는 사람인 것처럼 자기 방문을 꽁꽁 닫아버린다. 이처럼 침묵의 베일에 가려 살아가는 남편이야말로 수많은 아내를 우울하게 하는 큰 원인이다.

 사실 남성이라고 원래 말을 안 하거나 싫어하지는 않는다. 다른 사람의 마음을 헤아리며 "그럴 때 참 힘들었겠구나!"라는 말은 못 하지만, "그까짓 게 뭐가 문제야? 이것도 하나 제대로 못 해?"라는 비판이나 상황 설명은 너무나 잘 하지 않는가? 불편하고 부담스러운 상황, 더구나 아내나 자녀와의 관계에서 따뜻한 대화를 멈추거나 입을 닫아버리는 것이 문제이다. 어떤 경우에도 혼자 획 하고 나가버리지 말라. 나가려면 반드시 아내와 함께 나가라. 아내와 관계가 뒤틀리면 반드시 대화로 맺힌 감정을 풀어야 한다. 결코, 저절로 혹은 알아서 내가 원하는 대로 되는 법은 없다. 기분 상한다고 혼자 뛰쳐나가지 말고, 말을 하고 싶지 않거나 할 말이 없어도 의식적으로 입을 열고서 말을 해야 한다. 그래야 아내의 마음에 한과 우울이 쌓이지 않는다.

 "내 인생은 왜 이 모양일까? 저 친구 아내는 돈도 잘 벌고, 또 다른 친구 아내는 인물이라도 있는데, 내 아내는 왜 저래?"

 만일 원망만 하고 주저앉아 있는 남편이 있다면 그는 딱한 사람이다. 아내에게 결코 '꽉 막힌' 벽이 되지 말라. 자신이 먼저 감정을 추스르고, 먼저 웃음을 가져다주고, 먼저 수다를 시작하고 그리고 먼저 분위기를 밝게 만들어야 한다. 하나님께서 주신 삶을 하나님께서 주신 가족을 위해서 자기의 자존심까지 내려놓고, 한 몸 던져 가족의 평안과 밝음을 찾아와야 한다. 혹시 상담이 필요하다면,

'너나 해라!'라고 하지 말고 반드시 남편이 아내와 함께 가야 한다. 함께 가면 희망이 있지만, 혼자 보내면 절망할 수도 있다.

남녀의 결혼은 영적으로 그리스도를 본받아 살기로 결심하는 것이다. 그것은 남녀 모두의 진지한 결단이어야 한다. 남편의 아내 사랑은 그리스도의 사랑을 닮아가야 한다. 그것이 또한 자신을 사랑하는 길이다. 그리스도께서 교회를 위하여, 자신을 정결하게 구별하신 그 순수한 한마음의 사랑을 고스란히 닮아야 한다. 남편의 사랑이 그 사랑을 닮지 못할 때 아내들은 우울해진다.

가능한 한 남성들은 아내 이외의 다른 여성들에게 공식적인 업무상의 대화 이외에 사적인 농담이나 친밀감을 추구하지 말아야 한다. 아무리 오랫동안 친한 사이라고 해도 이제 그런 개인적인 친밀감은 오직 자신의 아내와만 나누도록 노력해야 한다. 그래야 아내들이 근본적으로 가정 안에서 우울함을 떨쳐낼 수 있다. "아내가 내 마음을 어떻게 알까?" 생각하며 속이려 하지만 아내들에게는 남편이 갖지 못한 특별한 감각, 특별한 영적 분별력과 감각이 있다. 그것으로 아내는 부부의 영적 순결과 정신적 일체감을 지켜갈 수 있다.

여기서 깨끗함과 거룩함은 일이나 친구 혹은 돈에 대해서도 마찬가지이다. 잔잔히 자기 아내만 바라보고, 그녀를 적극적으로 보호하고, 두 사람의 관계를 위협하는 어떤 일이나 사람에 대해 분노함으로 그 사랑을 지켜주지 않으면 연약한 아내는 우울해진다. 아내를 지켜주기 위해 분연히 일어서고, 오직 아내에게만 집중하고, 아내의 말에 진심으로 따뜻하게 귀를 기울이는 것이야말로 구별되고 거룩한 삶을 사는 것이다. 그것이 곧 그리스도를 닮은 부부 관계를 지켜가고, 아내를 우울증에서 건져 내는 방법이다.

그렇다고 절대로 빨리 나오라며 우울한 사람을 조심성 없이 잡아당기거나, 사람이 많은 곳에 가야 낫는다며 억지로 끌고 가는 것은 외려 상황을 악화시킬 수 있다. 건강한 사람의 답답한 마음 때문에 많이 약해져 있는 사람을 급하게 밀어붙여서는 절대 안 된다. 언어를 선택하고, 분노를 조절하고, 지극히 세심하게 우울한 여성의 마음을 살펴야 한다. 그것은 여성, 청소년, 노인 등 모두에게 마찬가지이다. 우울한 이들은 건강한 사람이 알지 못하는, 높고 무시무시한 벼랑 끝에 서 있기 때문이다.

행여 사랑 없이 자라서 처음부터 우울증을 가진 여성이라 하더라도 세심하고 집중된 남편의 관심과 사랑을 받으면 위로와 치료를 경험하게 된다. 하지만, 오늘날 여성들 가운데 이렇게 집중된 사랑을 경험하는 사람은 그다지 많지 않은 것 같다. 안타깝게도 부모님의 많은 사랑을 받고 건강했던 여성이라도, 남편이라는 새로운 식구를 맞이하면서 없던 우울증을 겪게 되는 경우가 훨씬 더 많다.

아내 우울증의 열쇠는 남편이 가지고 있다고 해도 과언이 아니다. 깨끗함과 거룩함으로 자신의 마음을 지켜 산만하고 음행으로 가득한 세상에서 오직 한 여성만을 위해 자신을 깨끗하고 거룩하게 집중할 때, 거기에 참된 위로와 치유가 일어날 것이다. 결코, 다시는 아내를 우울하게 하지 말자!

바쁘게 가던 길을 멈추고 아내의 소원을 하나 들어주어라. 다른 어떤 일보다 아내가 가장 중요한 존재라는 것을 가끔은 보여주어라. 아내만 바라봐 주자. 그리고 많은 인내심을 가지고 기다려주자. 남편으로서 답답함을 느낄 때도 있겠지만, 더 연약한 그릇인 아내가 회복되기를 사모하고, 분노를 줄이고, 호통을 삼가고, 하나님께서 운명으로 맺어주신 아내가 우울할 때 끝까지 함께 있어주어야 한다.

"Happy wife, happy life!"

어느 영화에서 나온 짧은 교훈이다. 아내가 행복하면 인생이 행복해진다. 일단 결혼한 남편이라면 이 표어를 잊어서는 안 된다. 마음에 자유와 기쁨이 있는 아내, 그녀는 세상 그 어떤 꽃보다도 더 아름답고 향기롭게 피어날 것이다.

4. 당신의 남편을 우울하게 하지 말라

남편을 우울하게 하지 말라. 왜냐하면, 그러지 않아도 남편들이 우울할 이유는 너무나 많기 때문이다. 모든 남성은 이 세상 그 누군가의 아들들이다. 그리고 그들은 자신을 아들이라 부르는 어른들에게 마음 깊은 애정을 가지고 있다. 그들은 자신의 부모에게 충직하며, 미운 정이든 고운 정이든 그들에 대한 충성심을 가지고 있다.

그 충성심이 부모에 대한 효도를 만들어 내지만, 동시에 그 충

효심은 남성에게 속 깊은 갈등과 우울을 일으키기도 한다. 특히 부모의 기대에 부응하지 못하거나 자신의 역량이 미치지 못할 때, 그 자체만으로도 심각한 절망과 우울을 맛본다. 그 우울하고 치명적인 효심은 가끔 남성들로 하여금 가장으로서의 책임조차 잊게 한다. 그래서 때로는 아내에 대한 배려나 자녀에 대한 사랑의 '귀찮고 부담스러운' 위치를 떨쳐 버리고, 그저 자기 엄마를 걱정하고, 엄마에게 칭얼대는 어린 아들로만 머물러 살고 싶게 한다.

그러다 보니 시댁에 가면 그렇게도 말도 잘하고 모든 가족에게 더할 나위 없이 친절한 남편이, 자신의 아내와 자녀가 있는 집에만 돌아오면 말을 하지 않는다. 기껏해야 반찬 투정이나 아이들을 꾸중하는 것 외에는 도대체 입을 여는 법이 없다. 화만 내는 아빠, 신경질만 내는 남편, 그는 사실 우울한 사람이다. 좀처럼 입을 열지 않는 남편, 그는 어쩌면 불쌍하리만치 우울한 사람이다.

아내 처지에서 보면 남자로서 유치하고 쪼잔하게 보일 수도 있다. 하지만, 그럴수록 남편으로서의 책임감에 호소하며 잔소리만 하기보다는, 따뜻하게 마음을 다독여주는 엄마 같은 아내가 되어주면 어떨까? 다른 남편들에 비해 부족하고 모자란 점이 많아 보일수록, 미움과 원망보다 따뜻한 도움의 언어를 찾도록 마음을 추슬러야 한다.

남편의 철없던 과거를 생각할 때마다 아내들은 분노가 치밀어 오를 수 있다. 시어머니가 갓 시집 온 자신을 힘들게 할 때 남편이 도대체 뭘 하고 있었는지 생각하면 화가 날 수도 있다. 연약한 자신을 확실하게 보호해 주지도 못하고 어정쩡했던 젊은 시절 남편이 한없이 얄미울 수도 있다. 도대체 치사하고 유치해서 같이 있기도 싫고, 내 몸에 손만 대어도 소름이 돋는 애증이 생길 수도 있다.

여성이 신체적, 정서적 변화를 겪으며 그대로 살아가다 보면 짜증이 올라오고, 통제되지 않는 감정과 끊임없는 잔소리가 쏟아져 나온다. 하지만, 아내로서 그 억울했던 젊은 시절을 되씹고, 지금의 억울함을 다시 잘게 저미어 분노를 생산하기보다는, 대화로 닫힌 한을 열어갈 필요가 있다. 때로 평생 어린 아들로 머물러 지내고 싶어 하는 남편의 피터 팬의 숨은 본능을 한 번쯤 너그럽고 따뜻하게 품어 줄 수 있어야 한다. 그것이 결혼이고, 또 그것이 아내이다.

결혼은 젊음과 아름다움과 사랑과 정열의 열매이지만, 결혼해서 살아가는 부부의 생활은 지금까지 알려지지 않은, 각각 구석에 쌓아놓은 오래되고 무겁고 낡은 보따리들을 하나씩 꺼내며 더불어 견디어가야 하는 과정이다. 결혼할 때까지 몰랐던 남편의 과거 일들이나 새롭게 관계를 맺어가는 시댁 식구들에 대해서도 마찬가지이다.

시댁 식구들로부터 자신을 보호해주지 못한 남편에 대한 상처, 해산할 때 섭섭했던 기억들, 여러 여자 사이에서 우물쭈물하며 미적대던 남편의 우유부단함, 그로 말미암아 받은 아내 자신의 고통은 이루 헤아릴 수 없을 것이다. 하지만, 아들로 태어나는 순간부터 우울할 수밖에 없었던 저 가련한 남편에 대한 연민을 거두어버리는 것은 너무나 냉정하고 차가운 일이다.

내가 강연이나 설교에서 늘 강조하는 말이 하나 있다. "결혼한 이후에 발견되는 배우자의 모든 약점은 그것을 미리 발견하지 못한 사람의 책임이다!" 물론 너그럽게 품고, 사랑하고, 이해하자는 뜻이다. 남편들이 아내의 귀함을 모르듯, 아내들도 남편을 생각할 때 그저 귀찮고 짜증나는 인간이라 여긴다. 하지만, 남편들에게도 아내의 따뜻한 존중이 언제나 필요하다.

베드로는 아내들을 "더 연약한 그릇"이라고 말하며 귀하게 여기라고 남편들에게 교훈한다_벧전 3:7_. 남편들도 그에 비해 덜하지만 분명히 "연약한 그릇"이다. 남편들이 아내를 더욱 조심스럽게 대해야 하듯, 아내들도 남편의 마음과 기분과 형편을 주의 깊게 돌보아야 한다.

물론 자신의 마음도 참고 눌러놓기보다는, 그때그때 남편에게 담담하게 이야기하며 풀어놓을 수 있어야 나중에 더 크게 억울한 일이 생기지 않는다. 마음 상한다고 혼자 침묵에 갇혀 있지만 말고, 자신이 마땅히 받아야 할 사랑과 관심을 남편에게 지혜롭게 요구할 수 있어야 한다. 말도 하지 않고 분노와 미움으로 입을 다물어버린다면 결국 자신의 우울증과 서로의 불신을 더 심하게 만들 수 있기 때문이다.

힘이 들더라도 남편에 대한 피해의식을 줄여가고, 힘든 대화일지라도 빨리, 그리고 솔직하게 해결할 수 있도록 노력해야 한다. 그래도 힘들 때 가장 믿을 수 있고, 가장 의지할 만한 사람이 남편 말고 또 누가 있겠는가? 물론 속이 터질 만큼 답답하고, 남편과 말이 통하지 않을 만큼 어려운 일이 있다면 마음껏 얘기할 수 있는 좋은 상담자를 찾는 것이 중요하다. 가능하면 남편이 함께 가는 것이 좋다. 아내가 무엇을 느끼고 있는지, 상담자가 아내를 어떻게 이해해주고 위로해주는지 남편이 보고, 듣고, 학습할 필요가 있기 때문이다. 당연히 남편은 함께 가고 싶지 않겠지만 말이다.

남편에게 복종하라는 말에 반감을 느끼는 아내라면 아마도 그 여성은 고통을 겪는 안타까운 상황에 있을 것이다. 하지만, 적개심과 불만이 상황을 호전시키지는 않는다. 성령님의 도우심을 구하는 가운데, 남편과의 기본적인 소통이 회복되도록 마음의 여유로운 공간을 마련해야 한다. 자존심이 상하지만 아픈 것은 아프다고 호소하고, 자녀와 아내를 위해 노력을 하는 남편의 모습에 대해서는 격려와 감사를 꼭 표현해 주어야 한다. 표현할 줄 모르는 남편이라 해도 귀조차 막는 귀머거리는 아니기 때문이다. 하지만, 원망으로 자신의 눈을 막고 있으면 감사할 일도, 칭찬할 일도 없을 것이다. 아내의 너그러운 노력이 서로를 세워주고, 가정의 영적 질서를 함께 견고하게 한다.

남편으로부터 받은 오래되고 아픈 상처들을 이제 조용히 보내고, 용서하며, 잔소리와 비난을 줄여가야 한다. 아내도 여자인지라 아픈 상처는 10년이 지나도 어제 일처럼 생생하게 생각나는 법이다. 결혼할 때는 목숨까지도 줄 것 같던 남편이, 정작 결혼하고 보니 자신은 안중에도 없고, 엄마만 생각할 때는 섭섭함도 있을 것이다. 하지만, 남성들은 엄마의 배 속에 있다가 이 세상에 태어난 이후 지금까지, 오직 자신을 낳아 준 엄마의 목소리를 들으며 그 엄마만 생각해 왔다. 당연히 아내보다 엄마와의 대화에 익숙하다. 아들들은 본능적으로 엄마를 먼저 생각한다.

아버지에게 맞으며 학대받고 자란 아들들도 연어가 고향을 찾아오듯, 결국 자신의 뿌리인 아버지에게로 다시 찾아온다. 아직 용서하지 않았고, 아직 잊어버리지 못해도, 그들은 어쩔 수 없이 그 아버지의 아들들이다. 그들은 심지어 아버지를 용서할 뿐만 아니라, 아버지를 치료하는 치료자가 되어 돌아온다.

"아버지, 젊으실 때 왜 그렇게 심하게 저와 어머니를 때리셨습니까?"

팽팽한 장기판에서 아버지 몰래 한 수를 물려드리면서, 기분이 좋아지신 늙은 아버지에게 어느 아들은 물었다.

"나는 내 아버지와 함께, 어릴 때부터 문둥이라고 이 동네 저 동네, 돌을 맞고 도망 다녔었다. 나도 그런 아버지로부터 참 많이도 맞고 자랐다."

미안하다는 말은 차마 하지 못하는 늙은 아버지이지만, 치료자가 된 아들은 그렇게 무서웠고 미웠던 아버지로부터 이 한마디 설명을 듣고 나서, 이제 아버지를 용서하고, 그 아버지에 대한 깊은 연민의 마음을 갖게 되었다.

떠났던 아들이 자신을 다시 찾아와 주는 것, 어쩌면 그것은 완고한 아버지들에게는 유일한 한 가닥 희망일 것이다. 자신을 바꿀 줄도 모르고, 사과할 줄도 모르고, 미안한 마음을 어떻게 표현할 줄도 모르는 아버지, 하지만 그 마음속에 가족에 대한 깊은 정이 없는 것은 아니다. 당연히 그런 아버지의 아들들은 마음 한가득 우울증을 안고 살아왔을 것이다. 하지만, 자신이 우울하다고 아버지를 마음으로 놓을 수 있었겠는가?

　아버지에게 그렇게 한다면 하물며 자신을 낳은 엄마에게는 어떻게 하겠는가? 마치 엄마의 남편이나 되는 듯이, 아들들은 자기를 희생해서라도 기꺼이 엄마의 든든한 기둥이 되어 준다. 그리고 도저히 불가능한 일, 즉 죽은 아버지와 살아 있는 어머니를 화해시켜주는 일까지도 기꺼이 자처한다. 행여 시부모만 먼저 생각하는 남편 때문에 속상하더라도, 그가 그 의리와 사랑으로 자신의 아내도 깊이 사랑하게 되기를 기도하자.

　신학자 라인홀드 니버는 디트로이트에서 사역하는 동안, 결혼도 하지 않은 채 늦은 나이가 되도록 줄곧 그 어머니를 모시고 살았다. 까다로운 어머니는 니버를 남편처럼 의지하였다. 비록 결혼이 늦어졌지만 니버는 기꺼이 그 어머니의 까다로움과 변덕을 받아 주었다. 아들의 이 깊은 마음에 어찌 아내의 자리가 쉽게 나겠는가?

　삶 자체가 무겁고 우울한 남편이 자기 마음에 아내라는 여성을 위한 새로운 자리를 만들어 내기가 쉽지 않겠지만, 그렇게 되기까지 아내는 포기하지 않고 너그러운 엄마의 마음으로 기다려야 할 것 같다. 언젠가 자기 인생에서 '내 아내가 그렇게 소중할 수 없다.'고 말할 수 있을 때까지 아내는 시간을 두고 '오래' 기다려야 할 것이다.

그럼, 그런 남편들의 우울한 기분을 고칠 수는 있을까?

그 변화의 시작은 남편들이 자신의 아내에게 자신의 우울한 기분을 편안히 이야기하는 데서 시작된다. 아내에게 자기 마음의 이야기를 시작하면 벌써 절반은 된 것이다. 얼마의 시간이 걸릴지 기약도 없고, 아내에게 얼마의 인내를 요구할지도 알 수 없지만, 아내로서는 수단과 방법을 가리지 말고 남편의 마음을 열게 하는 것이 가장 큰 과제이다.

하지만, 남편의 기분을 상하게 하는 잔소리나 협박은 하면 할수록 남편의 입을 닫는다. 자존심이 상하면 남편은 입을 열지 않기 때문이다. 부부 관계는 서로 부정적이거나 예민하여 비판적일 때 가장 위태롭다. 자신들이 가진 따뜻한 면과 아름다운 면들을 보지 못한 채, 너무나도 쉽게 현재의 결혼생활을 떠나 또 다른 사람으로부터 보상을 받으려 할 수 있기 때문이다.[60] 따뜻한 마음, 따뜻한 말 그리고 따뜻한 표정이 평생 사랑받는 아들이 되고 싶은 남편의 입을 열게 할 수 있다.

심각한 우울증을 앓은 사람들이 다시 우울증에 빠질 가능성은 매우 크다. 치료를 잘 받아도 2년 내에 50%가 재발할 수 있다는 것은, 우울증을 뿌리 뽑는다는 것이 얼마나 어려운가를 말해 준다. 우울증 재발의 이유 가운데는 환경에서 오는 스트레스의 증가와 가족의 지지결핍 등이 있다. 그 가운데서도 "배우자의 비판이 가장 중요한 〔우울증 재발의〕 예견 요인 predictor"이다. 배우자로부터 비난과 혹평 put downs 을 많이 받을수록 우울증의 발생과 재발의 우려는 커지는 것이다.[61]

사랑하는 남편, 사랑하는 아내는 우리가 가장 가까이에서 살피고, 인내하며 건져 주어야 할 첫 번째 이웃이다. 비난과 혹평과 분노를 멈추고, 격려와 위로와 따뜻한 사랑의 언어를 회복하는 것이 그리스도인의 사랑이다.

"그 형제(자매)를 사랑하지 아니하는 자는 하나님께 속하지 아니하니라."[62]

- 세 명의 사람들이 모여서 대화하는 곳에서는 한 사람이 소외되지 않도록 서로 따뜻하게 배려해야 한다. 따뜻한 시선과 배려의 말은 우울증을 예방한다.

- 따뜻한 수용의 마음이 없다면 기도 제목을 나누는 것조차 시험거리가 된다.

- 그리스도를 믿는 가정에서는 적어도 아들과 사랑하여 결혼한 며느리에 대해, 세상과 달리 따뜻하고 인격적인 환대를 해야 한다.

- 우울한 엄마들은 아이들까지 우울하게 할 수 있다. 이 무거운 짐이 사랑하는 아이들의 인생에 상속되지 않도록 신속히 조치를 취하자. 엄마 자신이 우울함에서 벗어날 수 있도록 도움을 구하자.

- 남편들은 아내가 아닌 다른 여성들과 농담하거나 친밀하게 가까워져서는 안 된다. 즐거운 유머와 따뜻한 분위기는 오직 사랑하는 아내를 위해 만들어야 한다. 그래야 아내가 우울에서 벗어날 수 있다.

- 아내는 남편 하기 나름이다. 아내 우울증의 열쇠는 남편에게 있다.

- 결혼한 이후 발견되는 모든 배우자의 약점은 그것을 발견한 사람의 책임이다.

- 우울증이 재발할 것을 예언할 수 있는 확실한 예견 인자는 배우자의 잔소리와 비판이다.

제11장
영혼의 깊은 밤

1. 심령이 우울한 자는 복이 있나니

그리스도인들이 이 땅에 살면서 모두가 우울증에 걸리지는 않겠지만, 때로 찾아오는 우울하거나 울적한 기분을 피할 수는 없다. 더구나 예수를 깊이 알아갈수록 우리는 이 땅에서 바르게 살기 위해 더 고민하게 되지만, 그렇지 못한 자기 자신의 현실을 보면 더욱 절망하게 된다. 그것은 그리스도인의 삶을 우울하게 한다. 그것은 우리를 슬픔과 애통으로 인도하며, 우리 마음을 힘들게 한다. 그런 우리의 모습은 우울증을 닮았다.

그리스도와 그 은혜로 나아갈 때마다 내게 솟아오르는 연약함에 대한 깊은 성찰과 슬픔과 눈물은 나를 그리스도의 마음과 하나되게 하는 접착제이다. 그리스도를 믿어 구원을 얻는 복음을 이해하는 것은 쉬울지 모르지만, 정작 그분을 따르는 길은 좁고 협착한 가시밭길이기 때문이다. 예수를 믿고 따르는 길이 세상 사람들의 사는 길과는 다르기에, 기쁨과 감사에 섞인 우울의 담즙은 그리스도인으로 하여금 삶의 깊은 쓴맛을 느끼게 한다. 왜냐하면, 그리스도인은 이 세상에서 자신의 모든 분깃과 보상을 받는 사람들과는 다른 존재이기 때문이다.[63]

예수께서 우리에게 주신 보배로운 산상보훈의 말씀을 보면, 마치 그리스도인은 우울하게 살아야 한다고 말씀하시는 것 같다. 왜냐하면, 그 말씀대로 순종하며 사는 것은 자기 자신을 위한 가장 기본적인 권리까지도 내려놓는 우울증의 모습을 닮았기 때문이다.

사실, 사람 관계에 눌려서 우울해진 환자가 자기 자신을 회복하려면 "자신의 목소리"를 회복해야 한다. 거절할 것을 거절하고, 아닌 것은 아니라고 말해야 한다. 만일 자신을 폭행하는 남편에게 이제 그만하라는 말을 하지 못하는 아내라면 그녀의 우울증은 심각한 지경이 된 것이다. 자기 자신을 보호하고, 자기 자신의 주장을 할 수 있어야 우울증을 이길 수 있기 때문이다. 그래야 덜 우울하고 좀 더 자신 있게 대인관계를 해 갈 수 있기 때문이다.

그런데 예수님은 그런 기본적인 권리조차 발휘하지 말라고 말씀하시는 것처럼 보인다. 그것도 모자라, 예수께서는 "눈은 눈으로, 이는 이로 갚지 마라."라고 말씀하신다 마 5:38.

> "누구든지 네 오른편 뺨을 치거든 왼편도 돌려 대며, 또 너를 고발하여 속옷을 가지고자 하는 자에게 겉옷까지도 가지게 하며, 또 누구든지 너로 억지로 오 리를 가게 하거든 그 사람과 십 리를 동행하

고, 네게 구하는 자에게 주며, 네게 꾸고자 하는 자에게 거절하지 말라"_마 5:39-42.

이 말씀은 현대 그리스도인들을 상당히 혼란스럽게 한다. 자신의 주장은 무조건 부정하고, 오직 상대방의 요구를 110% 이상 허락해야 하는 것처럼 보이기 때문이다. 이것은 자신을 끊임없이 소모함으로써, 결국 텅 비어 폭삭 주저앉는 우울증 환자의 모습을 고스란히 닮았다. 우울한 사람이 자신감을 회복하고 우울증을 치료하려면 외려 이런 교훈들을 멀리해야 할 것처럼 보인다.

하지만, 산상수훈의 가르침은 우리의 영적인 정체성과 자존감을 견고하게 하고 우울증을 치료하는 가르침이다. 왜냐하면, 이 말씀들을 기억하고 지킴으로써 자신이 영적으로 누구인가가 확인되기 때문이다. 산상수훈은 결코 자신을 비우고, 자기 자신의 주장을 무조건 포기하고 굽히는 우울증을 양산하지 않는다.

어느 중학교 선생님이 1학년 반 전체를 밖으로 데리고 나가 벌을 주었다. 선생님은 모두 무릎을 꿇고 있으라고 말했다. 그 반의 반장은 교회에 다니는 모범 학생이었다. 그는 산상수훈의 가르침을 생각하며, 선생님의 지시에 덧붙여 스스로 손까지 들고 있었다. 그것이 중학교 1학년이었던 그 학생에게 산상수훈의 실천이었다. 물론 그것은 사실 유치하고 어린 판단이다. 그것은 산상수훈의 바른 해석도 아니다. 외려 산상수훈은 그리스도인에게 명철한 분별력과 자기 보호를 권면한다.

"네 오른편 뺨을 치거든 왼편도 돌려 대며……"_마 5:39하라는 이 말씀 바로 직전에 무슨 말씀이 있는지 기억하는가?

"악한 자를 대적하지 말라!" _마 5:39상

악한 자들과 승강이를 벌이거나, 그들과 다투면서 논쟁하지 말라는 것이다. 누구를 위해서인가? 그것은 주님께서 악한 자들을 우선 보호하자는 것이 결코 아니다. 외려 하나님의 아들이요 딸인 우리를 지켜주시기 위한 것이다. 사실 산상수훈은 우리에게 매우 냉정하고 명철한 분별력을 요청한다.

"거룩한 것을 개에게 주지 말며, 너희 진주를 돼지 앞에 던지지 말라. 그들이 그것을 발로 밟고 돌이켜 너희를 찢어 상하게 할까 염려하라" _마 7:6.

우리의 소중한 보물을 그 가치도 알지 못하는 개나 돼지에게 던져주지 말라는 뜻이다. 어떻게 보면 이미 심판은 내려졌고, 길거리에 돌아다니는 개나 우리 안에 있는 돼지들은 거룩한 것이나 보물을 알아보지 못하고 망가뜨린다.

하나님의 관심은 그런 것들이 아니라 당신의 소중한 자녀에 있다. 예수님의 마음은 사랑하는 자녀를 이 험한 땅에서 지켜주시는 것에 있다. 그러므로 우리가 하나님 앞에서 심령이 가난하여져서 하나님이 없으면 도저히 살 수 없고 견딜 수 없을 만큼 힘들게 되었다면, 또한 우리는 우리를 찢거나 우리의 보물을 상하게 하는 악한 자들로부터 자신을 잘 지켜야만 한다. 더 소중한 것을 보호하기 위하여 우리의 작은 것들은 얼마든지 거저 줄 수도 있기 때문이다. 예수님의 중요한 관심은 다른 사람에게 어떤 배려의 행위를 하는 것보다도 악한 자들로부터 하나님의 자녀를 보호하고 지키는 것이었다.

2. 겸손한 천사

어떤 그리스도인 여성은 쇼핑을 가면 같은 가격의 과일들 가운데 가장 못난 것들을 골라 담고, 진열된 것 중에 하자가 있거나 불량한 것들을 선택하는 습관을 가지고 있었다. 좋은 것들은 다른 사람들에게 양보하고, 자신은 가장 질적으로 떨어지는 것들을 선택하였던 것이다. 그리고 그녀는 그것이 그리스도인으로서의 바른 선택이라고 믿고 있었다.

하지만, 이런 행위는 자녀들에게 매우 큰 실망을 안겨 주었다. 그들은 어머니의 선택에 대한 반감을 가지고 있었다. 그리고 과연 그렇게 사는 것이 그리스도인으로 바르게 사는 것인지 의심하였다. 그들의 눈에 보기에 그렇게 사는 어머니는 행복하지 않게 보였을 뿐만 아니라, 외려 늘 우울하고 근심하였기 때문이다.

마트에서 하자 있는 물건을 제값 주고 사오는 것은 산상수훈을 바르게 실천하는 것이 아니다. 혹시 모르고 그런 것을 사 왔다면 당연히 환불을 받거나 제대로 된 것으로 바꾸어 오는 것이 바른 행동이다. 만일 상습적으로 상하거나 하자 있는 상품들을 제값 받고 파는 주인이 있다면 그러지 않도록 요청을 하거나, 차라리 그 가게에 가지 않는 것이 더 지혜롭다.

산상수훈을 잘못 해석하면 마음의 짐이 더 무거워질 수 있다. 율법주의보다 더 치밀해진 내면적인 순종의 요구 때문에 더 불편해지거나 마음의 자유를 억압당할 수도 있다. 불필요한 죄책감을 일으켜서 우울을 가중시킬 수도 있다. 하지만, 산상수훈은 우리에게 자유와 확신을 주는 말씀이다. 우리 믿는 자들로 하여금 하늘 아버지의 자녀로서 강하고 견고한 자부심이 넘치게 한다. 예수님께서는 이미 여기에서 율법주의를 넘어서, 율법의 완성에 이른 이 복된 말씀을 우리에게 전해 주신 것이다.

특히 예수님께서 팔복에서 말씀하신 "심령이 가난한 자"의 의미는 어쩌면 우울을 경험한 그리스도인이 가장 잘 이해할 수 있는 말씀이다. 심령의 가난이란 교만이나 거짓된 자기 만족의 반대, 즉 하나님의 채우심만 간절하게 기다리는 영적 가난의 상태를 말한다. 자신의 죄와 영적 파산을 깨닫고, 자신이 지금 '밧줄의 끄트머리'에 놓였다는 위기의식이 곧 심령의 가난이다.

물론 이것이 우울증 자체를 직접 가리키는 것은 아니다. 하지만, 적어도 우울을 경험해 본 그리스도인이라면, 우울할 때의 상실감과 슬픔의 감정이 얼마나 자신의 영혼을 가난하게 하고, 얼마나 간절하게 주님을 찾게 하는지 잘 안다. 배고픈 이의 그 절박함처럼, 목마른 사람의 그 애절함처럼, 오직 하나님만으로 채울 수 있는 그 영적인 공간이 우리를 안타깝게 하고 때로 우울한 기분을 느끼게 하는 것이 심령의 가난이다.

그러므로 그렇게 아픈 우울증이 한 사람으로 하여금 그토록 간절하게 하나님을 부르짖게 한다면, 그 사람은 분명히 "심령이 가난한 자"이다. 그리고 그는 이미 천국을 소유한 사람이다. 우울증을 통해 처절하게 낮아진 자기 성찰과 시리도록 아픈 자기 존재의 한계와 그 고통을 자각하게 된다면, 그리스도인에게 우울증이란 자신을 하나님께로 인도하는 천사와 같다. 그러므로 하나님 안에서 우울을 경험하며, 절박하게 하나님께 매달리는 이들은 심령이 가난한 사람들이며, 우울증은 그 심령의 가난을 피부로 경험하게 하는 선물이다.

우울증은 슬픔이며 애통이다. 그리고 이제부터 그리스도인에게 우울증은 단순한 질병 그 이상이다. 우울증은 그리스도인의 심령을 더욱 가난하게 만들어 주고, 하나님에 대해 더욱 간절하게 하는 뜻밖의 선물이다.

> "우울증[의 증상 자체]은 악마로서 당신을 섬뜩하게 만들어 놓지만, [그것이 주는] 슬픔 grief은 겸손한 천사가 되어 당신에게 당당하고 선명한 생각들과 삶의 깊이를 지각할 수 있는 감각을 당신에게 [선물로] 남겨" 준다.[64]

원래 우울한 사람은 가장 친했던 친구조차 멀리한다. 모든 즐거웠던 일들을 경원시한다. 하물며 원수를 사랑하고, 품고, 기도하라는 것은 그들에게 불가능하고 고통스러운 요구이다. 하지만, 우울의 선물을 받은 그리스도인은 우리의 연약함을 도우시는 그리스도와, 우리가 연약할 때 도우시는 성령님으로 말미암아 영적으로 더 자랄 수 있다. "원수를 사랑하며, 박해하는 자를 위하여 기도하"는 마 5:44 데까지 자라갈 수 있다.

  심령이 가난한 이들은 자신의 우울함에도 불구하고 하나님의 법에 순종하려는 마음가짐 때문에 달라질 수 있다. 비록 지금은 상상할 수 없다 하더라도 조금만 마음을 더 넓게 펴서 바라보면, 심지어 원수들까지도 긍휼의 눈으로 보게 되는 때가 반드시 올 것이다. 물론 마음에 깊은 갈등이 있겠지만 이미 하나님이 개입된 영적인 우울을 겪는 그리스도인은 자기 존재의 고독을 겪는 그 이상으로 하나님에 대하여 목마르고, 가난하고, 원수를 위해서까지 기도할 수 있는 사람으로 자랄 수 있게 되는 것이다.

  이것이 그리스도인의 우울증이 가진 본질적인 차이이다. 그들 안에 하나님이 계신 것, 그 우울의 고통이 결국은 그들을 자라게 하는 기회가 된다는 것이 바로 그것이다. 그들이 경험한 깊은 본질의 변화는 그들의 우울증을 이방인들의 그것과 구별되게 한다. 율법주의적으로 강요한다고 변화가 일어나는 것이 아니다. 비록 지금은 우울하지만, 성령 안에서 순종할 때 그들은 분명히 하늘 '아버지의 아들과 딸'이다. 그들에게 하늘의 상이 있고, 천국은 그들의 것이다. 경건한 사람들에게 우울과 슬픔은 회개와 회복을 가져온다.

> "경건한 슬픔은 아무런 후회없이 구원에 이르게 하는 회개를 만든다. 하지만 세상의 슬픔은 죽음을 만든다"_고후 7:10(ESV).

물론 우리의 우울증 자체가 우리를 의롭게 하거나 우리를 구원하지 못한다. 구원과 의로움에는 예수 그리스도의 보혈이 반드시 필요하다. 하지만, 그리스도의 보혈 안에서 그리스도인의 슬픔과 우울증은 그리스도의 길을 따라가도록 도울 수 있다. 왜냐하면, 그리스도께서도 우울을 직접 맛보신 많은 '슬픔의 사람'a man of sorrows, 사 53:3이었기 때문이다.

그리스도 안에 있는 우리의 새로운 신분이 우리의 병든 우울증을 하나님과 가까워지게 하는 영적인 자산으로 만들어준다. 우리는 우울을 통해 영적으로 하나님을 더 깊이 만나고, 원수를 위해서까지 기도하는 모습으로 살아갈 수 있다. 그럴 때 우리는 어느새 "그 해를 악인과 선인에게 비추시며, 비를 의로운 자와 불의한 자에게 내려주"시는 하나님을 문득 닮아 있는 것이다.[65] 이런 사람들이야말로 하나님과 영원히 천국에 함께 있기에 합당하다.

일방적인 희생은 희생하는 사람을 더욱 우울하게 하는 법이다. 조건 없이 희생하는 그리스도인의 희생 역시 자칫 우울을 가중시킬 수 있다. 더구나 이 세상에서 모든 보상을 기대하는 사람이라면 비록 그리스도인이라고 하더라도 그 우울은 더 깊어질 수 있다. 하지만, 하나님은 살아 계셔서 이 땅을 넘어 천국에 가서까지 잊지 않고 상을 챙겨 주시는 분이다. 하나님의 자녀 된 우리의 착한 양보와 이해가 결코 우울한 희생으로 끝나도록 버려두지 않으신다. 그리스도인들의 우울은 차원이 다른 우울이다.

하나님의 자녀들은 분별력 없이 무조건 희생하지 않는다. 무조건 양보하지도 않는다. 그들은 자신의 행위가 개나 돼지에게 보물을 던지는 행위는 아닌지 분별하여 지혜롭게 판단한다. 그래서 악한 자들과 불필요한 논쟁을 벌이기보다는 차라리 그들이 달라는 것을 주는 것이 자신의 안전과 평안을 위해서 더 유익한 일임을 안다.

그리스도인의 순종은 결코 자기를 미워하거나 비워버리는 행위가 아니다. 그 순종은 자신을 버리는 허무하고 우울한 행위가 아니라 외려 자신을 강하게 하고 든든하게 한다. 우리는 하나님의 자녀이며 그 행위들은 곧 그것을 보상해 주시는 하나님과 직접 연결되어 있기 때문이다.

> "주라 그리하면 너희에게 줄 것이니 곧 후히 되어 누르고 흔들어 넘치도록 하여 너희에게 안겨 주리라……"_눅 6:38

그러나 여전히 산상수훈은 우울한 그리스도인을 더 우울하게 만들 수도 있다. 그들에게 더 위험한 가르침일 수 있다. 산상수훈을 잘못 이해하게 되면, 자신의 존재감을 잃는 선택을 할 수도 있기 때문이다.

그리스도 안에서의 우울증은 불쌍한 자기 연민으로 귀결되지 않는다. 하나님께서 우리를 성장하게 하시기 때문이다. 주변 사람들이 성급하게 서두르지만 않는다면 우울한 그리스도인은 분명히 지금도 성장하고 있다. 자기 우울을 각오하면서 자기희생도 조금씩 해낼 수 있게 된다.

파괴적이고 악마적인 우울의 아픔이 잦아들 때, 우리 그리스도인들은 매일의 만남과 삶에서 조금씩, 아주 조금씩 자신이 감당할 수 있는 만큼, 또다시 작은 희생과 작은 우울을 '일부러' 끌어안을 수 있다. 그런 우리에게 어쩌면 우울의 눈물은 매일의 음료이다. 그리스도께서 우울을 맛보시며 슬픔의 길을 가셨던 것처럼, 그리고 마침내 하나님의 뜻을 이루셨던 것처럼…….

3. 약할 때 나는 약하다

우울한 사람에게 연약한 자신은 쥐구멍에 감추고 싶을 만큼 부끄러운 존재일 뿐이다. 특히 자신의 무능력과 실패, 사람들과의 관계에서 소심한 자신의 모습, 그리고 다른 사람들의 외면과 거절이 생각나는 아침에 남성들은 참 우울하다. 피곤한 아내의 모습, 그녀의 날카로운 목소리가 남편의 마음을 찌를 때 남편의 귀는 늘 그러했듯이 자동으로 작동하는 철문을 닫아 내리면서 그 날카로운 아내의 창끝을 둔탁하게 막아낸다.

남편들도 사실은 약하고 불쌍하다. 늘 불안해하며, 몸이 아픈데도 노심초사 수고했음에도 불구하고 결국 인정받지는 못하고 자신의 수치만 더 드러난 꼴이 될 때 남편들은 더 우울해진다. 애써 노력했던 모든 것들이 물거품이 된 기분이다.

'차라리 다시 시도하지나 말 걸…….'
'말도 안 되는 상황이 벌어질 때 차라리 뛰쳐나가 버릴 걸…….'
'그랬더라면 기회를 걷어찼다는 시원한 뒷맛이라도 있었겠지.'

그냥 그대로 살지, 무엇 한다고 힘든 일에 도전하였을까? 스스로 한계 상황에 몰아넣는 것이 대단한 것도 아닌데, 사람들에게 자랑하고 자신이 강하고 대단한 것을 보여주려는 망상에 그렇게 많은 시간과 삶의 에너지를 낭비했을까? 시작부터 모든 일이 안 풀릴 때부터 알아봤어야 했는데, 중간에라도 멋지게 내팽개치지 못한 것을 후회한다. 무슨 영화를 누릴 거라고 그 말도 되지 않는 일을 끝까지 붙들고 있다가 결국 이전의 실패를 또 반복할까?

어리석다. 약하다. 부끄럽다.

우울한 남편들의 자괴감은 의외로 깊다. 남편들의 수고에 대한 격려가 필요하다. "정말 잘했다고, 시도한 것만으로도 너무나 남자답다고, 결과는 중요한 게 아니라고, 그런 노력 덕분에 아이들도 아빠에 대해 자랑스러워한다."라고 말해 주는 아내의 격려가 반드시 필요하다.

그러고 보면 사도 바울도 참 어지간하다. 하다하다 안 되면 그만둘 일이지, 뭐 하러 그렇게 다시 도전하고, 또 도전하면서 수모를 겪었을까? 안 되는 줄 알면서 또 하고 또 하면서 그렇게 수치와 좌절을 겪었을까?

> "내가 수고를 넘치도록 하고, 옥에 갇히기도 더 많이 하고, 매도 수없이 맞고…… 유대인들에게 사십에서 하나 감한 매를 다섯 번 맞았으며" _고후 11:23-24.

매도 수없이 맞았다. 세어 보니 유대인들에게 195대를 맞았다.

어린아이 때에야 잘못한 일이 있으면 엄마에게 매를 맞고, 잘못했다고 싹싹 빌고, 눈물 찔끔 흘리고 나면, 마음 약해진 엄마가 다시 약을 발라 주면서 미안하다 하신다. 하지만, 다 큰 어른이, 그것도 수많은 사람의 구경거리가 되어 매를 맞는다는 것은, 그건 참 못할 짓이다. 열심히 수고를 했는데 돌아오는 건 옥에 갇히고, 수없이 매 맞는 것이다.

나에게 이런 바울의 삶을 살라면 정말 못하겠다. 사람이 얼마나 우울해지고, 또 얼마나 부끄러워지겠는가? 더구나 남자로서 얼마나 부끄럽고 초라한 일인가?

아니, 하나님께서도 이런 큰일을 시키시려면 호위 무사 보내 주셔서 멋지게 매를 부러뜨리시든가, 아니면 나를 때리는 사람들을 보란 듯이 꺾어 주시면 좋을 텐데, 외려 꺾이는 건 내 마음이다. 나쁜 짓하며 인생 막살아가는 인간 말종人間末種인 것처럼 나를 부끄럽게 하시고, 이렇게 용기마저 꺾으시면 도대체 내 인생은 이게 무엇인가?

차라리 맞는 것이야 아프고 나으면 그만이지만, 그 무슨 부끄러운 일인가? 다 큰 성인이, 그것도 그렇게 많은 공부를 하고, 그렇게 엄청나게 그리스도를 증거했는데, 전도의 열매는커녕 돌아온 것은 매밖에 없고, 인생 바닥을 훑는 이 사람……

그래도 돌에 맞은 것에 비하면 매는 양반이다.

"세 번 태장으로 맞고, 한 번 돌로 맞고……"

매는 아프라고 때리지만, 돌은 죽으라고 던지는 것이다. 허허 참. 각각 자기 손에 맞는 돌을 찾아들고, 더러운 뱀을 잡듯 사방에서 던져대면……. 몽돌 해수욕장의 둥근 돌이라면 상처라도 둥글게 나겠지만, 어디 돌이 예쁘던가? 날카로운 모서리로 이마든, 뒤통수든, 어깨며 배 할 것 없이 날아드는 데…….

이젠 죽었구나.

이렇게 죽는구나.

아프다 아프다. 이제 더는 느끼지도 못하는 상태에서 무너져 내리는 나, 사도……, 바울…….

예수 믿는 바람에, 예수 증거 하는 바람에 세상에서 더 취약해지고, 더 위험해지고, 더 무가치해졌다. 참 약해졌고, 참 부끄러워졌다. 거기다가 몸에 가시가 나서 사탄의 사자처럼 나를 괴롭힌다. 아프고, 불편하고, 두렵고, 걱정되고, 그나마 살아남은 질긴 생명이 이 가시 때문에 더욱더 고통스럽고 무겁기만 하다. 약하디 약한, 무너지기 쉬운, 깃털처럼 훅 하고 불면 날아가 버릴 것 같은 이 연약한 인생.

"그래, 그러니까 난 죽어도 괜찮아. 내 존재는 아무리 생각해도 있으나마나 한 존재야! 난 내가 너무 창피해."

"난 이렇게 무시당하고, 무가치하게 살아도 괜찮아. 사는 게 다 이런 거지 뭐. 내 삶은 이래도 돼! 어쩔 수 없잖아?"

이 생각들의 결론은 무엇일까? 결론은 단 하나, "그러니 내가 죽어야겠다."라는 것뿐이다.

이처럼 약하디 약한 남편에게 혹은 아내에게 누군가의 집중이 필요하다. 아주 우울해지고 심할 때, 힘들다고 산만해지지 말고 조금만 돌보아 주면 이들은 산다. 분명히 살 수 있다.

"나는 당신 마음 알아!"
"네 마음을 조금은 알 것 같아!"

이 말 한마디, 결단 한마디가 죽어가는 사람을 살린다.

"아무래도 이대로는 안 되겠다. 당신을 위해서 이 결정은 꼭 해야겠다!"
"내가 당신을 위해 고생할 시간을 줄여 줄게!"

결의에 찬 작은 행동 하나가 2-3일도 지탱하지 못할 것 같은 위태로운 생명을 수년 이상 더 견딜 수 있도록 힘을 준다. 너무나 행복하다. 그 작은 행동이 생명의 소망을 주기 때문이다. 약할 때 나는 약하다. 하지만, 누군가 약한 나를 부축해 주기만 한다면, 그 절망의 우울에서도 나는 다시 견딜 힘을 얻을 것이다. 우울한 사람을 살리는 것은 배우자가 계획대로 성공하는 것이 아니라, 우울한 배우자를 위해 결의에 찬 행동을 해 주는 것이다.

4. 나는 약해도 강하신 하나님: 바울의 수난 묵상

하나님의 능력은 내가 약할 때 온전하게 나타난다. 연약한 나를 향해, 하나님은 이렇게 말씀하신다.

"내 은혜가 네게 족하도다. 이는 내 능력이 약한 데서 온전하여짐이라……" _고후 12:9

하나님의 능력이 약한 데서 온전하여진다? 그렇다면, 내 인생을 사는 게 내가 아니었나? 인생이란 것이 내 능력을 보여주며 사는 게 아니었나? 사람들은 전부 그렇게 사는 것 같은데 자기 능력, 자기 소유, 자기 권력 과시하는 게 사람인데, 이렇게 무용지물, 쓸데없고, 무가치하게 보이는 나의 인생이 하나님 보시기에는 무가치한 게 아니었나? 나는 이렇게 약해 빠졌고, 무능력하고, 무기력하고, 부끄럽고, 약하기만 하다. 그럴 때 하나님의 능력이 온전하여진다면, 나는 약하고 초라한 내 인생을 사는 게 아니라, 하나님의 능력을 드러내는 인생이라고?

내가? 하나님의 능력을 드러내는?

그럼, 나에게 빈 공간이 많을수록 하나님은 더 많이 채워 주시겠네? 왜냐하면, 내 인생은 하나님의 것이니까…….

바울은 이미 그 비결을 알았던 것이다.

"그러므로 도리어 크게 기뻐함으로 나의 여러 약한 것들에 대하여

> 자랑하리니 이는 그리스도의 능력이 내게 머물게 하려 함이라. 그러므로 내가 그리스도를 위하여 약한 것들과 능욕과 궁핍과 박해와 곤고를 기뻐하노니 이는 내가 약한 그때에 강함이라"_고후 12:9b-10.

기쁨은 억지로 생기는 것이 아니다. 마음의 확신과 자신감에서 기쁨이 온다. 이건 억지로 웃어 보이는 가식의 웃음이 아니다. 온몸이 멍들고 찢어져 아파도, 진리를 담은 큰 사람의 얼굴을 스쳐가는 잔잔한 물결 같은 미소이다. 나는 약한데, 하나님이 그 약해 빠지고 부끄러운 것들을 그리스도의 능력으로 채워 주신다. 나는 이제 나의 약한 것을 자랑할 수밖에 없다. 왜냐하면, 그래야 그리스도와 하나님의 능력이 머물러 있을 테니까 말이다. 내가 능력이 많고 자랑할 게 많으면 하나님의 능력은 뜬구름처럼 흘러가 버릴 테니까 말이다.

그것을 잡아 두어야지. 그것을 묶어 두어서 떠나버리지 않게 해야 하겠다.

나는 약하다. 그건 부끄럽다. 생각하기도 싫다.

그런데 내가 약할 때 하나님의 능력은 온전하여지니까, 이제 내가 약한 게 더는 부끄럽지 않다. 외려 내 약점과 무능력이 기쁘고 자랑스럽다. 그래야 그리스도의 능력이 나에게 머물러 있을 테니까 말이다.

내가 사랑하는 그리스도 안에서, 이제껏 가장 부끄러웠던 것이 나의 가장 큰 자랑이 되어버렸다. 이젠 내가 약한 것도 부끄럽지 않고 괜찮다. 그리고 이제껏 우울했던 내가 지금 할 일은 만족하는 것이다. 내게 주신 하나님의 은혜를 만족하게 여기는 것이다. 하나님은 분명히 말씀하셨다.

"내 은혜가 네게 족하다!"

처음에는 사람들의 미움을 받을 때 그렇게 견디기 어려웠는데, 이제는 견딜 만하다. 그러므로 이제 나는 천국에서 산다.

5. 영적 체험과 영적 성숙

우울증은 그리스도인들에게 영적 체험과 영적 성숙으로 가는 지름길이다. 그리스도인에게 우울증은 단순히 개인과 가족들에게 고통스러운 질병만이 아니다. 이런 고뇌는 곧 우리를 하나님께 더 가까이 가게 하는 신적인 선물이다.

단지 우울증만 아니라, 심각한 두통이나 깊은 죄책감 등에 뒤따르는 고뇌는 한 개인을 하나님께로 더 가까이 이끄는 영적인 체험의 통로가 되기도 한다. 남편의 외도로 깊은 두려움과 고통을 느끼는 한 여성은 새벽기도를 통해 하나님을 만나고 여러 은사를 받기도 하였다. 깊은 고뇌의 순간에 그 여성은 하나님을 만난 것이다. 영적 체험이 영적 성숙과 동일하지는 않지만, 시련 당하는 사람을 하나님께로 가까이 이끄는 디딤돌인 것은 분명하다.

또한, 우울의 체험이라고 해서 모든 사람에게 다 의미심장한 순간들이 있는 것은 아니다. 하지만, 적어도 그런 체험이 고난을 겪어가는 당사자에게는 매우 큰 격려와 변화의 동기를 제공한다. 자신의 삶에 그리스도께서 함께 계심을 매우 특별한 방식으로 경험하면서, 타인의 삶을 조금씩 품게 될 뿐만 아니라 자신의 삶을 성찰하게 되기 때문이다.

사람은 나에게 전부를 주지 않는데 하나님은 나에게 전부를 주셨다는 것을 우울을 통해 피부로 알게 된다. 사람은 여차하면 나를 버릴 것 같은데, 하나님은 결코 나를 버리지 않으신다는 것을 생생하게 알게 된다. 하나님께서 나를 주목하시고 결코 나를 버리지 않으신다는 것을 우울을 통해 너무나도 뼈저리게 알게 된다. 그래서 이제는 하나님께서 주시는 부스러기라도 나에겐 너무나 과한 은혜란 것을 안다. 이젠 하나님의 한낱 '이쑤시개'가 된다고 해도 나는 오직 감사할 뿐이다.

종교 개혁가 루터는 어릴 때부터 기가 죽을 만큼 엄격한 체벌 속에서 자랐고, 성인이 되어서도 작은 일에조차 두려움을 느끼는 공포감을 가지고 살았다. 부모로부터 물려받은 마귀에 대한 미신적인 공포심도 일상생활에 만연해 있었다. 그러다 보니 그의 우울증은 심각했고, 그 와중에 천둥 번개를 만나면서 극심한 죽음의 공포에 사로잡혔다. 이것은 그로 하여금 수도사가 되겠다는 갑작스러운 서원을 하게 했고, 법학을 떠나 수도원으로 가게 한 결정적인 체험이 되었다.

그 외에도 루터는 수도원의 성가대석에서 발작을 일으키며 고함을 지르거나, 아우구스티누스 수도원의 정원 탑에서 시편을 연구하면서 그리스도의 십자가의 고통을 깨닫기도 하였다. 여기에서 그의 십자가의 신학이 나왔고, 위대한 이신칭의의 신학을 체험적으로 깨달은 계기가 되었다.

루터가 볼 때 우울증은 하나님의 백성들에게도 만연한 현상이었다. 사탄은 믿는 자들의 마음에 정죄의 말을 심어서 그들을 괴롭힌다고 하였다. 그리고 우울증은 그리스도의 사랑과 죄로부터의 구속을 기억하는 중요한 기회라 하였다. 루터의 우울증 이해는 탁월하다.

어떤 이들에게 우울한 깊은 밤은 자신을 부인하고 탐욕으로부터 자신을 깨끗하게 하는 정화의 시간이 되기도 한다. 또 다른 사람들에게는 두통과 우울과 거식증이 자신의 낡은 영혼을 해체하고, 세상에 대한 욕망을 버리게 하고, 하나님께로 이끄는 운명의 사신이 되기도 한다. 그래서 개혁자 칼뱅은 하나님께서 주시는 시련을 회피하거나 숨을 것이 아니라, 그것을 경험해가야 한다고 말한 것이다. 느끼고, 맛보고, 냄새까지 기억하면서 그 시련을 경험해가지 않는다면, 하나님은 우리의 무감각을 징계하실 것이기 때문이다. 우울한 슬픔의 경험 뒤에는 우리를 단련해 가시는 하나님의 따뜻한 손길이 있다.

물론 개인의 영적 체험에 오류가 없는 것은 아니다. 그리고 그 체험이 강렬하다 보면 그것을 마치 다른 사람들보다 자신을 대단하게 만드는 계시인 것처럼 여기는 경우가 있는데, 그럴 때에는 목회자나 상담자의 도움이 필요하다.

예를 들어 자신이 상담실에 찾아오는 시간까지도 하나님의 인도하심을 받았다고 주장하는 사람들도 있다. 사실 그런 주장은 상담자나 성도 자신의 위치에 묘한 영향을 준다. 만일 그 체험을 개인적인 차원의 경험 이상의 계시적 메시지로 해석한다면, 그것은 상담자에게 약간의 영적 열등감을 줄 수도 있고, 성도 자신에게는 불필요한 영적 자신감을 심어줄 수도 있기 때문이다. 그런 감정의 교류 속에서 상담자는 성도들의 체험이 건강한 신학적 시각에서 해석될 수 있도록 도와주어야 한다. 왜냐하면, 체험에 대한 과도한 영적 해석이 외려 그 개인의 질병을 악화시키고, 공동체를 흔들어 놓을 수 있기 때문이다.

우울증으로 고통을 당하는 사람이 기도하기 시작하면서 경험하는 신비로운 체험들은 하나님의 은혜이며 선물이다. 하지만, 그 체험이 일상적이고 윤리적인 그리스도인의 위치를 벗어나게 한다면 우리는 주의를 기울여야 한다. 몇 가지의 영적 체험이 그 사람의 모든 선택을 거룩한 것으로 구별시켜주지는 않기 때문이다.

앞서 언급한 이 여성은 직장에서 매우 헌신적이고 따뜻한 마음으로 많은 사람을 섬겼다. 하지만, 늦은 퇴근으로 말미암아 가정의 아이들은 그만큼 엄마를 오래 기다려야 하는 고통을 감수해야 했다. 그런 그녀가 퇴근 후 석사과정을 공부하고자 하는 계획에 대해 이야기할 때, 상담자는 그녀를 막아섰다. 엄마로서, 주의력결핍 과잉행동장애 ADHD 까지 겪으면서 힘들게 자라는 그녀의 자녀를 위해 시간을 사용하는 것이 그 상황에서는 더 큰 우선순위였기 때문이다.

어린 시절, 부모의 따뜻한 양육이 결핍된 사람일수록 청소년기나 성인기에 급격한 회심의 체험을 하기가 쉽다.[66] 하지만, 그런 체험은 사실 매우 불안정하므로 그들의 결핍된 양육을 성숙하게 채워줄 수 있는 상담자나 공동체의 도움이 반드시 필요하다.

영적 체험이 영적 성숙을 보장하지는 않는다. 하지만, 어떤 형태로든 우울증이나 삶의 고난이나 역경이 영적으로 하나님을 대면하는 체험을 동반할 때 그것은 영적 성숙의 출발점을 제공한다. 개인의 역경이 각기 다르듯, 영적 체험도 개인마다 다르다. 그 모양 또한 다양하며, 자신의 체험을 영적으로 해석하는 틀도 다양하다.

특이한 영적 체험이 없다고 해서 고난이 무의미한 것은 결코 아니다. 마음의 억압과 깊은 고뇌를 겪으면서도 하나님의 음성을 듣지 못하는 '하나님의 부재' the absence of God 를 경험하는 이들이 어쩌면 더 많을 것이다. 하지만, 그들도 역시 끊임없이 성경을 열어 묵상하며, 기도로 하나님 앞에 나아갈 때, 거기에 깊은 은혜와 위로가 있을 것이다. 역경을 헤쳐나가는 중에 심령이 가난해지고 우울로 텅 빈 자가 되어 하나님 앞에 하염없이 하소연할 때, 하나님은 그들에게 당신의 임재하심을 보여 주신다.

6. 우울 중독과 말씀 묵상

우울증의 함정은 중독이다. 영적 체험의 함정은 교만이다. 그리고 영적인 성숙의 정점은 봉사와 섬김이다. 우울증과 고뇌는 그 자체로 중독성을 가지고 있다. 그 고통은 부정적인 경험이지만, 이 경험이 주는 애매한 함정에 빠진 사람은 마치 꿀단지에 빠진 파리와 같다. 이 함정은 앞으로 나아가지 못하게 하는 덫이다.

　우울에 익숙해져서 이제는 우울한 것이 더 편안할 때, 그것은 우울 중독에 빠진 것이다. 우울하게 세상을 살아가는 것에서 벗어나기 싫어질 만큼 우울에 적응되어 있을 때, 그것은 우울 중독에 빠진 것이다.

　우울 중독이란 우울할 때 편안하고, 우울한 상태에서 빠져나오고 싶은 의지가 없고, 그런 자신을 한없이 너그럽게 여기는 것이다. 자기를 에워싼 상자에서 나올 마음이 없이 그저 거기에 갇혀 있기를 바라는 몽롱한 마음이 곧 우울 중독이다. 그것은 매혹적이고, 그것은 쓰디쓴 우울증이 한 영혼을 붙들어두는 매력적인 꿀송이와 같다.

　우울 중독 상태에서 우울증 환자는 사람의 관심과 도움을 애타게 기다리기도 하고, 정반대로 어떤 도움도 받지 않은 채 자기의 껍질 속에 갇혀 있기도 한다. 더 많은 관심을 받으려고 더 많이 아프기도 하고, 사람들이 와 주면 잠시 기쁘다가 다시 깊은 목마름으로 신음하기도 한다. 우울 없이는 자기 존재를 지탱하기 어려울 만큼 우울과 친한 친구가 되어 있다.

　어떤 이들은 그 우울 속에서만 고독한 편안함을 얻을 수 있어서, 점점 더 딱딱한 껍질 속으로 파고들어 가면서, 모든 사람의 손길을 거절하기도 한다. 자신은 지금 죽음을 계획하고, 죽을 곳을 탐방하기까지 하면서도, 정작 누군가가 염려해주면 화를 내며 가까이 오지 말라고 손사래를 친다.

그리스도인도 우울할 수 있지만 우울에 편안함을 느끼며 거기에 머물러 있어서는 안 된다. 그리스도인은 자신의 우울 중독에서 빠져나올 책임이 있다. 어떤 계기를 통해서든, 자기 목을 죄는 달콤한 우울 중독에서 벗어나서, 자신보다 더 우울한 이들을 위로하고 도울 수 있을 만큼 스스로 기도하며 살 길을 찾아가야 한다.

아픈 우울증을 위해 쉼도 필요하고, 조용한 안식도 필요하다. 하지만, 우울 중독의 달콤한 자기 상자에서는 언젠가, 기필코 벗어나야 한다. 우리가 고난에는 익숙해져야 하지만, 고난 중독은 병이다. 내가 우울한 것에 대해 놀랄 필요는 없지만, 우울 중독은 파괴적이다. 마음이 우울할 때 언젠가 우울증에서 빠져나와야 할 자신에 대한 꿈을 버리지 말아야 한다.

우울에만 머물러 있으면서 그 쓴 우물 맛에 취해서는 안 된다. 꿀에 빠진 파리가 되어서도 안 된다. 적절한 도움을 받고, 또 다른 치유의 습관, 즉 하나님의 말씀으로 뛰어들어 가야 한다. 밤낮으로 하나님의 말씀을 묵상하라. 우울한 사람들은 밤낮으로, 상상 속의 일들을 부정적으로 묵상한다. 일어나지도 않을 일들을 염려하고, 미래를 두려워하고, 다른 사람들의 무심한 행동을 나쁘게 받아들이고, 다른 이들이 자신을 미워한다고 괴로워한다. 모든 현상과 경험을 자신에게 해롭게 생각하고, 거듭 묵상하고, 자신의 참된 가치까지 내버린다.

우울한 증상에 머물러 밤낮으로 부정적인 묵상에 사로잡히는 대신, 우울한 이들은 말씀을 묵상해야 한다. 그리고 말씀을 암송해야 한다. 하나님의 말씀을 묵상하는 것은 삶을 근본에서부터 변화시킨다. 특히 우울한 이들은 시편의 말씀을 1장부터 읽기 시작하면 좋다. 150장에 이르는 긴 시편을 한 장씩 읽어가며 몰입해 갈 때, 거기에서 지금 자신을 위한 시편을 반드시 찾게 될 것이다. 자신의 시편을 찾을 때까지 찬찬히 읽어가고, 은혜로운 말씀들을 암송해야 한다. 암송은 영혼의 수혈과 같다. 우울한 영혼의 급성 통증을 진정시키는 모르핀이다.

삶에 부정적인 요소가 많이 있다는 것을 인정하지만, 또 우울한 순간에는 그 어떤 좋은 점도 보이지 않는 것도 사실이지만 말씀을 생각하며, 사랑하는 부모, 형제와 어린 자녀를 생각하며 삶의 전체가 부정적으로 채색되지 않도록 애를 쓰자. 그러려면 또다시 말씀으로 돌아가야 한다. 우울하고 두렵고 소심한 사람이라도 하나님의 말씀 안에서 전혀 새로운 피조물이 될 수 있음을 보게 될 것이다.

우울한 사람일수록 밤낮으로 성경을 열어 하나님의 말씀을 읽고 묵상해야 한다. 성령으로 감동된 하나님의 말씀은 읽는 자의 영혼을 회복시키는 힘이 있다. 그 말씀은 마음에 떠오르는 감정적인 편견과 피해의식과 미움을 내려놓게 할 것이다. 그리고 하나님이 나를 얼마나 사랑하시는지, 나를 향한 하나님의 계획이 얼마나 크고 보배로운지를 밤과 낮으로 생각나게 할 것이다.

하나님은 여름 내내 사람들에게 밟혀 메말라가는 잔디밭 풀잎 하나도 살리시기 위해 온 대지에 가을비를 내리게 하신다. 자기를 지킬 힘이 없는 둥지의 새끼 새 한 마리를 지키시기 위해 요란한 천둥과 번개로 간교한 숲의 약탈자들을 놀라 도망하게 하신다.

우리 하나님은 힘없이 축 처져버린 어린아이의 손에 생기를 주시려고 하늘로부터 그 아들 예수를 보내어 "달리다쿰!" "아이야 일어나라!" 외치게 하셨다. 이 큰 세상의 작은 점처럼 하찮은 인생, 게다가 우울증까지 와서 그보다 더 작게 쪼그라든 나의 생명을 지키시기 위해, 하나님은 영광스러웠던 당신의 아들을 더 깊은 우울과 소외와 죽음에 내어 주셨다. 우리는 병든 우울에 영원히 머물러 있을 수 없는 사람들이다. 그 놀라운 사랑이 기록된 성경을 묵상하며 그 말씀에 젖어들 때, 우울은 천천히, 하지만 선명하게, 다룰만한 작은 점으로 사그라질 것이다.

7. 자긍과 무감각: 우울 정반대의 극단

우울증은 하나님의 심판의 표지이다. 이것은 우울증 자체가 하나님의 심판이라는 말이 결코 아니다. 그와는 반대로, 우울증의 반대편에서 자신감과 자존감이 넘치다 못해 과다한 사람들에 대한 심판의 표지이다. 그들에게도 우울의 상처나 아픔이 없는 것은 아니지만, 그들은 그 상처를 부인하고, 그것이 자신들을 이끌어가는 영적인 의미를 거부한다. 즉 이들은 우울할 때 창조자 하나님 찾기를 거절한다.

그 대신 그들은 "당돌"함과 "자긍"함으로 자신을 무장하고, 무엇에든 무서워하거나 "떨지 않고," 외려 하나님의 영광스러운 자녀인 그리스도인들을 "비방"한다 벧후 2:10. 자신들의 인간적 자존심을 보상받으려고 하나님을 대적하는 것이다.

그들은 우울한 사람들이 두려워하며 감히 시도하지도 못하는 것들, 즉 "낮에 즐기고 노는 것을 기쁘게 여기는 자들"이다 벧후 2:13. 그들은 자존감이 넘쳐 자긍이 되고, 기운이 넘치다 못해 "음심이 가득한 눈을 가지고 범죄하기를 그치지 아니하고, 굳세지 못한 영혼들을 유혹하며, 탐욕에 연단된 마음을 가진 자들이다" 벧후 2:14.

우리에게 자존감이 필요하지만, 그것은 전적으로 그리스도를 통해 보여주신 하나님의 사랑에 근거해 있다. 우리의 이름을 즐거이 부르며 기쁨을 감추지 못하시는 하나님이 계시기 때문에 습 3:17, 우리는 비로소 고개를 들고 대지를 호흡하며, 푸른 하늘을 감사함으로 품을 수 있게 된다.

그런데 이런 "저주의 자식"들은 벧후 2:14, 마치 자신들에게는 우울이 전혀 없는 것처럼 허세를 부리며, 음란한 마음으로 더 연약한 자들을 괴롭힌다. 누구에게나 올 수 있는 우울과 절망을 통해 자신의 존재의 한계를 뼈저리게 느끼면서 하나님 외에는 소망이 없음을 배워야 하는데, 그러는 대신 그들은 우울과 고뇌가 올 때마다 그것을 회피한다. 파티를 열고 찾아온 사람들을 "속임수로 〔속이며〕 즐기고" 논다 벧후 2:13.

인생에 우울이 찾아올 때, 창조주를 찾는 대신 쾌락과 즐거움으로 치장하는 사람들은 심판의 자녀들이다. 자신의 아픔과 결핍을 느끼려 하지도 않고 인정하지도 않는 자들은 악한 자들이다.

> "악인은 그의 교만한 얼굴로……그의 마음에 이르기를 나는 흔들리지 아니하며 대대로 환난을 당하지 아니하리라 하나이다" _시 10:4, 6.

그 악인들은 재난이 자기의 코앞에 닥칠 때까지도 자신의 부족함을 인정하지 않는다. 자신은 아무렇지도 않고, 자자손손 흔들리지 않을 것이라고 스스로 다짐한다. 하지만, 그것은 교만한 자긍이다. 그것을 가리켜 요한계시록에서는 거대한 왕국 바벨론의 운명이라고 이야기한다.

> "그가 마음에 말하기를 나는 여왕으로 앉은 자요 과부가 아니라 결단코 애통함을 당하지 아니하리라 하니"_계 18:7.

여기서 '그'란 왕들과 상인들로 사치와 음행과 치부를 일삼아 온 큰 성 바벨론을 말한다. 하나님이 떠난 그 도시는 남편을 잃은 과부와 같았다. 하지만, 과부의 슬픔과 애통은 전혀 없고 자신은 끝까지 애통 같은 것은 절대 당하지 않을 것이라고 마음으로 다짐한다. 재앙과 사망과 애통과 흉년이 그 문 앞에서 기다리고 있는데도 말이다. 천사는 힘찬 음성으로 그 큰 성 바벨론이 무너졌다고 외친다.

결국, 마음이 문제이다. 시편의 악인도 그렇고, 계시록의 바벨론도 그렇고, 이들은 '마음으로' 다짐한다. 처참하게 낮은 지경에서 하나님이 주신 우울을 묵묵히 겪어가는 대신, 자기 '마음으로' 다짐 또 다짐하면서 "난 괜찮아. 난, 할 수 있어!"를 외친다. 큰소리치지 않아도, 이들은 '마음으로' 자기 자신을 세뇌시키고, 자긍하며, 교만한 인본주의자들이다.

환영하지 못할 친구처럼 우울이 다시 찾아올 때, 우리 그리스도인들은 차라리 자기 '마음을' 낮추고 찢으며, "주여, 나를 불쌍히 여기소서!"라고 진심으로 외치는 것이 하나님께서 참으로 기뻐하시는 모습이다. 우울하여 하나님께 울부짖는 자들은 하나님의 주목과 위로를 받게 된다. 하지만, 자긍하는 자들의 죄는 회개하는 자들의 죄처럼 소멸하지 않고, 쌓이고 쌓여서 그대로 되갚음을 받게 된다. 죄는 죄인을 반드시 찾아내고, 용서받지 못한 죄는 갑절이 되어 자신에게 돌아온다.

> "그의 죄는 하늘에 사무쳤으며 하나님은 그의 불의한 일을 기억하신지라. 그가 준 그대로 그에게 주고 그의 행위대로 갑절을 갚아 주고 그가 섞은 잔에도 갑절이나 섞어 그에게 주라"_계 18:5-6.

라오디게아 교회도 그랬다. 미지근한 자들이 스스로 외치기를 "나는 부자라. 부요하여 부족한 것이 없다."라고 자랑하였다. 하지만, 그들은 자신이 얼마나 "곤고"하고 "가련"하고, "가난"하고, 눈멀고, 벌거벗었는지 모르고 있었다. 이런 자들은 주님과 체질이 맞지 않아 토하여 낼 자들이다.[67]

우리가 낮아질 때 하나님은 우리를 높여 주신다. 우울증을 통해서건, 아니면 운명처럼 질긴 또 다른 인생의 역경을 통해서건 우리 인간이 처참하게 낮아져서 그곳에서 하나님을 찾을 때, 하나님은 두 번 생각하지 않으시고 우리에게 은혜와 위로를 베풀어 주신다. 한 번의 역경을 겪었다고 우리가 완전한 사람이 된 것도 아닐 텐데, 하나님께서는 그 낮은 자리에서 넋 빠진 목소리로 하나님의 이름 한 번 부른 것을 그렇게 뛸 듯이 기뻐하신다.

우울증이 한 영혼을 하나님과 그 말씀으로 인도할 때, 원래의 그 풍성한 가치를 드러낸다. 그럴 때 우울은 그 영혼으로 하여금 가난한 심령이 되게 한다. 심령이 가난한 자는 천국을 기업으로 받는다. 그리고 한 영혼을 하늘의 위로를 받는 애통하는 심령이 되게 한다.

그런 맥락에서 그리스도인의 우울증은 하나님의 선물이다. 인간의 우울이 우리를 낮추어 하나님의 자비를 구하게 할 때, 그것은 말로 표현할 수 없는 하나님의 선물이다. 우울이라는 그 낮은 경험을 통해 하나님은 하나님이 되시고, 우리는 인간이 되는 것이다.

8. 우울증, 교회를 위한 하나님의 선물

고려신학대학원에서 가르칠 때, 한 신학생이 나에게 질문하였다.

"교수님, 주일학교 반에 장애가 있는 어린이가 있는 것이 좋습니까? 정상적인 아이들과 어울리지 못하고 분위기가 많이 산만해집니다."

참 중요한 질문이 아닐 수 없다. 그에 대해 문득 떠오른 답변은 다음과 같은 것이었다.

"만일 주일학교가 학원처럼 성경 교습을 하는 곳이라면 그런 아이가 있는 것이 방해될 것입니다. 하지만, 아이들에게 이 땅에 있는 많은 장애우와 더불어서 좀 천천히 가더라도 함께 가야 한다는 것을 가르치게 된다면, 장애가 있는 그 아이는 반 전체를 위해 주신 하나님의 복이 될 것입니다."

물론 장애우들을 위한 별도의 전문화된 프로그램이 있다면 더 바람직할 것이다. 하지만, 어떤 상황에서도 우리와 다른 누군가가 함께하기를 원한다면 어떤 이유로 우리가 그들을 내칠 수 있겠는가? 그들의 다름과 다양성은 우리에게 복이다. 더욱이 우리의 빠른 걸음을 좀 천천히 가게 하는 사람이 있다면, 효율성 때문에 조급해질 수 있지만, 하나님의 뜻을 우선 생각하게 하는 그 장애는 우리에게 뜻밖에 주시는 하나님의 선물이다.

한국 교회는 사람들의 몸의 연약함은 잘 참아 준다. 병원에 입원해 있을 때 심방도 해주고, 기도도 해 준다. 갓 믿은 사람의 믿음이 연약해도 따뜻하게 잘 붙들어준다. 강한 믿음을 달라고 기도해 준다. 하지만, 오래 믿은 사람이 마음이 약해지고 우울한 것은 견디지 못한다. 안타깝게도 그것이 한국 교회의 한계이다. 몸이 아픈 사람을 심방하면서 불평하는 사람은 많지 않다. 아직 예수를 잘 몰라서 실수하는 것도 넉넉한 인심으로 기다려준다. 하지만, 우울하다고 말하면 견디지 못한다.

"왜 그렇게 약해?"
"그것도 못해?"

세상은 당연히 가난한 자들을 멀리한다. 성공에 환호하고, 성공을 추구한다. 하지만, 교회는 가난한 자들을 가까이해야 한다. 실패하고 낮아진 자들을 끌어안아야 한다. 부자라고 해서 우울증에 걸리지 않는 것은 아니다. 하지만 "부자들은 가난한 사람들보다 우울해질 가능성이 적다."[68] 교회는 가난하고 우울한 자들의 친구가 되어야 한다. 예수님은 심령이 애통하고 가난한 자들을 그렇게 천국과 가까이 두셨는데, 한국 교회는 마음에 애통과 슬픔이 있는 사람들에게 실패자의 낙인, 곧 스티그마$_{stigma}$를 붙인다. 안타깝고 마음 아픈 일이다.

우울한 사람이 회원으로 참여하는 여선교회는 일이 다소 지체될 수밖에 없다. 왜냐하면, 우울한 사람은 생각과 행동이 둔해지기 때문이다. 우울한 사람이 함께 있으면 같이 모여도 재미가 적어진다. 그저 곁에 있는 다른 회원들에게 그 사람 분량만큼 일을 더 많이 주게 되어 서로의 책임만 커진다. 우울한 사람 때문에 분위기만 무거워지고, 멍하고 축 처져 있는 모습이 서로 부담스럽다.

하지만, 교회는 일만 하거나 앞으로만 가는 곳이 아니다. 하나님은 지금 그 우울한 한 영혼을 통해 우리 교회에 말씀하신다. "앞으로만 가지 말고, 천천히 더불어 가고, 고통당하는 이웃을 생각하라."라고 말씀하신다. 우울증은 교회 공동체로 하여금 이해와 섬김의 기회를 주시는 하나님의 선물이다.

따라서 교회 공동체는 우울한 사람의 슬픔을 표정과 표현 그대로 믿어 주어야 한다. 건강한 자신의 눈에 느리거나 답답하게 보이더라도 꾀병이라 여기며 얄밉게 보지 말고, 그 사람의 슬프고 아픈 것을 보이는 그대로 믿어 주어야 한다. 그가 호소하는 고통을 평가 절하하며 조롱하는 것은 더 치명적인 상처를 주는 것이다.

교회는 우울한 사람의 슬픔과 외로움과 아픔의 이야기를 서로 먼저 따뜻하게 들어주고 믿어주는 곳이 되어야 한다. 우울한 사람이 교회를 믿고, 믿음의 사람에게 자신의 어려움에 대해 말할 수만 있다면, 그 우울증은 함께 풀어가 볼만한 것이다. 교회를 믿고 진지하게 도움을 요청할 때 교회가 귀를 기울여 들으면 우울증의 치료는 손안에 들어오게 된다.

우울증 때문에 혼자서 할 수 없는 일들이 어떤 것인지 묻고 알 수만 있다면 교회가 할 수 있는 일들이 분명해진다. 예를 들어, 우울한 주부는 음식 만들 힘도 없고, 어린 자녀를 돌볼 수 있는 여력도 없다. 집 안 청소도 제대로 할 수가 없다. 그럴 때 교회가 그 우울한 사람과 가정을 위해 따뜻한 섬김의 사람들을 교대로 파송해 준다면 큰 힘과 위로가 될 것이다.

교회는 그리스도의 몸이다. 교회는 삼위 하나님에 대한 신앙 고백과 거룩한 성찬을 기념함으로써, 그리고 말씀을 듣고 순종함으로써 세워지고 견고해진다. 그리고 교회 모든 공동체는 이 신앙 고백과 성만찬의 기초 위에 비로소 진정한 하나의 공동체가 된다. 운명 공동체인 교회에서 한 지체가 아플 때 다른 지체도 함께 아파하며, 더불어 기도해야 한다. 본인이 허락한다면, 교회 중보기도 팀에서 우울한 이를 위해 뜨겁게 기도할 수도 있다.

다행히 많은 여성은 자신이 우울하다고 생각할 때, 적극적으로 목회자나 상담자를 찾아 도움을 구한다. 이제 교회는 개인의 사적인 비밀을 이야깃거리로 삼는 대신, 따뜻하게 공감해야 한다. 친할수록 더욱 말을 조심하고, 많은 말을 의미 없이 쏟아내기보다 귀를 열어 우선 진지하게 들어야 한다. 가까이에 우울한 한 사람이 있을 때, 성도들은 각자 하던 일을 멈추고, 사랑으로 모여 다시 한 번 기도하며, 그가 진정으로 원하는 도움이 무엇인지 조용히 묻고, 마음의 자존심과 품위가 상하지 않도록 세심한 주의를 기울여야 한다.

우울한 사람들은 가장 사랑받아야 할 어린 시절, 가정에서 "보이지 않는 사람" 혹은 가정이 "내버려둔 사람"들이다. 그러나 그들이 교회의 눈에는 크게 보여야 한다. 그런 사람을 위한 교회의 영적, 공동체적 치료 자원은 무궁무진하지 않은가? 한 영혼의 우울이 교회를 수적 부흥의 길에서 멈추어 서게 하고, 따뜻한 긍휼을 섬세하게 실천하게 한다면, 그의 우울증은 교회를 위한 놀라운 선물이다.

9. 이제 제발 우울해져라, 오 한국 교회여!

그토록 흥분되었던 숫자의 잔치는 끝났다. 요란하던 부흥집회는 막을 내렸다. 총동원 전도 주일도 색이 바랬다. 성령 운동도 인본주의와 부패로 거룩하신 성령님만 부끄럽게 만들며 막을 내리고 있다. 제자훈련의 차분함도 스모그처럼 그 옛 영광을 뒤덮어버린 탐욕 속에 조용히 숨을 죽여가고 있다.

그 어떤 부흥의 패러다임도 인간의 더러운 욕심 앞에 왜곡되지 않는 것은 없다. 이제 우리가 살아날 수 있는 남은 길 하나는 한국 교회가 하나님 앞에서 재를 뒤집어쓰고 주저앉아 침묵하며 우울해하는 것이다.

재는 애통과 회개의 상징이다. 그리고 재는 우리가 장차 죽어서 흙으로 돌아가야 할 제한된 피조물임을 상기시켜준다. 슬픔과 애통으로 욥은 재 가운데 앉아 있었고 욥 2:8, 다니엘은 죄를 범하고 패역한 이스라엘을 위하여 "재를 덮어쓰고 주 하나님께 기도하며 간구"하였다 단 9:3. 주후 2-3세기를 살았던 교부 테르툴리아누스Tertullian의 말처럼 한국 교회는 회개의 심령으로 "거친 무명 베옷을 입고 비참하게 재를 뒤집어쓰고, 즐거움을 잊고 살아야 한다."[69]

지난 한 세기 반이 넘도록 한국 교회는, 마치 19세기 낭만주의자들이 꿈꾸었던 것처럼 더 높아지고, 더 강해지고, 더 단결된 힘을 가진 바벨탑 공동체가 되어왔다. 흩어 나누기보다 더 쌓고 모으려고만 하였다. 이 땅의 불의를 보며 낮아지고 우울하기보다는 더는 상처받지 않으려고 겉멋에 취해 왔다. 나누어 가난해지기보다는 모으고 쌓아 이 땅에 자기들만의 천국을 만들려고 하였다. 하나님께서는 좀처럼 회개하지 않고, 좀처럼 우울해지지 않는 한국 교회 때문에 탄식하신다. 자신에게 울고 통곡할 날이 곧 온다는 것을 알면 조금이라도 두려움을 느끼고, 진지해지고, 때로 우울해질 텐데, 무슨 일이 있어도 자신에게는 아무런 잘못이 없는 것처럼 너무나도 뻔뻔스러워졌다.

누군가가 비난하면 회개하며 재를 덮어쓰는 대신, 한국 교회는 불쌍한 양의 탈을 뒤집어쓴다. 자신이 희생양이라도 되는 것처럼 연기하고, 사람들의 동정심을 얻으려 한다. 자기 중에 있는 하나님의 백성을 동원하여 정치집회로, 방송국 데모로 이용하였다. 그리고 비난의 화살이 지나가고 나면 교회라는 숨겨진 공간에서 다시 약탈자, 자기 과시자로 변신하였다.

이런 교회의 부끄러운 현실을 두고 하나님 앞에서 우울해지지 않는 우리가 과연 그리스도인이라 할 수 있는가? 성령께서는 땅을 치며 근심하시는데 아무것도 느끼지 못하는 우리가 과연 바른 자녀인가? 자신의 연약함과 실수와 죄를 두고 애통하지 않는 우리는 회개한 사람이 아니다. 정치가들처럼, 앞에서는 변명하고, 뒤돌아서서 말씀의 채찍으로 성도들을 때리는 지도자, 좀처럼 자신의 죄를 위해 우울해지지 않는 당신은 그리스도인이 아니다.

가련하고 상처 입은 한 영혼들을 돌보는 대신 자기 배를 채우기에 급급하고, 든든한 재산으로 자신의 안락을 보장받고, 가난하고 서러웠던 지난 시절에 대해 보상을 이 땅에서 다 받으려고 무섭게 덤벼드는 당신은 그리스도인이 아니다. 자기 인생에 그렇게 과거의 배고프고 추웠던 겨울이 다시 올까 봐, 몸서리치며, 두려워하며, 자기만 살려고 안달하는 것, 그것은 우리가 그리스도인이 아니라는 증거다.

이 땅이 천국이 아닌데, 한국 교회와 지도자들은 마치 이 땅에서 다 누려야 할 것처럼 덤비는 바람에 기독교의 진정한 정의도, 공의도, 사랑도 증발해버렸다. 이 땅에서의 성공과 번영과 치유를 외치는 바람에, 실패하고 병든 사람들이 위로받을 교회 공간을 막아 버렸다. 측량할 수 없는 소망의 근원이 되는 천국을 현금으로 바꿔버렸다. 이 큰 비극을 어떻게 할 것인가?

한국 교회의 그리스도인들이여, 이제 우울과 회개의 재를 뒤집어쓰자. 애통의 길을 가자. 우리 모든 그리스도인은 참 목자이신 예수 그리스도의 인격성을 가져야 한다. 인격성은 상처받음을 의미한다. 사람들에게 거절당하여 상처받을 수 있는 취약성 vulnerability 을 가진 것을 말한다.

시인 시어도어 로스케 Theodore Roethke 는 "사랑이란 나의 상처다. 사랑이 [거절당하여 상처를 입을 정도로] 취약해지기까지 사랑은 사랑이 아니다 Love is my wound, love is not love until love is vulnerable"라고 말한다. 거절당할 위험을 각오하지 않는다면 그것은 사랑이 아니다. 거절당할 때 아프지 않다면 그것은 사랑한 것이 아니다. 아픈 것을 각오하지 않는다면 사랑이 아니다. 사랑은 거절당할 아픔을 각오하고 용기를 내어, 내 마음에 여리게 피어오른 새싹을 조심스럽게 열어 보여주는 것이다. 사랑은 위험한 일이다.

거절당하여 짓밟힐 것 같은 두려움을 각오할 용기, 거절당할 때 아무렇지도 않다고 고함치는 대신에 속 깊이 우울해하며, 엄마 배 속으로 다시 돌아가서 한없는 슬픔으로 웅크리고 앉아서 그 쓰라린 상처를 힘없는 자신의 손으로 감싸 쥐는 것, 그리고 조용히, 아주 조용히 하나님 앞에 나아가 감싸 쥐었던 상처를 하나님께만 조용히 보여 드리는 것, 그것이 재에 앉아서 우리가 할 일이다.

하나님은 이미 천사와 인간의 배반으로 상처를 받으셨다. 우리에 대한 사랑이 클수록 하나님의 상처는 깊다. 그 상처는 예수 그리스도의 십자가로 가시화되었다. 맞고, 상하고, 찢기고, 찔렸다. 거절당하고, 버림받고, 우울하고, 최악의 멸시와 비참을 고스란히 삼켜야만 했던 경험이었다.

하나님의 사랑은 결코 공짜가 아니었다. 타락하고 저주받은 인간을 사랑한 하나님의 대가는 상상을 초월했다. 죄 없으신 하나님의 아들이 아버지로부터 버림받았다. 예수님께서 하나님 아버지로부터 거절 받고 버림받은 것에 비하면 차라리 십자가에서 당한 육체의 찢김과 피 흘림은 견딜만한 것이었다. 죄악 투성이인 우리를 끌어안으시기 위해 하나님의 아들은 그 사랑하는 아버지로부터 버림받아야 했다. 어떻게 예수께서 우울해지지 않을 수 있었을까? 그는 자랄 때부터 상처받기 쉬운 연한 순이었고, 마른 땅에서 나온 줄기였다. 고운 풍채도, 권위 있는 영광도 없었다.

그런데 고난을 겪으며 자라온 한국 교회는, 이제 고난을 걷어차고 성공의 화려한 영광과 건물의 웅장함과 지도자의 부와 권위로 치장하고 있다. 몸의 고난으로 새 성전을 세우신 예수님을 밟고, 자신의 영광을 위해 화려한 헤롯 성전의 영광을 사모하며 자랑하고 있다. 그 말도 안 되는 인간사랑 때문에 초라해지고, 상처 입고, 십자가 지신 예수의 마음, 그분의 순결한 사랑이 이제는 그리울 뿐이다. 하나님은 그 처음 사랑이 얼마나 그리우실까?

지금도 한국 교회로부터 받는 하나님의 상처는 진행형이다. 보이는 우상에게 그렇게 이끌려가면서 하나님을 거절하였던 이스라엘처럼, 오늘날 한국 교회는 보이는 돈과 규모와 권력에 힘없이 끌려간다. 보이지 않으시는 하나님은 자기 백성에게 거절당하여 오늘도 상처를 받고 계신다.

과연 오늘 한국 교회에 그리스도와 더불어 의를 행함으로 사람들의 미움을 받거나 거절당하는 지도자가 있는가? 자기 성찰이나 판단력이 부족해서 실수를 저지르고도 스스로 희생양인 듯 자처하며 변명하는 이들은 많지만, 하나님 앞에서 의로운 선택을 함으로 핍박을 받는 지도자가 과연 이 땅에 몇 명이나 있는가? 만일 의로운 지도자 한 사람이 있다면 그는 지도자라는 힘으로 성도들을 누르거나 침묵을 강요하는 대신에 차라리 자신이 상처를 받을 것이다. 이곳저곳 다니며 자신의 편을 만들어 목양의 권한을 정치적으로 남용하는 대신에 차라리 자신이 소외되어 아플 것이다. 차라리 조용히 우울한 자리로 물러나 회개하며 애통할 것이다.

좋은 엄마가 차라리 아이의 고통스러운 질병을 대신 앓으려 하듯이, 좋은 지도자는 병들어 힘들게 하는 성도의 고통을 차라리 자신의 것으로 품을 것이다. 사랑하는 성도들을 아프고 우울하게 하는 대신, 차라리 자신이 더 우울해질 것이다. 그 우울한 자리에 인격적이신 하나님은 찾아오신다. 우리는 과연 이것을 믿는가? 거기에만 희망이 있다. 그렇다면 우리에게 희망은 있는가?

거절의 상처를 아픈 그대로 고스란히 품는 것이 삼위 하나님의 인격성이다. 우리가 하나님의 인격성을 가지고 사랑함으로 거절당하여 우울할 때, 우리는 비로소 참된 그리스도인이 되는 것이다. 이로써 우리는 이 땅의 보이는 위로가 참된 위로가 아님을 세상에 보여줄 수 있다. 힘이나, 권력이나, 명예나, 인정이나, 비싼 선물보다 의를 구하다가 받는 불이익을 더 큰 기쁨으로 여길 때, 우리는 비로소 이 땅에서 참된 그리스도인이 되는 것이다.

이 땅에서 그리스도인이 된다는 것은 100억 원을 버는 부자가 아니라, 곧 하나님의 가슴으로 우울과 비탄을 짊어지는 것임을 새롭게 보여주어야 한다. 건강과 사랑과 부는 소유하는 것이 아니라 함께 나누는 것임을 깨닫고 결심하는 그리스도인이 되어야 한다.

차라리 개들 사이에서 부스러기나 먹도록 방치되어 우울했던 나사로가 될지언정, 이 땅에서 위로를 다 받아버린 부자처럼 살지 않겠다는 결심이 설 때까지, 우리는 우울과 눈물을 달라고 기도해야 한다. 집 없는 부랑자가 되어서는 안 되겠지만, 우리 그리스도인은 스스로 가난해지고, 더 우울해지고, 더 낮은 자에게 끊임없이 눈길이 가야 한다. 이 땅에서의 풍요로운 보상은 그리스도인의 삶에 끊임없이 방해가 된다는 사실을 깨달을 때까지 우리는 우울해야 한다.

이제 한국 교회는 보수와 진보의 낡은 이념대립에서 벗어나야 한다. 보수도, 진보도, 그리스도의 복음과 하나님의 정의 앞에서 모두 비판을 받아야 한다. 예수 그리스도로 새롭게 해석되지 않으면 보수와 진보의 명분은 모두 자기중심적인 시대정신일 뿐이다. 보수는 눈에 보이는 단결된 큰 탐욕으로 타락하고, 진보는 사사로운 탐욕으로 사분오열된다.

교회는 이 땅에서의 불의를 애통하며, 보수와 진보를 함께 품고 기도해야 한다. 그리고 하나님의 정의가 아닌 것에 대해 정의로운 감시자가 되어야 한다. 무엇보다 교회는 집을 잃은 사람들, 삶의 권리를 빼앗긴 사람들, 생명을 잃고 고통당하는 사람들, 춥고 굶주린 사람들에 대해서는 아무런 정치적 이유 없이 도움의 손길을 내밀어야 한다. 그들의 생명과 인권을 지키고자 지역 교회와 한국 교회는 한마음이 되어야 한다. 결코, 권력자와 재력가들의 명분을 옹호하느라 눈물 흘리는 자들의 고통을 외면해서는 안 된다. 교회 안에서만 아니라, 교회 밖에서도 우리는 우는 자들과 함께 울어야 한다. 힘없는 자들과 함께 힘없는 자가 되고, 가난한 자들과 함께 가난해지기까지 나누어야 한다. 그런 교회와 그리스도인을 하나님께서 인정하지 않으시겠는가?

오늘 우리 곁에서 울부짖는 사람들과 고통당하는 영혼들이 무슨 우울한 사연을 가지고 힘들어하는지 관심도 없고, 그들을 위해 기도도 하지 않는다면 우리는 과연 그리스도인일 수 있는가? 이 시대의 죄악과 아픔을 끌어안고 통곡하며 우울해하지 않는, 해맑기만 한 우리는 과연 그리스도인이 맞는가?

한국 교회가 마땅히 받을 비난을 받고 있을 때 우리는 모두 애통하고 회개하며, 하나님 앞에서 우울해져야 한다. 비난받는 교회나 사람들을 비난하기만 할 것이 아니라, 그들의 허물을 위해 우리가 재를 뒤집어쓰고, 진심 어린 회개의 눈물을 흘려야 한다. 비난과 정죄가 상황을 변화시킬 수 없기 때문이다.

권력과 재력 있는 성공한 사람들을 자기편으로 만들고, 인간 방패를 세워 날카로운 화살을 피하며, 자신을 마치 승리한 전쟁 영웅처럼 포장하는 자기애적인 사람들은 그리스도인이 아니다. 하나님을 자신의 요새로 삼기보다, 힘 있고 유력한 사람들을 주위에 대동

하고 거느리며, 자신의 보좌가 든든함을 인간에게서 찾는 사람을 우리는 더 이상 그리스도인이라 부를 수 없다.

하나님의
선물 1

- 예수를 깊이 알아갈수록 현실에 대한 애통은 커진다. 그것은 꼭 우울증을 닮았다.

- 그리스도인은 예수님이 이 땅에서 가장 소중히 여기는 사람이다. 산상수훈의 가르침도 그들을 보호하시고 지켜주시려는 주님의 의도를 담고 있다.

- 만일 우울증이 하나님을 더욱 간절하게 찾게 한다면, 그것은 심령을 가난하게 하는 천사이다.

- 하나님의 자녀는 분별력 없이 자기를 희생하기만 하면서 끝에는 우울해지는 사람들이 아니다. 우리의 우울이 그리스도를 닮은 그것이 되기까지 사모하며 기도할 뿐이다.

- 바울과 같이 그리스도를 따르는 모든 남성에게 약점과 실패는 공유물이다.

- 내가 약할 때 하나님이 강하시다면, 나를 지극히 약하게 만드는 우울의 흔적들은 잊지 않고 간직해 둘 만하다.

- 우울한 사람들에게 유난히 영적인 체험들이 많다. 그 체험들이 용기와 소망을 주기도 한다. 하지만, 그 체험들에 오류가 없는 것은 아니다. 이 체험들은 반드시 다시 말씀으로 우리를 이끌어야 한다.

- 우울의 위험은 중독이다. 부정적인 삶의 묵상에서 빠져나와 시편을 묵상해 보자. 자신만의 시편을 찾기까지 계속해서 묵상해가자.

- 자존감의 근거는 오직 그리스도를 통한 것이어야 한다. 우울이 찾아올 때에는 마음을 낮추고, 오직 하나님께서 우리를 높이시기를 사모하자.

- 지금까지 부흥과 성장을 경험한 한국 교회는 이제 재를 쓰고 회개하며, 우울의 자리로 나아가야 한다. 구태의연한 이념대립을 버리고, 예수님의 심장으로 낮아져서 하나님의 공의와 긍휼을 위해 기도하고 행동해야 한다.

제12장

우울증과 더불어 살아가기

　　　　　　　　　　우울증 치료는 과연 가능한가? 약물과 상담으로 잘 처방하면 우울증은 피부의 작은 상처가 아물 듯 말끔하게 접합될까? 대답은 '예스!'와 '노!'이다. '예스!'란, 다른 어떤 정신적 장애보다도 우울증의 치료 경과는 좋으며, 90%에 가까운 사람들이 적절한 치료를 통해 우울증을 이겨낼 수 있다는 것이다. 그만큼 따뜻한 사랑과 인내와 지지가 우울증 치료에 중요하다는 말이기도 하다.

　하지만, 우울증에서의 회복은 상처가 아물고서 쉽게 잊어버리는 피부의 회복과는 사뭇 다르다. 개인의 증상이 호전되어도 인간관계가 따뜻한 돌봄의 환경으로 함께 변하지 않는다면, 여전히 우울한 고통의 악몽은 잠재되어 있다. 그래서 대답은 여전히 '노!'이다.

　다만, 한 번의 회복을 경험한 사람에게는 하나님이 주신 재생의 발자국이 남아 있다. 그 깊은 절망의 심연에서 언제 어떻게 회복했는지 알기에 다시 그 빈 우물에 빠진다고 해도 돌아 나오는 길을 알고 있다. 그래서 다른 정신적 장애와 마찬가지로 우울증 역시 치료해서 잊어버리는 어떤 것이 아니라 평생 친구처럼 함께 살아야 하는 어려움이 있다.

이것은 마치 큰 개를 키우는 사람들과 같다. 세인트버나드, 셰퍼드 혹은 시베리아허스키 같은 큰 개를 키우는 사람들은 언제나 자신에 대한 위험 요소들을 안고 살아간다. 왜냐하면, 이런 개들은 사람을 물어 죽인 전력들이 있기 때문이다. 불도그의 교배종인 핏불테리어_{pit bull terrier, 작고 강인한 투견용 개}는 치명적이어서, 다른 어떤 개들보다 많은 사람의 생명을 앗아갔다.

큰 개를 산책시킬 때 훈련이 잘된 개와 그렇지 않은 개를 육안으로 구별하는 손쉬운 방법이 하나 있다. 주인의 말에 잘 순종하는 개는 아무리 덩치가 커도 산책할 때 주인보다 앞서가지 않는다. 주인과 걸음을 맞추어서 그 곁에서 걷는다. 하지만, 버릇이 없고 까불거나 주인을 무시하는 개들은 자기들이 앞서서 끌고 가거나 그 앞을 가로질러 간다.

우리가 삶에서 우울증의 흔적을 없앨 수 없다면, 적어도 우울증을 우리가 다룰 수 있는 수준으로 훈련할 필요가 있다. 훈련된 개는 주인에게 그렇게 유익할 수가 없다. 주인이나 다른 사람들에게 해를 끼치는 대신에 주인을 지켜주고, 주인을 위해 자신을 희생하기도 한다. 마찬가지로 우울증도 우리의 믿음과 자원으로 안전하게 다룰 수 있다면 그것은 우리를 겸손하게 하고, 하나님 앞에서 깊이 있는 삶을 살아가게 하는 특별하고 요긴한 도구가 될 것이다.

1. 앎

하나님은 인간을 아신다. 세상이 창조되기 전에 우리를 미리 아셨고 선택하셨다_엡 1:4_. 우리가 모태에서 만들어지기 전에 우리를 이미 아셨다_렘 1:5_. 우리를 어머니의 태에서 신묘막측하게 지으신 분이 우리 하나님이시다_시 139:13-16_. 그 하나님은 지금도 우리를 아신다.

그러나 '앎'은 때로 위험하다. 누군가 나의 정보를 안다면 당장 나의 것들을 약탈하려 할 수도 있기 때문이다. 누군가가 나에 대하여 불필요하게 많이 안다면, 나는 매우 불편한 처지에 놓일 수도 있다. 반면에 '하나님의 앎'은 보배롭다. 하나님의 앎과 생각은 우리에게 보배로워서, 우리의 약점과 연약이 하나님께 알려질수록 우리는 더 풍성한 삶을 누리게 된다.

> "하나님이여 주의 생각이 내게 어찌 그리 보배로우신지요. 그 수가 어찌 그리 많은지요? 내가 세려고 할지라도 그 수가 모래보다 많도소이다. 내가 깰 때에도 여전히 주와 함께 있나이다" _시 139:17-18_.

그리고 보배로운 앎의 본질은 "함께 있음"에서 온다. 우리를 지으신 하나님께서 지금도 우리를 아시는 것은 그분이 우리와 함께 하시기 때문이다. 우리가 우울을 극복할 수 있는 결정적인 자원이 여기에서 나온다.

우울증은 인격적인 앎의 부재이다. 청소년들이 우울한 이유는 앎의 경험이 결핍되었기 때문이다. 함께 있으면서 자신의 숨소리, 자기 표정의 작은 변화까지도 섬세하게 감지해 주는 부모의 앎이 없기 때문이다. 하지만, 따뜻하고 보배로운 앎이 회복되면 우울증은 신속하게 해소될 수 있다.

함께 공유하는 시간이 없으면 앎이란 불가능하다. 집중된 대화와 관심, 격려와 사랑으로 공유된 시간 없이는 이 앎이 불가능하다. 어느 미국 잡지에서는 "과도한 양육보다 모자란 양육이 차라리 낫다."라고 말한다. 하지만, 이 말의 함정은 자녀를 방치할 수 있는 위험을 기른다는 것이다. 아이의 자율성을 존중하는 것 같지만, 과도한 양육보다 결핍된 양육으로 더 큰 문제가 생길 수도 있다. 무책임한 부모들의 마음을 안심시키고, 아이들을 정서적으로 더 떼어놓으려는 부모에게 명분을 준다면 이 말은 결코 옳은 것이 아니다.

결혼한 여성들이 우울증을 앓는 가장 큰 이유 가운데 하나는 바로 인격적인 앎의 결핍 때문이다. 자신의 처지와 형편, 고민과 아픔을 가슴으로 따뜻하게 알아주는 사람이 없기 때문이다. 심지어 남편조차도 연애 때와는 달리 아내의 마음에 무관심하고, 묻거나 대화하지도 않고, 자신이 좋아하는 것만을 일방적으로 선택하기 때문이다.

실상 결혼이야말로 앎의 절정이다. 부부 관계에서 일어나는 성적 교제는 성경에 등장하는 대표적인 앎의 언어이다. 구약 히브리어의 '야다'$_{yadah}$는 '하나님 혹은 다른 누군가와 매우 친밀하게 아는 것'을 가리킨다. 그것은 하나님의 마음과 뜻을 헤아리는 것을 가리킨다.

사람에 관해서는 감각, 경험, 실험, 입증을 통해서, 특별히 성적인 친밀감을 통해서, 상대방을 온전히 알고 또 나 자신을 상대에게 알리는 것이 '야다'이다. '야다'는 상대에 대한 배타적이고 전인적인 앎으로서, 구약성경에 자그마치 995회나 등장하는 표현이다.

그러나 우울한 부부들의 현실에서는 앎이 없다. 결혼식은 하지만 언약이 없고, 부부 관계는 있지만 친밀한 앎이 없다. 외려 앎을 회피하려 하고, 자신을 온전히 드러내기도 두려워한다. 자신을 배우자에게서 소외시키고, 배우자를 떠밀어내며 앎을 피해버린다. 서로의 앎이 없는 부부는 우울하다. 일정한 선을 그어놓고 더는 다가오지 않기를 바라는 것, 서로 더 알아가기를 두려워하는 것은 앎의 절벽이다. 여기에서 부부 우울증의 불행한 씨앗은 시작된다. 서로 모르기 때문에 상대방을 느낄 수도 없고, 예측할 수도 없고, 멀찍이서 서로 짐작만 하는 것이다. 그래서 점점 우울해지고 마음 문이 닫혀도 전혀 감지하지 못하게 되는 것, 이것이야말로 앎의 끝이며 우울의 절정이다.

청소년 우울증에 대한 대답은 부모의 앎이다. 청소년 자녀의 아픈 숨소리의 의미까지 읽어내는 것이 부모와 교사의 앎이다. 부부 우울증에 대한 대답도 서로에 대한 앎이다. 그들의 위기를 읽고, 어려울 때 함께 알아가고, 어떻게 해야 할지 함께 고민하는 것이야말로 전문가들이 말하는 청소년 우울증을 예방하는 효과적인 지름길이다.[70] 아내가 한숨 쉴 때 멈추어 서서 묻고, 알고, 새롭게 출발하는 것이 부부의 앎이다.

하나님께서 한순간도 떠나시지 않고 우리와 동행하심으로 우리를 아시듯, 가족들도 서로 동행함으로 더 깊이 알아가야 한다. 부모는 아이의 필요에 명민하고, 아이에 관한 모든 것에 눈치가 빨라야 한다. 청소년 자녀의 고민과 갈등을 눈치 챌 수 있어야 한다. 물론 부모가 먼저 흥분하지 않고, 차근하고 담담하게 물어보면 된다. 다른 집 아이들과 절대 비교하지 말고, 그 대신 사랑하는 마음으로 격려해야 한다. 성급하게 꾸중하거나 인상을 쓰는 대신에 아이를 따뜻하게 안아 주어야 한다.

내 아이를 다른 아이와 비교하는 것은 곧 아이를 우울하게 하고 그 아이를 잃어버리는 지름길이다. 공부도 잘하고, 운동도 잘하는 아이를 보면서 내 아이와 비교하면, 아이는 곧장 상처를 입고, 아무런 의욕도 갖지 못한 채 주저앉고 만다. 왜냐하면, 자신에게는 지금 당장 다른 아이를 따라낼 수 있는 준비가 되어 있지 않기 때문이다. 내 아이만 가진 장점을 찾아 격려해줄 때까지 다른 아이에 대한 부러움을 눌러 두어야 한다. 다른 집 아이를 부러워하는 순간 내 아이의 부모로서는 패배한 것이다.

그런 질투에 패배하면 아이에게 퉁명스러워진다. 사랑하는 아이에 대한 진정한 앎이 있어야 한다. 결코, 내 지금 상태와 기분에 따라 함부로 말하지 않도록 주의해야 한다. 아이가 엄마를 부를 때, 거기에 담긴 반가움, 사랑함, 섭섭함, 안타까움, 두려움, 분노를 읽어야 한다. 그 목소리의 느낌만으로도 엄마의 반응은 천 가지로 달라야 한다.

내가 하던 일이 아무리 급하고 바빠도, 두려워하며 도움을 요청하며 "엄마!"를 부르는 아이를 그냥 돌려보내서는 안 된다. 감기 몸살로 아프고 외로운 아이를 밀쳐내고, 바쁜 근무지로 가서는 안 된다. 내가 올려야 할 매상 목표 때문에 아이의 외로움을 방치해서는 안 된다. 그것은 앎에 대한 배반이다.

당신은 고등학생 아들 딸과 따뜻하게 뽀뽀를 할 수 있는가?

"애가 왜 이래? 징그러워서 이제 안 돼. 넌 저리 가!"

일찍부터 품에서 밀어내버린 아이는 병든다. 어릴 때부터 엄마가 안아 주지 않아서 음식을 많이 먹고 위험할 정도로 살찐 아이들도 있다. 아빠가 자신을 따뜻하게 품어주지 않아서 다른 남성을 찾아 애정을 구하는 아들도 있다. 부모에게 여유가 없을수록 아이들의 스마트폰 의존과 중독은 심해진다. 엄마나 아빠가 밀어내는 만큼, 아이들은 나중에 커서 그 엄마와 아빠를 밀어낼 것이다. 아이들이 필요할 때, '앎'과 '함께함'으로 적절한 반응을 보이지 않는다면, 아이들은 우울하게 자기 세계 속에 빠져들 것이다. 그렇지 않으면 엄마 아빠가 존재하지도 않고 더는 필요도 없는 자기만의 세계를 찾아갈 것이다.

남편과 아내는 하루하루, 서로의 몸과 마음의 컨디션에 집중해야 한다. 한 사람이 슬플 때 함께 슬퍼하고, 한 사람이 기쁠 때 함께 기뻐해야 한다. 한 사람이 우울할 때, 함께 우울한 순간을 공유해야 한다. 따뜻하고 보배롭게 서로 살피고, 따뜻하게 만져주며 함께하는 시간을 만들어 감으로써 서로에 대한 따뜻한 앎을 이어가야 한다.

어느 영화의 대사처럼, 남편이 아내를 사랑하고 이해하면 아내는 장미꽃처럼 아름답게 피어날 것이다. 하지만, 남편이 아내를 함부로 대하거나 방치해도 여전히 아내는 피어날 것이다. 그럴 때 남편은 그 아내의 아름다운 개화를 자신과는 아무런 상관없는 먼 거리에서 아쉽게 바라보고만 있을 것이다. 앎을 두려워하지 말고, 친밀함의 아름다움과 책임을 함께 나누며 머나먼 인생길을 함께 걸어가자.

앎은 특권이다. 그리고 앎은 책임이다. 앎과 이해는 사랑하는 가족들이 계속 이어가야 할 이야기의 진행형이다. 한 번의 앎으로 모든 것이 끝나는 것이 아니라, 함께 걸으며 더 알아가고, 더 알수록 그 곁을 더욱 견고하게 지켜 주어야 한다. 서로에 대한 따뜻하고 보배로운 앎이 있는 곳에서 우울은 천천히, 그러나 잠시 머물렀다 날아가는 깃털처럼 가벼워질 수 있다.

2. 우울의 인식과 대면

우울증의 치료란 우울한 현실을 없애버리는 대신 있는 그대로 인식하고 받아들이는 것이다. 만일 자신에게 고통과 우울을 안겨 준 인간관계나 삶의 예측할 수 없는 슬픔과 트라우마(trauma)가 있다면, 그것을 있는 그대로 인식하고 받아들이는 것이 곧 치료이다. 한 개인의 우울이 심해지는 이유는 그런 고통과 슬픔을 받아들일 만한 힘이 없기 때문이다.

　상담자는 우울한 이들을 격려하고 북돋우어, 삶의 고통과 자신의 한계를 직접 대면하도록 돕는 치료의 도우미들이다. 우울한 이들이 자신의 마음을 진정으로 알아주는 좋은 상담자를 만나는 것이 중요하다. 좋은 상담 전문가를 만나는 것이 중요한 이유는 이들이 나를 도울 것이고, 외로움에 버려두지 않을 것이기 때문이다. 이들은 수용과 알아감의 과정을 따뜻하고 안전하게 지켜줄 것이다. 나 자신의 아픈 경험과 그것을 받아들이기 어려운 나의 한계를 다시 인식하고 받아들일 수 있도록 그 고통스러운 과정에 함께할 것이다.

　피조물인 인간이 자신의 한계를 인식하는 것은 고통이다.

"만일 내게 충분한 돈만 있다면……."
"만일 나에게 힘만 있다면……."
"만일 나에게 젊음이 다시 주어지기만 한다면……."

　우리가 살면서 이처럼 수없이 많은 "만일"_if_을 외칠 수밖에 없는 이유는 우리가 가진 자원의 한계에 부딪히는 아픔 때문이다. 그런 의미에서 인간인 우리는 모두 애처로운 존재들이다. 부자건 가난한 자건, 건강하건 병들건, 젊건 노쇠하였건 간에 상관없이 우리는 모두 애처로운 한계를 어깨에 지고 사는 존재들이다.

　시간과 공간 속에 갇혀 살면서, 자신의 힘으로 어찌할 수 없는 절망이 우리 모든 인간에게 있다. 유아기 때 이미 깨어져 버린 '전능의 환상'the fantasy of omnipotence, 그때부터 질긴 운명처럼 잇달아 깨어져 버리는 인생의 작고 큰 기대와 백일몽들, 산산이 조각난 꿈들의 예리한 파편에 상처를 입을 수밖에 없는 자기 존재의 한계를 차갑게 받아들여야 하는 것이 우리 인생들이다. 좋은 기독교 상담자는 그 아픈 자존감의 상처를 담담히 받아들일 수 있을 때까지 우울한 이들과 함께할 것이다.

더구나 전능하시고 무한하신 절대자 하나님과 유한하고 제한된 시공간을 살아가는 인간의 질적 차이로 말미암아 발생하는 하나님의 부재the absence of God는 우리 그리스도인도 평생 겪어가야 하는 영적인 씨름이다.[71] 아브라함도, 야곱도, 욥도, 다윗도 그리고 그리스도께서도 경험한 "나의 하나님, 나의 하나님, 어찌하여 나를 버리셨나이까?"의 고백이 오늘 우리의 삶에서도 반복된다.

하지만, 이 질문이 우리를 무신론자로 만들지는 못한다. 왜냐하면, 인간이 느끼는 하나님의 부재가 실제로 하나님을 안 계신 분으로 만들지 못하기 때문이다. 하나님께서 나를 버린 것 같은 삶의 부분은 누구에게나 있지만, 그것이 실제로 하나님께서 나를 떠나시거나 버린 것은 결코 아니기 때문이다. 그럼에도, 그리스도인은 평생 하나님의 부재에서 오는 이 비탄으로부터 자유롭지는 못할 것이다. 천국이 임할 때까지 그것은 보이지 않으시는 하나님을 섬기는 우리에게 주어진 운명이다. 따라서 우울은 우리의 벗이 될 수밖에 없다. 왜냐하면, 그 부재의 가시가 날카롭게 내 영혼을 파고들 때, "아이코, 정말 아프네요."라고 말할 수밖에 없기 때문이다.

그래서 어떤 시편은 매우 성급하다. 아직 아무런 상황이 바뀌지도 않았는데 시인은 애통을 찬양으로 바꾸어버린다. 시편 13:1에서는 비통해하며 하나님을 찾는다. "여호와여 어느 때까지니이까? 나를 영원히 잊으시나이까? 주의 얼굴을 나에게서 어느 때까지 숨기시겠나이까?" 그런데 6절에서는 억지로 웃음 짓는 듯한 결론이 나온다. "내가 여호와를 찬송하리니 이는 주께서 내게 은덕을 베푸심이로다!"

도대체 1절과 6절 사이에 얼마만큼의 시간이 걸렸을까? 혹시 성급한 자기 위로나 자기 다짐은 아닐까? 하나님의 부재를 느끼는 인간의 비참을 하나님의 은혜로 갑작스럽게 비약하는 것은 아닐까? 철학적인 불신자들은 아마도 이런 시편을 통해 기독교의 성급함과 얕음을 비난할 것이다. 하지만, 시인이 보여주는 이런 급작스런 변화가 결코 기독교의 얕음을 말하지는 않는다. 외려 기독교가 가진 우울증의 근본적인 처방의 놀라움을 말할 뿐이다.

비록 1절에서 6절까지의 시를 쓰는 데 10분의 시간이 걸렸다 하더라도 그것은 결코 놀라운 일이 아니다. 내 인생의 가장 낮은 곳에 처한 인간이 여호와를 부르는 순간, 그 사람 속에 일어나는 변화는 오직 하나님과 그 사람만 알 수 있기 때문이다.

어쩌면 삶의 비참을 대면하는 것보다 내 삶에 부재하시는 하나님을 인식하는 것이 그리스도인들에게는 더 참담하고 고통스러울 것이다. 하지만, 삶의 가장 큰 모순을 가진 사람, 하나님의 부재를 피부가 상하듯 느끼는 사람도, 여호와 하나님의 이름을 부를 때 그에게 일어나는 변화는 순식간일 수 있다.

자기 심리학 the self psychology 의 창시자인 하인츠 코후트 Heinz

Kohut는 심리치료의 현장에서 좋은 상담자에 의해 공감이 일어날 때, 자기 the self의 손상 fragmentation을 겪은 사람이라 하더라도 매우 신속한 속도로 회복을 경험할 수 있다고도 하였다. 하물며 창조주 하나님의 역사는 어떠하겠는가?

성경에 등장하는 우울한 인물들이나 우울한 탄식이 염세적 절망으로 끝나지 않는 이유가 이것이다. 그리스도인의 우울증이 결코 파멸로 끝날 수 없는 이유가 바로 이것이다. 눈에 띄는 아무런 변화도, 응답도 없지만, 우울한 소자가 힘없는 소리로 하나님의 이름을 한 번 불렀다는 것만으로도 하나님은 움직이기 시작하시기 때문이다.

어쩌면 이 시인과 같은 신속한 언어의 전환이 없을지라도, 비통과 비탄이 여러 날, 여러 주週를 뒤덮고 있다고 할지라도, 거룩하신 그분의 이름을 불러 정체된 공기를 울린 것만으로도 하나님은 움직이기 시작하시는 것이다. 그리스도인의 우울은 결코 우울한 파멸로 끝나지 않는다. 사망의 음침한 눈물 골짜기를 걸어가지만, 내겐 아무것도 없고, 내가 아무것도 아니라는 비참한 자신의 결핍을 느끼지만, 신실하신 하나님을 믿고, 그 하나님의 차가운 부재와 거절마저 끌어안을 때, 우울한 우리 영혼의 깊은 곳에 감사의 찬양이, 마치 멀리서 찾아오는 반가운 사신의 행렬처럼, 뜨거운 눈물을 타고 우리의 영혼의 골짜기에 흐르게 된다.

그리스도인의 모든 우울은 하나님의 선물이다. 그것이 우리를 잠시 멈추게 하고, 꺾고, 낮추고, 누르고, 흔들고, 울리고, 아프게 할수록 우리는 이 산만한 세상에서 오직 하나님만을 향한 진실한 마음만을 가지게 될 것이다.

3. 인간을 인간 되게, 하나님을 하나님 되게!

고통은 개별적이고 실존적이다. 그러나 그리스도인의 우울은 자기 연민을 초월하게 한다. 우울 속에서 하나님을 만난 사람은 자기 연민을 초월하여, 이제는 더 우울한 이웃들을 생각하게 된다. 왜냐하면, 하나님의 백성에게는 고난에서 동질감을 느끼고, 자신의 한계를 넘어 긍휼의 마음을 가지기 때문이다.

어떤 종류든 하나님의 백성은 빠짐없이, 동일하게, 모두가 이 땅에서 고난을 당한다. 왜냐하면, 우리는 이 땅에서 흩어져 사는 나그네이기 때문이다.[72] 이 땅은 어느 곳이든 타향살이이기 때문이다. 우리의 고난은 동질이다.[73]

그러나 긍휼은 확장한다. 우울증의 지독한 고독과 죽을 만큼의 힘든 어둠을 뚫고 나와서 보니, 이제는 내 곁에 나와 비슷하게 살아가는 사람들을 그냥 지나칠 수 없다. 그리스도인의 긍휼은 개개인의 편안한 경계선을 넘어 스스로 확장해 가기 때문이다.

그것은 값싼 동정이 아니다.

우울에서 벗어나 본 사람은, 우울로 난 가시 오솔길을 더듬으면서 자신이 더 사랑해주지 못하는 한계로 말미암아 애통해한다. 이웃에 대해 다하지 못한 책임감과 좀 더 깊이 경청하여 이해하지 못한 미안함과 함부로 판단하며 충고했던 미성숙한 자신에 대한 아쉬움이 다시 그를 찾아오는 것이다. 그러나 그런 아쉬움은 그리스도인들을 파괴하는 것이 아니라, 외려 더 자라게 한다. 이제는 내가 사랑받지 못함 때문이 아니라, 내가 행여 그 사람을 사랑하고 섬기는 일에 걸림돌이 되지나 않았을까 염려한다. 그런 우울은 공동체를 위한 보배로운 선물이다.

이제는, 스스로 감당할 만한 우울의 고통에 대해서는 그다지 큰 걱정을 하지 않는다. 이제 더 이상 하나님이 나를 버리셨다고 절망하거나 불안해하지도 않는다. 이제는 사랑하는 가족과 이웃들의 고통을 좀 더 깊이 이해할 수는 없을까 안타까워하며 새로운 불안정을 경험한다.

이런 마음은 자라고 또 자라야 한다. 그래서 이제는 한 사람의 죄인으로 말미암아 애통하시는 성자, 탕자를 기다리시는 성부, 연약한 자들로 말미암아 근심하시고 탄식하시는 성령의 우울함까지도 마음으로 느낄 수 있어야 한다. 이제 그리스도인들에게 더 이상 우울은 더는 고삐 풀린 사나운 짐승이 아니다. 외려 다룰만한 우울 경험은 그리스도인의 참 좋은 벗이자, 그들의 순례자 여정의 동행임을 알게 된다.

우울할 때 좋은 동행, 따뜻한 상담자 같은 벗이 있다면 그것은 복된 인생이다. 이전에 우울했던 내가, 아직도 우울의 상흔을 가진 내가, 지금 생생하게 우울을 경험하는 한 영혼을 위해 따뜻한 벗이 되어 줄 수만 있다면, 나는 더욱 복된 인생을 사는 것이다.

우울한 이들의 곁에 따뜻한 한 명의 벗이 있다면, 그들은 자신의 한계를 다시 한 번 대면하는 것이 그리 두렵지 않을 것이다. 자신의 한계를 받아들이는 것은 아픈 일이다. 하지만, 누군가가 곁에 있어 줄 수 있다면 그것을 담담히 받아들일 뿐 아니라, 그 지독한 우울에서 조금씩 벗어나는 힘을 얻을 것이다. 무기력하고 능력 없어 보이는 자기, 병들고 아프고 쓸모없어 보이는 자신, 그런 한계를 가진 자기 자신을 받아들이고 인정하는 것이 이젠 그렇게 두렵지 않을 것이다. 그것을 따뜻하게 바라봐 주는 벗이 있기 때문에……

참 상담자이신 그리스도를 본받아, 보혜사 성령님을 본받아 이제 내가 누군가에게 그런 벗이 되어 사랑하는 이웃과 그 깊은 고통의 자리에 함께 있어 주자! 비록 자기 자신의 기초가 여전히 불안정하고 연약하여 때로 흔들린다고 해도, 우울의 아픔을 먼저 경험한 한 사람으로서, 더 연약한 지체의 벗이 되어 줄 수만 있다면, 그것은 노랗게 물든 단풍잎 위로, 듬직한 배경이 되어주는, 파랗고 하얗고 깊은 가을 하늘 만큼이나 아름다운 동행이 될 것이다.

우울은 지나치게 자신에게 부정적으로 몰입하다가, 결국 자기 스스로 무너지는 병이다. 자기만 불쌍하게 보는 자기 연민이, 나중에는 자기만을 위한 이기심이 되어 그 불편한 우울과 힘겨운 대결을 펼치게 되는 것이다. 하지만, 우울한 기분을 모두 떨쳐버리려 하는 대신 잠시 멈추어 생각하고, 자신의 한계와 아픔을 느끼는 상태 그대로, 자신만큼 힘들고 어려웠을 실패자들에게 따뜻한 눈길을 주는 연습해 보는 것은 어떨까? 그것은 오직 성숙해가는 그리스도인에게서만 기대할 수 있는 모습이다.

우울증을 황급히 극복하려 하거나, 팔에 붙어 있는 먼지를 떨어버리듯 단번에 떨쳐내려다 보면 우리는 더 해로운 **유혹**에 빠질 수도 있다. 한꺼번에 문제를 해결하려는 환상, 남성의 우울을 한방에 풀어줄 것 같은 로또나 도박의 유혹, 이 지긋지긋한 가난을 물리쳐 준다고 약속하는 해로운 번영의 신학에 몰입할 수도 있다. 그러다가 단번에 고쳐지지 않을 때 절망하거나 하나님을 원망하게 된다.

하지만, 하나님께서는 문제 해결, 우울증 퇴치, 물질 번영을 주시기보다는 우리에게 주어진 한계와 연약함을 품고 더 연약한 지체들에게, 약하나마 내 긍휼의 손을 내밀기를 바라신다. 연약한 우리 곁에 사랑하는 부모, 배우자, 상담자를 주시고, 영원한 상담자이신 성령님을 주신 것처럼 하나님은 이제 우울했던 우리를 더 연약한 자들을 위한 위로자와 상담자로 보내신다.

프로이트는 자기애, 곧 나르시시즘이라는 범위 안에다 인간 사랑의 한계를 설정했다. 다시 말해서 인간이 남을 사랑하거나 선한 일을 한다고 해도 기껏해야 자기만족이나 자랑을 위해 한다는 것이다. 프로이트에게 고마운 것은 그가 인간 사랑의 한계선을 잘 그어 주었다는 것이다. 그리스도인은 그 한계선을 초월할 수 있는 유일하고 특별한 부족들이다. 이들이야말로 자기 사랑의 한계를 넘어, 이웃 사랑과 하나님에 대한 감사를 할 수 있기 때문이다. 자신에게 아직 깊은 우울의 흔적이 남아 있음에도, 자기보다 더 우울한 사람들에게 사랑의 손을 내밀 여력을 남아 있게 하시기 때문이다.

그 이유는 단순하다. 그리스도인이 자신의 능력과 존재의 한계선에 부딪히자마자, 그들 안에 살아계신 하나님의 능력이 시작되기 때문이다. 내 자원이 적고 능력의 경계선이 짧을수록 하나님이 내 삶에서 차지하시는 영역은 더 커지기 때문이다. 보리떡 다섯 개와 물고기 두 마리를 나누어 줘버린 텅 빈 그 바구니 안에, 다시 그 다음 사람들에게 나누어 줄 보리떡과 물고기를 가득 채워주시는 분이 우리 하나님이시기 때문이다.

우울증의 경험이 힘들지만 감사한 이유는 우리 자신이 인간으로서의 한계를 처절하게 깨닫게 되기 때문이다. 우리 자원이 모조리 소진되어버린 바로 그 가장자리에서 하나님은 이웃을 섬길 기쁨과 자원을 부어주시기 때문이다. 우리는 그런 우리 자신의 연약함과 한계를 '감사함으로' 인식하며 받아들이고도 이웃을 진심으로 사랑할 수 있는, 이 세상에 하나밖에 없는 유일한 종족 곧 그리스도인이다.

우리 하나님은 당신의 자녀가 우울하여 축 처진 모습을 보실 때마다 안타까워하시며, 우울의 그 깊은 어둠에 함께 들어오신다. 불필요한 염려나 불안 속에서 부정적인 생각에 빠져서 거듭 되새김질하는 우리에게, 성령님의 생명력으로 충만한 하나님의 말씀을 묵상하도록 우리를 다정하게 인도하신다. 염려와 두려움 대신, 감사함과 자신감으로 하나님께 아뢰는 길을 보여주신다. 예수 그리스도의 우울과 거절과 상처와 피로 열린 그 길을 밝혀 주신다. 우울증의 근본적인 치료에는 하나님께서 함께하신다.

한편, 하나님은 우울을 떨쳐버리고 자신의 한계를 넘으려고 탐욕을 부리는 사람들을 보고 계신다. 자신의 우울을 이기려고 다른 사람들을 더 우울하게 하거나, 바른길을 버리고 꼼수를 쓰거나, 우울을 치장하기 위해 불법을 행하는 부자들과 거짓된 사람들을 주시하고 계신다.

그러나 자신의 연약과 한계를 끌어안고, 우울의 그림자에 앉아, 어떻게 가야 할지 몰라 망설이며, 하나님의 도우심을 먼저 구하면서도, 자신보다 더 안타까운 이들로 말미암아 발을 구르는 자들에게는 은혜를 베푸신다. 그래서 그 제한된 힘과 능력으로는 감히 상상할 수도 없는 큰일까지도 이루게 하시는 것이다.

우울은 하나님의 위대하심을 드러내는 병이다. 사람은 연약하지만, 하나님은 강하시고 의로우신 분임을 드러내는 병이다. 그러므로 우울증은 그리스도인에게는 하나님의 선별된 선물이다. 그것은 결코 아무에게나 주어지지 않는 특별한 선물이다. 우울증이야말로 하나님을 하나님 되게 하고, 인간을 인간 되게 하기 때문이다.

그리스도인의 삶은 결코 내 능력이 얼마나 큰가를 과시하는 장이 아니라, 하나님이 얼마나 크신가를 드러내는 장이다. 그렇다면 자신의 한계를 차갑게 깨닫게 하는 우울증은 우리를 참된 그리스도인의 길로 이끌어가는 인도자가 될 수도 있다. 비록 인간적인 한계 앞에 그 누구보다 깊은 비참을 느끼고, 그 기분이 침울하게 가라앉아서 고통스럽지만, 이를 통해 하나님 앞에 다시 겸손히 엎드리게 하는 '길들여진 우울증'은 분명히 그리스도인에게 주시는 하나님의 기회이며 선물이다.

4. 주를 찾기에 갈급한 우울의 감성

시편 42편은 목마른 사슴처럼 주를 찾기에 갈급한 한 영혼의 시를 담고 있다. 이 시인은 너무 많이 울어서 자신의 "눈물이 주야로 음식이 되었다."라고 말한다. 이 일로 인하여 그의 "마음이 상하"였고, 그의 영혼은 자기 속에서 "낙심하며" 또한 그 "속에서 불안해" 하였다3-5절. 그를 싫어하는 원수가 자신을 비방하는 말 때문에 그의 마음은 "뼈를 찌르는 칼같이" 아팠다. 그는 다시 "낙심"하였고, 그의 영혼은 어찌할 바를 몰라 또다시 "불안해" 하였다10-11절.

그는 자기 마음을 정확히 말로 표현할 줄 아는 사람이었다. 그리고 그는 아픈 마음으로 하나님께 소리 높여 외친다. "[하나님] 어찌하여 나를 잊으셨나이까? 내가 어찌하여…… [이토록] 슬프게 다니나이까?"라며 하소연한다. 그는 자신의 마음을 이해할 뿐만 아니라, 자신을 위해 하나님께 목소리를 낼 줄 아는 사람이었던 것이다.

고라 자손의 교훈을 따라 부른 이 노래는 마치 우울증 환자의 속 깊은 가슴앓이처럼 보인다. 그는 마치 하나님이 자신을 잊어버린 것처럼 울고, 낙심하며, 불안하고, 아팠다. 하지만, 이것은 여느 우울증과는 다른 것이었다. 그가 이렇게 우울했던 이유는 살아 계신 하나님에 대한 갈망이 너무나 컸기 때문이다. 짐작건대 그는 지금 우상을 섬기는 자들 사이에서 조롱과 멸시를 받고 있었다.

"사람들이 종일 내게 하는 말이 네 하나님이 어디 있느뇨 하오니……"_시 42:3

이 시인을 조롱하는 자들의 신들, 곧 우상들에게는 눈과 코와 입과 귀가 있었다. 눈으로 볼 수도 있고, 손으로 만질 수도 있다. 하지만, 눈으로 볼 수도 없고 만질 수도 없는 전능하신 여호와 하나님을 이해하지 못하는 그들은 이 시인을 조롱하며, 그가 믿는 하나님을 보여 달라고 빈정대면서 종일 그를 비웃었다. 이 시인은 어찌할 바를 몰라 당황하였고, 마음이 너무나 상해서 울었다. 하나님을 믿지 않는 사람들 사이에서 그는 깊은 영혼의 상처를 입었다. 그래서 그는 자신의 눈물을 음식 삼아 울고 또 운다.

이제 그는 성전에 올라가 하나님의 얼굴 뵈옵기를 학수고대한다. 그 옛날, 거룩한 날을 함께 지키려고 성전에 올라가면서 사람들과 더불어 감사의 노래와 기쁨의 함성을 지르던 그 시절을 그는 사무치게 그리워하였다. 하지만, 지금 그의 주변에는 자신의 믿음과 하나님을 조롱하는 소리로 가득하다. 주님 다시 뵈옵기를 사모하지만 가서 뵈올 수 없는 현실 때문에 그는 더욱 우울하고 낙심하였다.

하나님의 얼굴을 너무나 간절히 사모한 나머지 우울해진 마음의 병, 살아계신 하나님께 마음껏 찬송하기를 그렇게 간절히 사모하다가 들어버린 영혼의 상사병, 믿음의 형제·자매들과 찬송하며 성전으로 올라가던 길을 그렇게 사모하여 드는 심령의 우울증, 그것이 이 시인의 우울한 감성이었다. 사모하지만 갈 수 없는 그곳,

그 깊은 번민 가운데 시인은 자신의 영혼을 달랜다. 제발 자기 속에서 낙심하거나 불안해하지 말라고……. 오직 "하나님께 소망을 두라."라며 안타깝게 자신을 추스른다. 마음 아파 탄식하고, 반복해서 외치며 자신의 마음의 상처들을 싸매고 있다.

이 시인의 병은 오늘 우리 그리스도인이 잃어버린 영혼의 우울증이다. 불신자들 가운데 살면서도 하나님을 사모하지도 않고, 유일한 본향을 사모하지도 않고, 하나님의 이름이 함부로 일컬어질 때 전혀 우울해하지도 않는 오늘 우리 그리스도인의 모습과는 대비된다. 사람들이 우리 하나님을 조롱하여도 전혀 아무런 아픔이나 답답함을 느끼지 못하는 마비된 우리의 마음이 이제 깨어나야 한다.

그리스도인이란 이 시인의 우울함과 답답함을 함께 공유하는 사람들이다. 그는 하나님 뵈옵기를 사모하며 목말라야 한다. 하나님께 받은 은혜를 생각하며 눈물 흘려 울어야 한다. 하나님을 조롱하는 사람들로 말미암아 낙심하고 마음 상해야 한다. 믿음의 형제·자매들과 더불어 하나님께 예배하는 것, 찬양의 제사를 드리는 것을 마음 시릴 정도로 사모해야 한다. 너무나 사모한 나머지 마치 우울증에 걸린 사람처럼, 눈물로 캄캄한 밤을 더듬으면서 간절한 슬픔과 애통으로 삶을 가득 채워야 한다.

애통하는 자는 복이 있다. 그는 하나님의 위로를 받을 것이기 때문이다.

심각한 우울증에 걸린 사람은 그저 죽기를 사모하지만, 영혼의 어두운 밤 dark night 을 지나는 그리스도인은 천국을 사모한다. 하나님의 부재 속에 사는 세상이 얼마나 고통스러운지 알기 때문에, 하나님의 충만한 임재가 있는 곳을 사모한다. 그것이 이 산만한 땅에서 찔끔찔끔 경험되는 것이 너무나 안타깝고 슬프다. 그 천국의 평화가 너무나 자주 방해받는다. 그래서 그들은 안타깝게 외치는 것이다. "마라나타, 주님 어서 오시옵소서! 도대체 언제 오시렵니까?"

만일 우리가 지금 주님을 향해 진심으로 마라나타를 외칠 수 없다면, 그래서 이 땅에서 영혼의 어둠을 경험하지 않고 있다면, 지금 우리의 발은 이 세상에 더 많은 무게를 두고 서 있는 것이다.

영혼의 어두운 밤은 우리 그리스도인으로 하여금 천국을 사모하게 한다. 그 밤이 우리에게 계기가 되어, 우리 자신들을 이 땅의 나그네처럼 여기고, 이 낮은 곳에 임하시는 하나님의 자비를 사모하고 있다면, 그 밤은 우리에게 큰 복이다. 그중에 우울은 으뜸이다.

사람 관계가 힘들고 고민스러워 하는 그리스도인, 차라리 나무가 되면 그런 괴로움은 없을 것 같아 나무들을 부러워하는 그리스도인, 피할 수 없는 현실 앞에 우왕좌왕하며 죽는 것이 차라리 낫다고 느끼는 그리스도인, 그것마저도 지옥에 갈까 봐 주저하는 그리스도인, 그런 그리스도인들을 하나님은 황급히 찾아오시기 때문에 그것은 복이다.

이제 우리는 자기 자신에게 말을 걸어야 한다. 자꾸만 아래로 처져 내리는 마음, 칠흑 같은 어둠 가운데 낙심하여 주저앉기만 하는 자기 자신을 향해 끊임없이 말을 걸어야 한다. 자기 영혼을 향해 '오직 하나님께만 소망을 두라.'라고 거듭 다짐하며, 우울의 짐을

진 자신을 일으켜 세우는 것이 우리 그리스도인이 해야 할 일이다. 그러므로 그리스도인은 이 절망의 땅에서 일어서는 유일하고 새로운 종족, 새로운 인류이다. 그리스도 안에서 우리는 할 수 있다.

그러므로 만일 거룩한 성도들이 겪어야 할 우울이 있다면 우리는 함께 기꺼이 우울하자. 또한, 언제든지 이런 우울한 모습을 경험할 준비도 하자. 그 길고 긴 터널을 지나 아침 해가 솟기까지, 우리는 애통과 우울의 영적 감성으로, 그 깊은 곳에 계신 하나님을 만나야 한다.

- 때로 우울증은 평생을 함께하는 친구와도 같다. 없앨 수 없다면 다룰 만한 수준으로 훈련해야 한다.

- 앎의 부재는 우울을 일으킨다. 사랑은 진실한 앎이다. 앎은 특권이며, 책임이다. 보배로운 앎이 깊어지면 우울은 자연스럽게 멀어진다.

- 삶의 슬픔과 트라우마를 인식하고 받아들이는 것이 우울증을 치료하는 길이다.

- 하나님의 부재는 그리스도인이 평생 씨름해야 하는 우울의 척추이다. 하지만, 우울 가운데 하나님을 부를 때 변화가 일어나는 것은 우연 같은 순식간이다.

- 그리스도인의 우울은 자기 연민을 초월하게 한다. 그리스도인은 자기애적인 사랑의 범위를 넘어 이웃을 사랑할 수 있는 유일한 종족이다.

- 우울증이 감사한 이유는 자신의 한계를 처절히 깨닫고, 그 빈 공간이 하나님의 자원으로 채워지는 것을 가장 생생하게 체험할 수 있기 때문이다.

- 당신의 우울은 하나님의 위대하심을 드러내는 놀라운 선물이다.

에필로그

욥의 우울과 소망

      욥의 고난은 곧 그의 우울이었다. 친구 엘리바스의 날카로운 공격에 그는 악몽을 꾸는 듯 고통스러워했다. 그리고 그 병든 몸으로 사는 것보다 차라리 죽는 것이 더 낫겠다고 말했다. 이 땅에 더 산다는 것이 부담스럽고 귀찮았다. 그래서 자기 삶은 더는 어떤 뜻이나 의미도 없는 헛된 것이라 외쳤다 욥 7:15-16. 욥은 심각하게 우울한 상태에 빠졌다.

    친구 빌닷의 언급은 찢어진 욥의 심장을 한 번 더 찔렀다. 죽은 열 명의 자녀가 모두 죄를 지었기 때문에 죽었다는 것이었다 욥 8:4. 욥은 분명히 자녀의 죄를 위해 때마다 제사하고 하나님의 용서를 구했는데, 친구들은 이 모든 재앙의 핵심은 '죄'라고 단정 지었다. 정말 믿어지지 않는 어마어마한 충격이었다. 욥은 정말 몸으로, 영으로 죽어가고 있었다.

    그러면서도 그의 친구들은 하나님에 대해 옳은 말만 하고 있었다. 물 없이 갈대가 말라 죽는 것처럼 하나님을 잊는 자의 결말이 그렇게 된다고 강변하였다욥 8:11-13. 욥은 하나님을 아는 친구들로부터, 세상 그 누구보다 더 무섭고 깊은 정죄를 당하였다. 하나님에 대한 그들의 신념이 욥의 영혼마저 죽이고 있었다. 정말 그는 갈 곳이 없었다.

욥의 언어는 흑암과 밤의 언어로 가득했고, "평온도 없고 안일도 없고 휴식도 없고 다만 불안만" 가득했다욥 3:26. 자신이 태어났던 날을 저주하였고, 아기 때 왜 죽지 못하고 그렇게 잠을 잘 잤었는지 아쉬워하였다. 이 모든 과정에서도 욥은 죄를 짓지 않았다. 그는 우울한 가운데 철저히 자기 메시지I-message로 고난을 토로했을 뿐 죄를 범하지 않았다.

과거에 욥은 하나님과의 깊은 우정friendship과 교제를 즐거워했었다욥 29:4-6. 소교리문답의 말씀처럼 그는 하나님을 기쁘시게 하고 영원토록 그를 즐거워하는 삶을 살았다. 그때에는 열 명의 사랑스러운 자녀도 같이 있었다.

이제 갈수록 답답한 것은 하나님의 침묵이었다. 이런 비극적인 재난을 당하는데도 하나님의 응답은 없었다. 사랑하는 아들들을 다 잃었는데 주님은 위로로 찾아오지도 않으셨다. 친구들이 저렇게 차갑게 정죄를 하는데도 하나님은 침묵하고 계셨다. 하나님께 부르짖어도 대답이 없었고, 아무리 기다려도 말씀은 하지 않으시고 물끄러미 쳐다보기만 하셨다.

하나님은 방관하시기만 한 것이 아니라, 외려 무자비하게 대적하셨다욥 30:20-21. 이전에 그는 진심으로 고아들을 돌보며 과부들을 구제하였다. 눈먼 자에게는 눈이 되어 주었고, 저는 자에게는 발이 되어 주었다. 정의를 행하여 악한 자들의 날카로운 이를 깨뜨렸다. 그는 긍휼과 공의의 균형 잡힌 삶을 살았다. 그때 욥이 가졌던 작은 소망은 이제 장수를 누리다가 집에서 편안히 죽는 것이었다 욥 29:18. 그러나 이제는 그 소박한 꿈조차도 사치스럽게 보일 만큼 하나님께서 자기를 죽이려고 달려오시는 것 같았다 욥 30:23.

사탄은 그의 몸에 심각한 통증을 주었고 욥 2:7 이제 밤만 되면 뼈가 쑤시는 신체 증상이 나타났다 욥 30:17. 지금까지 그를 존경하여 감히 제대로 얼굴도 들지 못하던 젊은 사람들은 노래로 그를 조롱하였다. 그리고 친구들은 지금까지 그가 남을 돕고, 힘든 자들을 위로하던 것까지 트집 잡아서 "그래, 이젠 네가 그런 사람들의 처지가 되었는가?"라며 이중적인 인간을 보듯 차갑게 외면하였다 욥 4:3-7.

그는 보이는 것과 보이지 않는 것을 다 잃었다. 그리고 보이는 곳과 보이지 않는 모든 곳에서 더 이상 지탱할 수도 없는 날카로운 통증을 앓고 있었다. 그러나 그의 극심한 상실과 고통은 그의 죄에서 온 것이 아니었다. 물론 자기변호를 과도하게 하는 과정에서 그가 회개할 죄가 생긴 것은 맞는 것 같다. 하지만, 그것 때문에 하나님께서 욥에게 고통과 우울을 주신 것은 결코 아니었다. 마침내 그의 변론이 끝났을 때, 하나님은 그에게 곱절의 은혜를 베풀어주셨다.

번영신학은 틀렸다. 예수 믿고 하나님을 경외하면 건강, 부, 명성을 얻게 되는 것이 결코 아니다. 이해할 수 없는 하나님의 뜻 안에서 우리는 몸이 아프기도 하고, 우울을 경험하기도 한다. 그때에 중요한 것은 끝까지 변하지 않는 신앙이다. 무엇보다도 우울에 져서 자신의 충동대로 살지 않는 것이다. 외려 그 버림받은 것 같은 우울을 통해 하나님을 만나는 것이다.

어떻게 보면 이 땅에서 살아가는 우리 그리스도인의 삶 자체가 고난이다. 우리의 삶은 그리스도와 "함께 영광을 받기 위하여 고난도 함께 받아야 할" 삶이다롬 8:17. "모든 은혜의 하나님"은 우리를 불러 "자기의 영원한 영광에 들어가게" 하신다. 우리는 이 땅에서 고난의 삶을 살아간다. 그러나 우리의 고난은 "잠깐"이다. 하나님은 "잠깐 고난을 당"하는 우리를 모른 척 외면하지 않으시고, "친히 온전하게 하시며, 굳건하게 하시며, 강하게 하시며, 터를 견고하게 하"신다벧전 5:10.

하나님의 영원한 영광에 들어가려면 고난은 인생의 필수 코스이다. 어쩌면 우울증도 그리스도인들이 피해갈 수 없는 고난의 일부이다. 단순히 내 잘못으로 벌 받는 고난이 아니라, 확실히 하나님께 가까이 나아가게 하는 의미 있는 고난이다. 비록 영광은 멀고 고난은 가깝지만 하나님께서는 우리가 당하는 우울의 고난을 매우 가까이에서 살피시면서, 우리를 온전하고, 굳건하고, 강하고, 견고하게 하신다.

사람마다 모든 고난이 다르듯이, 우울증의 경험은 모두 다르다. 같은 이름을 가지고 있어도 서로 똑같은 우울증 증상은 단 하나도 없다. 두 사람이 절대 똑같지 않은 것처럼 "우울증의 두 가지 경우가 똑같은 경우는 하나도 없다."[74] 그러므로 믿음의 공동체는 지혜로운 분별력으로 성도들과 함께 그 고통을 나누되, 함께 인내하며 고난 가운데 있는 형제 · 자매들이 스스로 하나님의 보화를 찾고 누리기까지 그들을 따뜻하게 보듬어 주어야 한다.

어쩌면 우울증의 고난과 도전은 '정복'하는 것이 아니라, 외려 잘 경험해가는 것이다. 완치가 아니라면 스스로 다루어갈 수 있도록 도와야 한다. 이를 위해 가족과 교회는 오래 참는 사랑으로 우울한 이들과 함께 있어주어야 한다. 우울증이 주는 영적 의미들을 신앙 안에서 재구성하고 스스로 해석할 수 있기까지 가족과 교회는 인내하며 지켜 주어야 한다.

우울증은 신속하게 치유될 수도 있다. 그렇지만, 사람에 따라 행여 마침표가 선명하지 않을 수도 있다. 그렇다 하더라도 변함없이 기도와 신뢰와 사랑으로 지켜봐 줄 한 사람이 반드시 있어야 한다.

이 책을 읽는 독자들에게 한 가지 부탁할 것이 있다. 그것은 누군가가 이 책에서 말하는 것과 비슷한 우울증 증세를 보일 때, 삼가야 할 말들이다.

"너 우울증 있지?"

"이 책을 보니까 그건 틀림없이 우울증 증상인 것 같은데……!"

"그런 건 누구나 다 겪는 거야!"

"인생의 밝은 면을 보려고 좀 애써봐! 우울증은 사고방식의 문제일 뿐이야!"

"빨리 빠져나오지 않고 뭐 그렇게 오랫동안 허우적거리는거야?"

"나가서 운동도 좀 하고, 바람도 좀 쐬어 봐! 훨씬 나아질 거야!"

"어떻게 몇 달이 지났는데 조금도 나아지는 게 없니? 어휴 답답해!"
"그건 네가 게을러서 그런 거야. 정신만 똑바로 차리면 돼!"

우리 중 대부분은 아직 우울증이라는 말을 일상 대화에서 쉽게 받아들일 준비가 되어 있지 않다. 더군다나 자기 자신이 우울증이란 진단을 쉽게 인정할만한 준비가 되어 있지 않다. 그런 말 대신, 다음과 같이 단순하면서도 진실한 공감을 해 주는 말 한마디가 때로 충분하다.

"많이 힘들지 않으셨어요?"
"그런 일을 겪으면 정말 힘드실 것 같아요!"
"대단하시네요. 어떻게 그렇게 어려운 환경에서 지금까지 꿋꿋하게 살아오실 수가 있으셨어요? 저라면 상상도 하지 못할 것 같은데요."
"당신은 절대 혼자가 아니에요. 제가 여기 있을게요!"
"당신의 생명은 정말 소중합니다. 혹시 제가 도울 일이 있으면 꼭 말씀해주세요!"

만일 우울증이 당신을 더 깊은 하나님과의 관계로 인도한다면 우울증은 당신만을 위한 하나님의 선물이다. 만일 누군가의 우울증이 당신을 새로운 돌봄의 사람으로 바꾼다면 우울증은 당신을 위한 하나님의 선물이다. 슬픔의 여운은 여전히 남아 있겠지만, 우울은 우리를 삼위 하나님께 인도하는 천사의 또 다른 이름이다.

미주

1) Sigmund Freud, *On Murder, Mourning, Melancholia*, trans. Shaun Whiteside (London: Penguin Classics, 2005).
2) Ronald Pies, "The Two Worlds of Grief and Depression," http://psychcentral.com/blog/archives/2011/02/23/the-two-worlds-of-grief-and-depression
3) Richard P. Vaughan, Pastoral Counseling and Personality Disorders (Kansas, MO.: Sheed & Ward, 1994), 136.
4) Jill M. Cyranowski and Ellen Frank, "Targeting Populations of Women for Prevention and Treatment of Depression," in Carolyn M. Mazure & Gwendolyn Puryear Keita (eds.), *Understanding Depression in Women* (Washington DC: American Psychological Association, 2006), 76.
5) "엄마들 화병은 '아빠 탓,'"「경향신문」(2013. 10. 7).
6) 발레리 위펜, 『여자를 우울하게 하는 것들』(*Secret sadness: the hidden relationship patterns that make women depressed*, 레드박스, 2009), 87.
7) Susan Nolen-Hoeksema, "The Etiology of Gender Differences in Depression," in Carolyn M. Mazure & Gwendolyn Puryear Keita (eds.), *Understanding Depression in Women* (Washington DC: American Psychological Association, 2006), 15.
8) Cyranowski and Frank, "Targeting Populations of Women," 79.
9) 이것은 여성호르몬 에스테로겐(estrogen)이나 난소의 황체(黃體)라는 곳에서 분비되는 스테로이드 호르몬의 일종인 프로게스테론(progesterone)의 수치를 말한다.

10) Nolen-Hoeksema, "The Etiology of Gender Differences in Depression," 20.
11) 위의 책, 21.
12) Cyranowski and Frank, "Targeting Populations of Women," 85-86. 연구 결과 여성들이 가족 가운데 나이 든 노인들을 돌볼 때, 일반적으로 남성들보다 훨씬 많은 일과 책임과 부담을 지는 것으로 나타났다. 가사일이나 개인적으로 돌보는 일에서, 자신의 건강을 챙기지 못할 만큼 병든 가족들을 돌보는 여성들의 책임은 무겁다. 그 결과 남을 돌보는 사람들이 심리적으로나 정서적으로 부정적인 우울증에 노출될 가능성이 훨씬 크다.
13) Mazure & Keita (eds.), *Understanding Depression in Women*, x.
14) Cyranowski and Frank, "Targeting Populations of Women," 71.
15) Mazure & Keita (eds.), *Understanding Depression in Women*, 17.
16) 물론 그 여성의 이런 판단이 성경에서 말하는 것은 아니다. 그 여성의 개방적인 판단과 행동이 오려 남편의 외도를 더욱 합리화할 수도 있고, 결국 그 말할 수 없는 고통을 이 여성 자신이 안아야 하기 때문이다. 그런데도, 그 여성은 이후에 상담자의 조언보다는 자신이 살아가던 그대로의 방식을 버리지 않았던 것으로 필자는 짐작한다.
17) 한국의 샤머니즘에서 이야기하는 신병 역시 원인을 알 수 없는 문화적 질병(culture-bound syndrome)이라고 정의하지만, 사실은 아직 인간 우울증에 대한 이해가 깊지 않은 사회에서, 종교적으로 해석한 우울증의 한 형태라고 말할 수 있다.
18) Mazure & Keita (eds.), *Understanding Depression in Women*, 11.
19) Rudy V. Nydegger, *Understanding and Treating Depression* (Westport, CT.: Praeger Publishers, 2008), 30.
20) Vaughan, *Pastoral Counseling and Personality Disorders*, 140.
21) Susan Nolen-Hoeksema, "Sex differences in unipolar depression: Evidence and theory," *Psychological Bulletin*, Vol 101(2), Mar 1987, 259-282.
22) Susan Nolen-Hoeksema, Jannay Morrow, Barbara L. Fredrickson,

"Response styles and the duration of episodes of depressed mood," *Journal of Abnormal Psychology*, Vol 102(1), Feb 1993, 20-28.

23) Lord Byron, *Childe Harold's Pilgrimage*, Canto III (1816), Stanza 113.
24) Nydegger, *Understanding and Treating Depression*, 34.
25) 위의 책, 29.
26) 위의 책, 42.
27) 위의 책, 6-7.
28) Candice A. Alfono & Deborah C. Beidel (eds.), *Social Anxiety in Adolescents and Young Adults: Translating Developmental Science into Practice* (Washington DC: American Psychological Association, 2011), 80-81.
29) Alfono & Beidel (eds.), *Social Anxiety*, 97.
30) Jean M. Twenge, *Generation Me* (New York: Free Press, 2006), 113.
31) 위의 책, 115.
32) D. M. Capaldi, "Co-occurrence of Conduct Problems and Depressive Symptoms in Early Adolescent Boys: II. A 2-year Follow-Up at Grade 8," *Development and Psychopathology*, 4. (1992), 125-144.
33) 하재성, "청소년 우울증과 영적 체험에 대한 기독교 상담적 이해,"「한국기독교상담학회지」제24권 2호(한국기독교상담심리치료학회, 2013. 5).
34) Christie C. Neuger, "Women's Depression: Lives at Risk." in M. Glaz and J. Stevenson-Moessner (eds.), *Women in Travail and Transition* (Minneapolis, Minn.: Fortress Press, 1991), 153.
35) Patrici H. Davis, "Horror and the Development of Girls' Spiritual Voices." J. Stevenson-Moessner (ed.), *In Her Own Time: Women and Developmental Issues in Pastoral Care* (Minneapolis, Minn.:

Fortress Press, 2000).
36) Carol Gilligan, "Teaching Shakespear's Sister: Notes from the Underground of Female Adolescence," in C. Gilligan, N. P. Lyons and J. T. Hanmer (eds.), *Making Connections: The Relational Worlds of Adolescent Girls at Emma Willard School* (Cambridge, MASS.: Harvard University Press, 1990), 6-27.
37) Gregory Johanson, *Pastoral Care Issues in the Pulpit: An Anthology of Spirits* (Lima, OH.: CSS Pub Co., 1984), 126.
38) Nydegger, *Understanding and Treating Depression*, 1.
39) Cyranowski and Frank, "Targeting Populations of Women," 79.
40) Nolen-Hoeksema, "The Etiology of Gender Differences in Depression," 27.
41) Mazure & Keita (eds.), *Understanding Depression in Women*, xi.
42) 위의 책, 12.
43) 김병오 교수는 그의 저서『영혼과 우울증』(서울: 대서, 2008)에서 사막의 수도사들이 겪은 영혼의 병인 우울증에 대해 자세히 묘사하고 있다.
44) Constance Hammen, "Interpersonal Factors in and Emerging Developmental Model of Depression," in Sheri L. Johnson (eds.), *Stress, Coping and Depression* (Mahwah, NJ.: Lawrence Erlbaum Associates Inc., 2000), 74.
45) 하재성,『강박적인 그리스도인』(고양: 이레서원, 2009), 166-170.
46) Nydegger, *Understanding and Treating Depression*, xvi-xvii.
47) Joshua Wolf Shenk, *Lincoln' Melancholy: How Depression Challenged a President and Fueled His Greatness* (New York: Houghton Mifflin Co., 2005).
48) 원래 링컨에 대한 이 이야기는 1909년 2월 7일 자,「New York World」에스타켈베르그(Count S. Stakelberg)가 쓴 것으로, *The Lincoln Anthology: Great Writers on His Life and Legacy from 1860 to Now*, 386-391에 등장하는 이야기이다.

49) Cyranowski and Frank, "Targeting Populations of Women," 78.
50) Sarah Bradford, *Diana* (New York: Penguin, 2007). 당시 주변에 있었던 사람들의 말에 따르면 다이애나의 이 진술은 주관적인 과장에 가깝다고 한다. 하지만, 60년대 말에 부모가 이혼하면서 엄마와 떨어지게 된 다이애나의 깊은 우울과 절망은 자신의 고통을 맴돌며 그것을 과장하여 말하게 하는 습관과도 긴밀하게 연결되어 있었던 것 같다.
51) 마태복음 16:16-20.
52) 마태복음 16:22-23.
53) 하재성, "Luther's Pastoral Recommendations on How to Confront the Devil," 「개혁신학과 교회」 제25권(고려신학대학원, 2011. 11).
54) 열왕기상 19:8.
55) Heiko A. Oberman, *Luther: Man between God and the Devil* (New Haven: Yale University Press, 1989), 310.
56) Jay E. Adams, *You Can Conquer Depression* (Grand Rapids, MI.: Baker Book House, 1975), 8.
57) 하재성, 『강박적인 그리스도인』, 184.
58) 마태복음 18:7.
59) Nolen-Hoeksema, "The Etiology of Gender Differences in Depression," 26.
60) 위의 책, 26.
61) Paul Gilbert, *Depression: The Evolution of Powerlessness* (New York: Guilford Press, 1992), 65-66.
62) 요한일서 3:10.
63) 시편 17:14에서, 다윗은 하나님께서 "이 세상에 살아 있는 동안 그들의 분깃을 받은 사람들에게서 주의 손으로 구"해 달라고 기도한다.
64) Andrew Solomon, *The Noonday Demon: An Atlas of Depression* (New York: Scribner, 2001), 2. Nydegger, *Understanding and Treating Depression*, 5에서 재인용.
65) 마태복음 5:45.

66) 유아기 애착의 질적 관계와 청소년기 회심의 상관관계에 대하여 커크패트릭(Kirkpatrick)과 쉐이버(Shaver) 등이 지난 20년간 지속적으로 연구해 왔다. 이들은 좋은 애착 및 양육을 받은 아이들은 부모와 밀착되어 부모의 종교 습관을 따르고, 좋지 않은 애착을 경험한 아이들일수록 급격한 회심의 체험을 많이 한다고 말한다.
67) 요한계시록 3:16-17.
68) Nydegger, *Understanding and Treating Depression*, 35.
69) Fr. Saunders, "What Do The Ashes Mean?" http://www.ewtn.com/library/ANSWERS/ASHES.HTM
70) Mazure & Keita (eds.), *Understanding Depression in Women*, 53.
71) 김병오 교수는 시몬 베이Simone Weil의 부재하시는 하나님을 소개하면서, "기다림만이 부재하시는 하나님을 만나게 해주며 영적 변화와 구원을 가져다준다고 확신했다."라고 말한다. 물론 가톨릭이나 수도사들이 가진 구원관이 개신교와 다른 것이 여기에서 선명하게 나타난다. 하지만, 적어도 인간의 제한된 실존을 먼저 날카롭게 경험한 사람들의 갈등과 자신만의 처방과 화해는, 같은 인생길을 가는 그리스도인들에게 선명한 발자취를 남겨주고 있다. 김병오, 『영혼과 우울증』, 212-215.
72) 베드로전서 1:1
73) 베드로전서 5:9. 여기서 말하는 동일한 고난은 똑같은 고난이 아니라, 그리스도인으로서 이 땅에 사는 동안 서로 다른 종류의 다양한, 그러나 본질적으로 같은 종류의 고난을 이야기한다.
74) Cyranowski and Frank, "Targeting Populations of Women," 72.